高等院校立体化教学多媒体系列教程

基础会计学原理

骆静　王莹　编著

南开大学出版社

天　津

图书在版编目（CIP）数据

基础会计学原理/骆静,王莹编著. —天津:南开大学出版社,2008.8(2014.1重印)

（高等院校立体化教学多媒体系列教程）

ISBN 978-7-310-02968-6

Ⅰ.基… Ⅱ.①骆…②王… Ⅲ.会计学－高等学校－教材 Ⅳ.F230

中国版本图书馆 CIP 数据核字（2008）第 109379 号

版权所有　侵权必究

南开大学出版社出版发行
出版人:孙克强
地址:天津市南开区卫津路 94 号　邮政编码:300071
营销部电话:(022)23508339　23500755
营销部传真:(022)23508542　邮购部电话:(022)23502200

＊

天津市蓟县宏图印务有限公司印刷
全国各地新华书店经销

＊

2008 年 8 月第 1 版　2014 年 1 月第 4 次印刷
260×185 毫米　16 开本　13.125 印张　331 千字
定价:28.00 元(本教材附带光盘一张)

如遇图书印装质量问题,请与本社营销部联系调换,电话:(022)23507125

前　言

　　《基础会计学原理》是经济类各专业的专业基础课，学习本课程的目标是使经济类各专业学生概括理解会计的基础理论，会计核算的基本内容，掌握会计核算的基本方法；通过学习能比较熟练地运用其基本操作技能，对企业的基本经济业务进行会计处理；并由此明确如何取得或对外提供会计信息，明确会计工作对企业加强经济管理，提高经济效益的重要作用。

　　撰写本书时，是以《中华人民共和国会计法》、《企业会计准则》及《企业会计制度》为基本依据，但并未引用准则制度的全部内容，而只是贯彻新的企业会计准则的精神来说明会计的基本实务。本书以通俗易懂的文字，阐述了会计的基础理论和基本方法，内容新颖，具有现实性和超前性。为了适应培养高等技术应用型人才的需要，体现实用性，本书未进行过深的理论探讨，知识以够用为度，侧重会计基本技能的训练。各章后面附有较完整的复习思考题、练习题和技能训练题，并提供多媒体教学资源支持，使学生学起来更直观、更具体，提高学习的兴趣，巩固所学的内容，以便掌握从事会计工作的基本技能。

　　本书由天津市河西社区学院骆静、王莹编写，王莹执笔编写了第一至第五章，骆静执笔编写了第六至第九章。由于作者的水平所限，书中难免有欠妥和疏漏的地方，恳请广大师生和会计界的同仁给予批评指正，以便修正、完善。

编　者
2008 年 6 月 5 日

目 录

第一章 总论 ... 1
- 第一节 会计概述 ... 1
- 第二节 会计基础 ... 3
- 第三节 会计信息质量要求 ... 6
- 第四节 会计要素及会计等式 ... 8
- 第五节 会计方法和会计工作组织 ... 18
- 复习思考题 ... 21
- 练习题 ... 22

第二章 会计科目、账户和复式记账法 ... 26
- 第一节 会计科目 ... 26
- 第二节 账户 ... 31
- 第三节 复式记账——借贷记账法 ... 34
- 第四节 总分类账户与明细分类账户 ... 42
- 复习思考题 ... 46
- 练习题 ... 46

第三章 主要经济业务的核算 ... 52
- 第一节 企业筹集资金的核算 ... 52
- 第二节 供应过程的核算 ... 55
- 第三节 生产过程的核算 ... 60
- 第四节 销售过程的核算 ... 67
- 第五节 财务成果的核算 ... 74
- 复习思考题 ... 79
- 练习题 ... 79

第四章 会计凭证 ... 87
- 第一节 会计凭证的意义和种类 ... 87
- 第二节 原始凭证 ... 88
- 第三节 记账凭证 ... 93
- 第四节 会计凭证的传递和保管 ... 99
- 复习思考题 ... 100
- 练习题 ... 101

第五章 账簿 ... 104
- 第一节 会计账簿概述 ... 104
- 第二节 账簿的设置和登记 ... 109

第三节　更正错账 114
　　　第四节　对账和结账 117
　　　复习思考题 120
　　　练习题 121
第六章　财产清查 127
　　　第一节　财产清查的意义和种类 127
　　　第二节　财产物资的盘存制度 129
　　　第三节　财产清查的组织和方法 130
　　　第四节　财产清查结果的处理 135
　　　复习思考题 139
　　　练习题 139
第七章　账务处理程序 143
　　　第一节　账务处理程序概述 143
　　　第二节　记账凭证账务处理程序 144
　　　第三节　汇总记账凭证账务处理程序 146
　　　第四节　科目汇总表账务处理程序 148
　　　复习思考题 150
　　　练习题 151
第八章　财务会计报告 154
　　　第一节　财务会计报告概述 154
　　　第二节　资产负债表 157
　　　第三节　利润表 164
　　　第四节　现金流量表 167
　　　复习思考题 171
　　　练习题 171
第九章　实验实训 177
参考文献 204

第一章 总　论

第一节　会计概述

一、会计的产生与发展

会计是随着社会生产的发展和经济管理的要求而产生、发展并不断完善起来的。人类社会的生产活动决定着其他一切活动，也是会计行为产生的基本前提。早在原始社会，人们从事的生产活动极为简单，几乎没有什么剩余产品，人们仅凭大脑记忆生产过程的耗费和成果。随着生产的发展、生产力水平的提高，剩余产品不断增加，人们为了更好地掌握生产过程以确定盈亏，开始对生产耗费和取得的生产成果进行必要的记录。但这时的记录与计量只是作为生产经营的一项附带工作，还没有形成一种专门工作，即会计只是生产职能的附带部分。当生产发展到一定阶段，劳动力聚集在同一场所形成一定规模，此时仅凭业余时间来记录生产经营的全部情况已不可能。会计于是从生产职能中分离出来，成为一种独立职能。在我国，原始社会末期出现的"结绳记事"、"刻木记数"等原始计算记录的方法，就是会计的萌芽阶段。

会计在我国经历了漫长的发展过程。早在西周时代，就设有专门核算官方财赋收支的官职——司会。西汉又出现了"计簿"、"簿书"的账册，用以登记会计事项。宋代，官厅中办理钱粮报销或移交，要编造"四柱清册"。所谓四柱是指"旧管"、"新收"、"开除"、"实在"四个方面，相当于现代会计术语中的"期初结存"、"本期收入"、"本期支出"、"期末结存"，利用"旧管＋新收＝开除＋实在"的平衡公式，结算财产物资增减变化及其结果。明末清初，出现"龙门账"，即将全部账目划分为"进（收入）"、"缴（支出）"、"存（资产）"、"该（负债）"四大类，并运用"进－缴＝存－该"的平衡公式核算，编制"进缴表"和"存该表"，实行双轨计算盈亏，二表结果相等，称为"合龙门"。民国初期，产生"四脚账"，也称"天地合账"。"四柱清册"、"龙门账"、"四脚账"显示了我国不同历史时期传统簿记的特色。

可见，会计是在社会生产实践中产生和发展起来的，会计是一个重要的信息系统，又是企业经营管理的重要组成部分。会计是以货币为主要计量单位，运用一定的专门方法，对经济活动进行核算和监督的一种管理活动。会计的数据资料具有连续性、系统性、综合性和全面性特点，能够综合反映已发生或已完成的各项经济活动，便于信息使用人了解和考核经济活动的过程和结果，并为预测未来奠定基础。

二、会计的职能

会计的职能是指会计在经济管理中所具有的功能。会计的基本职能是核算与监督。正如马克思所说的会计是对生产"过程的控制和观念总结"。随着经济的不断发展，经济关系的复杂化和管理理论水平的不断提高，会计职能的内涵也不断地得到充实，并开拓了新的领域。

1. 会计的核算职能

会计的核算职能也称为会计反映职能，是提供会计信息的职能。会计核算是指以货币为主要计量单位，对特定主体的经济活动进行确认、计量、记录和报告，为有关各方提供会计信息。其中确认是如何对经济活动进行描述和反映；计量是如何确定经济活动发生的金额；记录是如何登记特定主体的经济活动；报告是如何把特定主体的经济活动结果反映出来。

会计核算贯穿于经济活动的全过程，主要是从数量方面综合反映企业单位已经发生或已经完成的各项经济活动，包括（1）款项和有价证券的收付；（2）财物的收发、增减和使用；（3）债权、债务的发生和结算；（4）资本、基金的增减和经费的收支；（5）收入、费用、成本的计算；（6）财务成果的计算和处理；（7）其他需要办理会计手续、进行会计核算的事项。

2. 会计的监督职能

会计监督职能也称控制职能，是指对特定主体经济活动和相关会计核算的合法性、合理性进行审查，即以一定的标准和要求利用会计所提供的信息对各单位的经济活动进行有效的指导、控制和调节，以达到预期的目的。合法性审查是指保证各项经济业务符合国家有关法律法规，遵守财经纪律，执行国家有关方针政策，杜绝违法乱纪行为。合理性审查是指检查各项财务收支是否符合特定主体的财务收支计划，是否有利于预算目标的实现，是否有奢侈浪费行为，是否有违背内部控制制度要求等现象。会计监督的内容包括（1）监督经济业务的真实性；（2）监督财务收支的合法性；（3）监督公共财产的完整性。会计监督是一个过程，它分为事前监督、事中监督和事后监督。

会计核算职能与监督职能关系密切，相辅相成，核算是基础和前提，监督是保障。没有会计核算所提供的各种信息，会计监督就失去了依据；而只核算不监督，就不能保证会计信息的真实可靠。

随着生产力水平的不断提高，社会经济关系日趋复杂多样，对会计的功能有了更高的要求，会计除了核算和监督的基本职能外，还有预测经济前景、参与经济决策、强化内部控制、进行财务分析等职能。

三、会计对象

会计对象是指会计核算和监督的内容。从宏观上讲，会计对象是再生产过程中的资金运动；从微观上讲，会计对象是特定主体能够用货币表现的经济活动。

在商品经济条件下，企业进行生产经营活动，必须具备人力、物资、资金等各项经营要素。随着生产经营活动的进行，这些经营要素在不断发生变化，他们的价值形态也随之发生变化，由一种形态转化为另一种形态，周而复始，不断循环，这就形成了资金运动。资金运动主要包括各特定主体的资金投入、资金运用和资金退出三个过程。由于不同行业的经营活动存在着较大的差异，他们的资金运动特点也各不相同，其中以工业企业最具代表性。

工业企业是从事产品生产与销售的营利性经济组织。为了从事产品的生产与销售活动，首先企业必须以吸收投资、向金融机构借贷等方式拥有一定数量的资金，即资金投入；其次，企业运用这些资金进行产品的生产和销售，主要包括购建厂房、购买机器设备、购买原材物料、支付职工劳动报酬、支付经营管理中的各项必要开支、销售产品、收回货款等；最后，对经营所得进行分配，其中一部分资金投入再生产，进行下一轮的循环和周转，另一部分资金则以偿还债务、缴纳税金、向投资人分配利润等形式退出企业。企业会计就是以上述资金运动中的各项经济活动为对象，进行核算与监督。

第二节　会计基础

一、会计基本假设

会计核算的目的就是通过连续、系统、及时、全面的反映企业经营状况，为有关各方面提供有用的会计信息。由于企业所处的社会经济环境复杂多变，需要对会计核算所处的时间、空间环境等作出合理设定，即会计基本假设。会计基本假设是企业会计确认、计量和报告的前提，包括会计主体、持续经营、会计分期和货币计量四个方面。

（一）会计主体

会计主体是指企业会计确认、计量和报告的空间范围。《基本准则》规定：企业应当对其本身发生的交易或事项进行会计确认、计量和报告。明确会计主体，是开展会计确认、计量和报告工作的重要前提。

1. 明确会计主体，才能界定会计所要处理的各项经营活动的范围。在会计工作中，并不是所有的经营活动均需要加以确认、计量和报告。只有那些影响企业本身经济利益的交易或事项才能加以确认、计量和报告。例如，甲企业和乙企业在3月10日签订了一份购货合同，4月25日双方履行合同。在3月10日，甲、乙企业均不需要对签订合同这一事项进行会计处理，因为签订合同本身并未影响企业自身的经济利益。而当4月25日双方履行合同时，甲、乙企业均需进行会计处理，甲企业要反映采购和付款情况，乙企业要反映销售和收款情况。

2. 明确会计主体，才能将不同会计主体的交易或事项区分开来。会计所反映的总是特定主体的经济活动。上例中甲、乙企业就是两个不同的会计主体，对于同一笔交易事项，由于两个企业的角色不同，一个是买方，另一个是卖方，甲、乙企业要视自身的情况进行不同的会计处理。再如母、子公司中，对母公司对外发生的交易或事项，不应纳入子公司会计核算的范围，但如果是母公司向子公司投资，则属于子公司发生的交易或事项，应当纳入子公司会计核算的范围。

3. 会计主体不同于法律主体。一般而言，法律主体必然是会计主体，而会计主体不一定是法律主体。例如，在企业集团中，母、子公司均为独立的法人，会计期末要编制各自的财务报表，以反映自身的会计信息。企业集团本身不是法人，但为了全面反映企业集团的财务状况、经营成果和现金流量情况，就有必要将这个企业集团作为一个会计主体，编制合并财务报表。

（二）持续经营

持续经营是指在可以预见的将来，企业将会按当前的规模和状态继续经营下去，不会停业，也不会大规模削减业务。《基本准则》规定：企业会计确认、计量和报告应当以持续经营为前提。企业是否持续经营对会计政策的选择影响很大。只有设定企业是持续经营的，会计人员才能按照正常经营情况下的会计程序、会计处理方法进行日常经济业务核算。例如，企业的固定资产一般都会在很长的时间内发挥作用，只有在持续经营的前提条件下，固定资产才能按历史成本记录，并采取有关的折旧方法，将历史成本分摊到各个会计期间或产品成本中去。

（三）会计分期

会计分期也称为会计期间，是指将一个企业持续经营的生产经营活动期间划分为若干连续的、长短相同的期间。《基本准则》规定：企业应当划分会计期间，分期结算账目和编制财务会计报告。

会计分期的目的，是将持续经营的生产经营活动划分成连续、相等的期间，据以结算盈亏，按期编报财务报告，从而及时向财务报告使用者提供企业财务状况、经营成果和现金流量的信息。该假设是对持续经营假设的补充，根据持续经营假设，若想了解一个企业的经营成果，必须等到企业终止经营时。但有关各方面对企业信息的需求不能等到企业终止营业后再取得，为此，就要将持续不断的生产经营活动期间人为地划分为一个个相等的期间，对经济活动分期确认、计量和报告。

会计期间限定了会计核算的时间范围。会计期间分为年度和中期，年度和中期均按公历起讫日期确定。中期是指短于一个完整的会计年度的报告期间，通常可以划分为半年度、季度、月份，以满足会计信息使用者对会计信息的需要。

由于划分了会计期间，才产生当期与其他期间的差别，从而出现了收付实现制与权责发生制的区别，才使不同类型的会计主体有了记账的基准，进而出现了应收、应付、折旧、摊销等会计处理方法。

（四）货币计量

货币计量是指会计主体在进行会计确认、计量和报告时以货币计量，反映会计主体的财务状况、经营成果和现金流量。

货币作为交换媒介，是衡量一般商品价值的共同尺度，具有价值尺度、流通手段、贮藏手段和支付手段等特点。其他计量方法，如重量、体积、容积、数量等，都只能从一个侧面反映企业的生产经营情况，无法从量上进行汇总和比较，不便于会计计量和经营管理。因此，《基本准则》规定：企业会计应当以货币计量。在会计核算中，我们以货币计量为主，以其他计量方法为辅助手段，如在"原材料"明细账中，可以全面反映收发材料的数量、单价和金额。同时对那些无法用货币计量，却对信息使用人决策有用的信息，如市场竞争力、经营战略等，应在财务报告中补充披露。

二、会计确认基础

会计确认是指运用特定会计方法、以文字和金额同时描述某一交易或事项，使其金额反映在特定主体财务报表的合计数中的会计程序。《基本准则》规定：企业应当以权责发生制为基础进行会计确认、计量和报告。

权责发生制，也称应计制或应收应付制，它是以收入和费用的归属期为依据，以应收应付作为计算标准确认本期收入和费用的一种方法。凡是本期已经实现的收益或已经发生的费用，不论款项是否收付，都应作为本期的收益和费用处理；凡是不属于本期的收入和费用，即使款项在本期收付，也不作为当期的收入和费用处理。

在信用经济下，企业发生大量赊购赊销业务，使得产品的销售与货款的回收可能不属于同一会计期间。权责发生制要求企业以交易或事项的实际发生为依据进行确认、计量和报告，以正确反映特定会计期间的财务状况和经营成果。例如，A企业在1月15日销售一批货物，2月10日收到货款。A企业应当在1月15日确认该笔销售收入和收款权利，并进行会计处理；到2月10日收回货款时，只是作为收款权利的回收，减少企业的债权，而不能再计入2月份的销售收入。

三、会计计量基础

计量是确定会计确认中用以描述某一交易或事项的金额的会计程序。会计计量，是为了将符合确认条件的会计要素登记入账，并列报于财务报表而确定其金额的过程。企业应当按照规定的会计计量属性进行计量，确定相关金额。计量属性是指所予计量的某一要素的特性方面，例如衣服有尺寸，船泊有吨位。从会计角度，计量属性反映的是会计要素金额的确定基础，主要包括历史成本、重置成本、可变现净值、现值和公允价值等。

1. 历史成本

在历史成本计量下，资产按照购置时支付的现金或者现金等价物的金额，或者按照购置资产时所付出的对价的公允价值计量；负债按照其因承担现时义务而实际收到的款项或者资产的金额，或者承担现时义务的合同金额，或者按照日常活动中为偿还负债预期需要支付的现金或者现金等价物的金额计量。

2. 重置成本

在重置成本计量下，资产按照现在购买相同或者相似资产所需支付的现金或者现金等价物的金额计量；负债按照现在偿付该项债务所需支付的现金或者现金等价物的金额计量。

3. 可变现净值

在可变现净值计量下，资产按照其正常对外销售所能收到的现金或者现金等价物的金额扣减该项资产至完工时估计将要发生的成本、估计的销售费用以及相关税金后的金额计量。

4. 现值

在现值计量下，资产按照预计从其继续使用和最终处置中所产生的未来净现金流入量的折现金额计量；负债按照预计期限内需要偿还的未来净现金流出量的折现金额计量。

5. 公允价值

在公允价值计量下，资产和负债按照在公平交易中，熟悉情况的交易双方自愿进行资产交换或者债务清偿的金额计量。

企业在对会计要素进行计量时，一般应当采用历史成本计量属性，因为历史成本真实可靠，便于核查，且数据易于取得。其他计量属性往往需要依赖于估计，为了使所估计的金额在提高会计信息的相关性的同时，又不影响其可靠性，企业会计准则要求企业在采用重置成本、可变现净值、现值、公允价值计量时，应当保证所确定的会计要素的金额能够取得并可靠计量；如果这些金额无法取得或者可靠地计量，则不允许采用其他计量属性。

第三节 会计信息质量要求

会计信息质量要求是对企业财务报告中所提供的会计信息质量的基本要求,是使财务报告中所提供的会计信息对使用者决策有用所应具备的基本特征。

一、可靠性

可靠性要求企业应当以实际发生的交易或事项为依据进行会计确认、计量和报告,如实反映符合确认和计量要求的各项会计要素及其他相关信息,保证会计信息真实可靠、内容完整。可靠性具体包括以下要求:

1. 企业应当以实际发生的交易或事项为依据进行会计确认、计量和报告,不能以虚构的交易或事项为依据进行会计确认、计量和报告。可靠性要求企业以实际发生的业务为依据,编制真实合法的会计凭证,据以客观地登记账簿,期末如实地编制会计报告。真实可靠是会计信息应具备的最基本的特征,但是无论国内国外,均存在会计信息失真、会计造假的行为。这不仅给信息使用人造成巨大的损失,也给造假公司本身带来巨大的危害,即使像"安然"这样的大公司,也会因为会计造假掩盖其经营不善的现实,最终导致企业破产。

2. 企业应当如实反映其所应反映的交易或事项,将符合会计要素定义及其确认条件的会计要素如实反映在财务报表中,刻画出企业生产经营及其财务活动的真实面貌。如前所述,会计并不是将所有的经营活动均加工成会计信息,只有符合条件的经营活动才会被确认、计量和报告。这里的"条件"包括两个方面,一是要符合会计要素的定义,二是要符合会计要素的确认条件,二者缺一不可。例如,当企业销售产品时,如果购买方已经处于财务危机状态,企业不能确定是否能收回货款,那么销售方就不能将该笔交易作为销售收入进行会计处理。

3. 企业应当在符合重要性和成本效益原则的前提下,保证会计信息的完整性。企业在披露会计信息时,应当将与信息使用人决策相关的会计信息充分披露在会计报表及其附注内容中,不能随意减少应予披露的信息。

二、相关性

相关性要求企业提供的会计信息应当与财务报告使用者的经济决策需要相关,有助于财务报告使用者对企业过去、现在或者未来的情况作出评价或预测。

会计准则规定:财务会计报告的目标就是向财务会计报告使用者提供与企业财务状况、经营成果和现金流量等有关的会计信息,反映企业管理层受托责任履行的情况,有助于财务会计报告使用者作出经济决策。财务会计报告使用者包括投资人、债权人、政府和其有关部门和社会公众等。会计信息的价值就在于其与信息使用者的决策相关,要有助于信息使用者作出正确的决策。

相关的会计信息应具有反馈价值和预测价值。信息使用者通过相关的会计信息可以评价企业过去决策的正确性、预测的准确性,因而具有反馈价值。同时信息使用者通过对相关的会计信息的分析评价还可以预测企业未来的财务状况、经营成果和现金流量,为下一步的决策奠定基础。

为了满足会计信息质量的相关性要求，企业应当在确认、计量和报告会计信息的过程中，充分考虑信息使用者的决策模式和信息需要，通过财务报告和其他形式全面地反映企业信息。

三、可理解性

可理解性要求企业提供的会计信息应当清晰明了，便于财务报告使用者理解和使用。

财务报告使用者想要有效地使用会计信息，前提是先要读懂会计信息的内容。这就要求企业提供的会计信息应当清晰明了，便于理解，不能似是而非、模棱两可。只有这样，才能提高会计信息的有用性，实现财务会计报告的目标，满足向信息使用者提供决策有用信息的要求。

四、可比性

可比性要求企业提供的会计信息应当具有可比性。可比性既包括同一企业前后期的会计信息可比，又包括不同企业间会计信息可比。

1. 对于同一企业，其生产经营具有相对稳定性。会计信息质量的可比性要求同一企业对于不同时期发生的相同或相似的交易或事项，应当采用一致的会计政策，不得随意改变。这样财务报告使用者可以通过比较企业不同时期的会计信息，了解企业财务状况、经营成果的变化趋势，从而全面、客观地评价过去、预测未来。满足可比性要求，并不是说不允许企业变更会计政策，如果变更会计政策可以使企业提供的会计信息更具有可靠性与相关性，就有必要变更，但这种变更需要在会计报表附注中予以说明。

2. 对于不同企业发生的相同或相似的交易或事项，应当采用规定的会计政策，确保会计信息口径一致、相互可比。即对于相同或相似的交易或事项，不同企业应当采用一致的会计政策，以使不同企业按照一致的确认、计量和报告基础提供有关会计信息。这样便于财务报告使用者比较不同企业的财务状况、经营成果的水平及其变动情况，从而有助于作出正确的决策。

五、实质重于形式

实质重于形式要求企业应当按照交易或事项的经济实质进行会计确认、计量和报告，而不应仅以交易或事项的法律形式为依据。

有时候，经济业务的外在法律形式并不能真实反映其实质内容。为了真实反映企业的财务状况和经营成果，就不能仅仅根据经济业务的法律形式来进行核算，而要反映其经济实质。否则，极易导致会计信息的失真。如融资租入的固定资产，虽然从法律形式上讲企业并不拥有租入资产的所有权，但是由于租赁合同规定的租赁期相当长，接近于该资产的使用寿命；租赁期满，租入方有优先购买该资产的选择权；在租赁期内，与租赁资产所有权相关的全部风险和报酬转移给了承租人。因此，从经济实质来看，承租企业能够控制该项资产创造的未来经济利益，应将其视为本企业的资产，反映在企业的资产负债表上。

六、重要性

重要性要求企业提供的会计信息应当反映与企业财务状况、经营成果和现金流量有关的所有重要的交易或事项。如果企业会计信息的省略或错报会影响信息使用者据此作出经济决策，该信息就具有重要性。

重要性的应用需要依赖职业判断，企业应当根据其所处的环境和实际情况，从项目的性质和金额大小两个方面来进行判断。从性质上来看，当一个项目有可能对决策产生一定影响时，就属于重要项目；从金额上来看，当一个项目的金额达到一定规模时，就可能对决策产生影响。

七、谨慎性

谨慎性要求企业在对交易或事项进行会计确认、计量和报告时，应当保持应有的谨慎，不高估资产或收益，低估负债或费用。

在市场经济条件下，企业的生产经营活动面临着许多风险和不确定因素，如应收账款的可回收性、固定资产的使用寿命、无形资产的使用期限等。会计信息质量的谨慎性要求，即需要企业对存在的风险和不确定性因素作出职业判断时，保持应有的谨慎，充分估计到各种风险和损失，既不高估资产或收益，也不低估负债或费用，从而有利于企业作出正确的经营决策，有利于保护所有者和债权人的利益，有利于提高企业的市场竞争能力。

值得注意的是，谨慎性的应用并不允许企业计提秘密准备。如果企业故意低估资产或收益，或者高估负债或费用，将不符合会计信息的可靠性和相关性要求，损害会计信息的质量，扭曲企业实际的财务状况和经营成果，从而对信息使用者的决策产生误导，这是会计准则所不允许的。

八、及时性

及时性要求企业对于已经发生的交易或事项，应当及时进行会计确认、计量和报告，不得提前或延后。

会计信息具有很强的实效性，只有满足经济决策的及时需要，信息才具有价值。越及时的信息越具有可靠性与相关性。在会计确认、计量和报告过程中贯彻及时性，要做到以下三点要求：

1. 及时收集会计信息，即在经济交易或事项发生后，应及时收集和整理各种原始单据或凭证。

2. 及时处理会计信息，即按照企业会计准则的规定，及时对经济交易或事项进行确认、计量，并编制出财务报告。

3. 及时传递会计信息，即按照国家规定的有关时限，及时地将编制的财务报告传递给财务报告使用者，便于其及时使用和决策。

第四节　会计要素及会计等式

一、会计要素概念

会计要素是指按照交易或事项的经济特征所作的基本分类，是会计核算对象的具体化，分为反映企业财务状况的会计要素和反映企业经营成果的会计要素。会计要素即是进行会计确认和计量的依据，也是设定财务报表结构和内容的基础。

我国《企业会计准则》将会计要素按照性质划分为资产、负债、所有者权益、收入、费用和利润六类，其中，资产、负债和所有者权益要素侧重于反映企业的财务状况，收入、费用和利润要素侧重于反映企业的经营成果。会计要素的界定和分类，使财务会计系统更加科学严密，为会计核算奠定了坚实的基础。

二、反映财务状况的会计要素及其确认

财务状况是指企业一定日期的资产及权益情况，是资金运动相对静止状态时的表现。

（一）资产

1. 资产的定义

资产是指企业过去的交易或者事项形成的、由企业拥有或者控制的、预期会给企业带来经济利益的资源。

一个企业从事生产经营活动，必须具备一定的物质资源，或者说物质条件。在市场经济条件下，这些必要的物质条件表现为货币资金、厂房场地、机器设备、原材料等，他们是企业从事生产经营活动的物质基础。除以上的货币资金以及具有物质形态的资产以外，资产还包括那些不具备物质形态，但有助于生产经营活动的专利权、专有技术、商标权等无形资产，还包括对其他单位的投资和债权。

根据资产的定义，资产具有以下几方面特征：

（1）资产预期会给企业带来经济利益。即资产具有直接或间接导致现金和现金等价物流入企业的潜力，这种潜力可以来自于企业日常的生产经营活动，也可以是非日常经营活动；带来的经济利益可以是现金或现金等价物，也可以是可以转化为现金或现金等价物的其他资产，或者表现为减少现金或现金等价物的流出。例如，企业销售产品收回货款，是直接获得的经济利益；对外投资参与利润分配，则是间接获得的经济利益。如果某一项目预期不能给企业带来经济利益，那么就不能将其确认为企业的资产。

（2）资产应为企业拥有或者控制的资源。企业拥有资产的所有权，从而就能够排他性地从资源中获得经济利益。有些资产虽然不为企业所拥有，但是企业能够支配这些资产，而且同样能够排他性地从资产的使用中获得经济利益。例如，融资租入的固定资产，企业虽不拥有所有权，但可以在相当长的时间内使用支配该项资产，并从中获益，就符合会计上对资产的定义。

（3）资产是由于企业过去的交易或事项所形成的，即资产必须是现实的资产。它是企业过去的交易或事项所形成的结果。企业过去的交易或者事项包括购买、生产、建造行为或其他交易或事项。对于预期将在未来发生的交易或事项可能产生的结果，不属于企业现实的资产，不得作为资产确认。例如甲企业和乙企业签订一份购买机器设备的合同，合同尚未履行，即购买行为尚未发生，因此该机器设备不符合资产的定义，甲企业不能因此而确认固定资产增加。

2. 资产的确认条件

要将一项资源确认为资产，除应符合资产定义外，还需同时满足两个条件：

（1）与该资源有关的经济利益很可能流入企业。

（2）该资源的成本或者价值能够可靠的计量。

3．资产的分类

资产按其流动性的不同分为流动资产和非流动资产。

流动资产是指预计在一个正常营业周期中变现、出售或耗用，或者主要为交易目的而持有，或者预计在资产负债表日起一年内（含一年）变现的资产，以及自资产负债表日起一年内交换其他资产或清偿债务的能力不受限制的现金或现金等价物。流动资产主要包括货币资金、交易性金融资产、应收票据、应收账款、预付款项、应收利息、应收股息、其他应收款、存货等。

非流动资产是指流动资产以外的各种资产，包括长期股权投资、固定资产、在建工程、无形资产、开发支出等。

长期股权投资是指企业持有的对其子公司、合营企业及联营企业的权益性投资以及企业持有的对被投资单位不具有控制、共同控制或重大影响，并且在活跃市场中没有报价、公允价值不能可靠计量的权益性投资。

固定资产是指同时具有以下特征的有形资产：（1）为生产商品、提供劳务、出租或经营管理而持有的；（2）使用寿命超过一个会计年度。

无形资产是指企业拥有或者控制的没有实物形态的可辨认非货币性资产。包括专利权、非专利技术、商标权、著作权、土地使用权、特许权等。

按流动性对资产进行分类，有助于掌握企业资产的变现能力，从而进一步分析企业的偿债能力和支付能力。一般来说，流动资产所占的比重越大，说明企业资产的变现能力和支付能力越强。

（二）负债

1．负债的定义

负债是指企业过去的交易或事项形成的、预期会导致经济利益流出企业的现时义务。

负债具有以下基本特征：

（1）负债是企业承担的现时义务。现时义务是指企业在现实条件下已承担的义务。未来发生的交易或者事项形成的义务，不属于现时义务，不应当确认为负债。现时义务可以是法定义务，也可以是推定义务。其中，法定义务是具有约束力的合同或者法律、法规规定的义务，通常在法律意义上需要强制执行，如纳税义务。推定义务是指根据企业多年来的习惯做法、公开的承诺或者公开宣布的政策而导致企业将承担的责任，如企业承诺对已售出的商品保修一年，这种保修服务就属于推定责任。

（2）负债的清偿预期会导致经济利益流出企业。负债通常是在未来某一时日通过交付资产或提供劳务来加以清偿。例如，企业以货币资金偿还银行借款，导致经济利益流出企业。

（3）负债是由于企业过去的交易或事项形成。即导致负债的交易或事项必须已经发生，如赊购货物会产生负债。对于企业正在筹划的未来交易或事项，不构成企业的负债。

2．负债的确认条件

要将一项交易或事项确认为负债，除应符合负债定义外，还需同时满足两个条件：

（1）与该义务有关的经济利益很可能流出企业。

（2）未来流出的经济利益的金额能够可靠的计量。

3．负债的分类

负债按其流动性不同分为流动负债和非流动负债。

流动负债是指预计在一个正常营业周期中清偿、或者主要为交易目的而持有、或者自资产负债表日起一年内（含一年）到期应予清偿，或者企业无权自主地将清偿推迟至资产负债表日后一年以上的负债。主要包括短期借款、应付票据、应付账款、预收账款、应付职工薪酬、应交税费、应付利息、应付股利、其他应付款等。

非流动负债是指流动负债以外的负债，主要包括长期借款、应付债券等。

（三）所有者权益

1. 所有者权益的定义

所有者权益是指企业资产扣除负债后由所有者享有的剩余权益。公司的所有者权益又称为股东权益。所有者权益的来源包括所有者投入的资本、直接计入所有者权益的利得和损失、留存收益等。

所有者权益具有以下特征：

（1）除非发生减资、清算或分派现金股利，企业不需要偿还所有者权益。所有者权益作为一种权益资本，无到期日，在企业的生产经营期间内可以长久使用，无需偿还。

（2）企业清算时，只有在清偿所有负债后，剩余财产才返还给所有者。

（3）所有者凭借所有者权益能够参与企业利润的分配。

所有者权益在性质上体现为所有者对企业资产的剩余权益，在数量上体现为资产减去负债后的余额，包括实收资本、资本公积、盈余公积、未分配利润四个项目。

实收资本是指投资人投入企业的各种资产的价值，在一般情况下无需偿还，可以长期周转使用。

资本公积是指由投资者投入但不能构成实收资本，或从其他来源取得，由所有投资者共同享有的资金。资本公积既包括资本溢价、股本溢价，也包括直接计入所有者权益的利得和损失。

盈余公积是指企业按照规定从净利润中提取的各种积累资金。盈余公积主要用于发展生产和企业职工福利设施的支出。

未分配利润是企业留待以后年度进行分配的结存利润。

盈余公积和未分配利润统称为留存收益。

2. 所有者权益的确认条件

由于所有者权益体现的是所有者在企业中的剩余权益，因此，所有者权益的确认主要依赖于其他会计要素，尤其是资产和负债的确认。

三、反映经营成果的会计要素及其确认

（一）收入

1. 收入的定义

收入是指企业在日常活动中所形成的、会导致所有者权益增加的、与所有者投入资本无关的经济利益的总流入，包括主营业务收入和其他业务收入。

收入具有以下特点：

（1）收入是从企业的日常活动中形成的。这里所讲的日常活动是指企业为完成其经营目标所从事的经常性活动以及与之相关的活动，如工业企业的产品销售活动，商业企业的商品

购销活动，金融企业的存贷款活动等。有些活动如出租固定资产、包装物，销售原材料，由于它们与日常经营活动直接相关，也列作收入。

（2）收入应当会导致经济利益的流入，该流入不包括所有者投入的资本。收入应当导致经济利益的流入，从而导致资产的增加，如企业销售产品，必须取得货币资金或有权利收回货币资金，才表明该交易符合收入的定义。但是如果是所有者直接投入资本而导致的经济利益的流入，不应确认为收入，而应直接确认为所有者权益。

（3）收入最终会导致所有者权益的增加。与收入相关的经济利益的流入，最终表现为所有者权益的增加，不会导致所有者权益增加的经济利益的流入不符合收入的定义，不应确认为收入。例如企业因经营所需向银行借入短期借款20万元，该笔借款导致20万元经济利益流入企业，但该笔经济利益不会导致所有者权益的增加，反而是企业承担了一项还款义务，因此不应确认为收入。

2. 收入的确认条件

收入的确认除应符合定义外，还应同时符合下列条件：

（1）与收入相关的经济利益很可能流入企业；

（2）经济利益流入企业的结果会导致资产的增加或负债的减少；

（3）经济利益的流入额能够可靠地计量。

（二）费用

1. 费用的定义

费用是指企业日常活动中所发生、会导致所有者权益减少的、与向所有者分配利润无关的经济利益的总流出。

费用具有以下特点：

（1）费用应当是企业日常活动中所发生。这些日常活动的界定与收入定义中所涉及的日常活动相一致。日常活动中所产生的费用通常包括销售成本、职工薪酬、折旧费、无形资产摊销等。应将费用与损失加以严格区分，损失是指企业非日常活动所形成的经济利益的流出，如处置固定资产的净损失，不属于企业的日常活动，应作为损失确认为营业外支出。

（2）费用应当会导致经济利益的流出，该流出不包括向所有者分配的利润。费用应当导致经济利益的流出，从而导致资产的减少或负债的增加。其表现形式包括，现金及现金等价物的流出；存货、固定资产和无形资产的流出或消耗；负债义务的增加等。但负债义务的履行最终还是会导致资产的减少。当企业向投资人分配利润时，也会导致经济利益的流出，而该流出属于所有者权益的抵减项目，不应确认为费用。

（3）费用应当最终会导致所有者权益的减少。如果一项经济利益的流出不会导致所有者权益的减少，就不应将其确认为费用。例如，企业用银行存款30万元购买原材料一批，该项业务虽然导致30万元经济利益流出企业，但资产同时增加了30万元，所有者权益并未减少，所以不应确认为费用。

以工业企业为例，一定时期的费用通常由产品生产成本和期间费用两部分构成。产品生产成本由直接材料、直接人工和制造费用三个成本项目构成，期间费用包括管理费用、财务费用和销售费用三项。

2. 费用的确认条件

费用的确认除应符合定义外，还应同时符合下列条件：

（1）与费用相关的经济利益很可能流出企业；
（2）经济利益流出企业的结果会导致资产的减少或负债的增加；
（3）经济利益的流出额能够可靠地计量。

（三）利润

1. 利润的定义

利润是指企业在一定会计期间的经营成果。企业利润集中反映企业生产经营活动各方面的业绩，表明企业经营盈亏的情况，是企业最终的财务成果，也是衡量企业生产经营管理的重要综合指标。

利润包括收入减去费用后的净额、直接计入当期利润的利得和损失等。直接计入当期利润的利得和损失，是指应当计入当期损益、会导致所有者权益发生增减变动的、与所有者投入资本或者向所有者分配利润无关的利得或损失。利润有营业利润、利润总额和净利润。营业利润是营业收入减去营业成本、营业税金及附加、期间费用、资产减值损失，加上公允价值变动净收益、投资净收益后的余额。利润总额是指营业利润加上营业外收入，减去营业外支出后的金额。净利润是指利润总额减去所得税费用后的金额。

2. 利润的确认条件

利润的确认主要依赖收入、费用、利得和损失的确认，其金额的确定也主要取决于收入、费用、利得和损失金额的计量。

四、会计等式

企业从事生产经营活动，都必须拥有一定数额的资产，包括现金、银行存款、机器设备等。一个企业的资产，与对这些资产归属的权利相等，我们称这些权利为权益。资产与权益两者是相互依存的，有一定数额的资产，就必然有一定数额的权益；反之，有一定数额的权益，也必然有一定数额的资产，两者数额必然相等。这种关系可以表述为：

资产＝权益

权益按与其相对应的资产的来源不同，包括债权人提供的资产所形成的债权人权益和投资人投入的资产所形成的投资人权益。债权人权益就形成企业的负债，而投资人权益就形成企业的所有者权益。所以"资产＝权益"就可以进一步表示为：

资产＝负债＋所有者权益

该公式在任何时点均成立，称为会计恒等式。它表示会计主体在某一特定时点的财务状况，表明企业拥有的各种资产，债权人和投资人对企业资产的要求权。这一会计等式是复式记账、会计核算和编制会计报表的基础。

企业可以通过企业经营成果（利润或亏损）的变动来影响所有者权益的变动。企业的目标是从生产经营活动中获取收入，实现盈利，而企业取得收入的同时，必然发生相应的费用。通过收入与费用的比较，可以计算确定一定期间的盈利水平，即：

收入－费用＝利润

因为一定时期的经营成果必然影响一定时点的财务状况，所以会计恒等式还可以扩写为：

资产＝负债＋所有者权益＋（收入－费用）

由于会计期末收入和费用经过结算转入所有者权益之中，使扩张的等式又转化为：

资产＝负债＋所有者权益

五、经济业务的发生对会计等式的影响

企业发生的各种经济业务是千变万化的，但是无论怎样，均不会破坏上述会计等式的平衡原理。

例如，某企业 2008 年 1 月 1 日的资产、负债及所有者权益状况如表 1-1 所示。

表 1-1 某企业资产、负债、所有者权益状况

2008 年 1 月 1 日　　　　　　　　　　　　　　　　　　单位：元

资　产	金　额	负债及所有者权益	金　额
库存现金	1 000	短期借款	95 000
银行存款	149 000	应付账款	125 000
应收账款	250 000	长期借款	200 000
原材料	400 000	实收资本	300 000
周转材料	20 000	资本公积	150 000
固定资产	100 000	盈余公积	50 000
合　计	920 000	合　计	920 000

1 月 1 日该企业分别发生如下经济业务，每笔业务对期初财务状况的影响如下：

（1）企业购买原材料 8 000 元，以银行存款支付。

这笔经济业务的发生，使原材料项目增加了 8 000 元，同时使银行存款项目减少了 8 000 元，这笔经济业务所引起的变化结果如表 1-2 所示。

表 1-2 某企业资产、负债、所有者权益状况

2008 年 1 月 1 日　　　　　　　　　　　　　　　　　　单位：元

资　产	金　额	负债及所有者权益	金　额
库存现金	1 000	短期借款	95 000
银行存款	**141 000**	应付账款	125 000
应收账款	250 000	长期借款	200 000
原材料	**408 000**	实收资本	300 000
周转材料	20 000	资本公积	150 000
固定资产	100 000	盈余公积	50 000
合　计	920 000	合　计	920 000

通过表 1-2 我们发现，资产类项目发生一增一减的变化，原材料的金额由原来的 400 000 元增加到 408 000 元，而银行存款由原来的 149 000 元减少到 141 000 元。但这笔经济业务并不影响资产总额的变动。

（2）企业以应付票据 50 000 元，抵付应付账款。

这笔经济业务的发生，使应付票据项目增加了 50 000 元，同时使应付账款项目减少了 50 000 元，这笔经济业务所引起的变化结果如表 1-3 所示。

表 1-3　某企业资产、负债、所有者权益状况

2008 年 1 月 1 日　　　　　　　　　　　　　　　　　　单位：元

资　产	金　额	负债及所有者权益	金　额
库存现金	1 000	短期借款	95 000
银行存款	149 000	**应付账款**	**75 000**
应收账款	250 000	**应付票据**	**50 000**
原材料	400 000	长期借款	200 000
周转材料	20 000	实收资本	300 000
固定资产	100 000	资本公积	150 000
		盈余公积	50 000
合　计	920 000	合　计	920 000

通过表 1-3 我们发现，负债类项目中发生一增一减的变化，应付票据的金额由原来的 0 元增加到 50 000 元，而应付账款的金额由原来的 125 000 元减少到 75 000 元。但这笔经济业务并不影响负债总额的变动。

（3）企业以资本公积 80 000 元，转增资本金。

这笔经济业务的发生，使实收资本项目增加了 80 000 元，同时使资本公积项目减少了 80 000 元，这笔经济业务所引起的变化结果如表 1-4 所示。

表 1-4　某企业资产、负债、所有者权益状况

2008 年 1 月 1 日　　　　　　　　　　　　　　　　　　单位：元

资　产	金　额	负债及所有者权益	金　额
库存现金	1 000	短期借款	95 000
银行存款	149 000	应付账款	125 000
应收账款	250 000	长期借款	200 000
原材料	400 000	**实收资本**	**380 000**
周转材料	20 000	**资本公积**	**70 000**
固定资产	100 000	盈余公积	50 000
合　计	920 000	合　计	920 000

通过表 1-4 我们发现，所有者权益类项目中发生一增一减的变化，实收资本的金额由原来的 300 000 元增加到 380 000 元，而资本公积由原来的 150 000 元减少到 70 000 元。但这笔经济业务并不影响所有者权益总额的变动。

（4）企业购买包装物 5 000 元，货款尚未支付。

这笔经济业务的发生，使周转材料项目增加了 5 000 元，同时使应付账款项目也增加了 5 000 元，这笔经济业务所引起的变化结果如表 1-5 所示。

通过表 1-5 我们发现，资产类项目和负债类项目发生同增的变化，周转材料的金额由原来的 20 000 元增加到 25 000 元，而应付账款由原来的 125 000 元增加到 130 000 元。这笔经济业务也影响到资产和权益总额，使之同时增加了 5 000 元，由原来的 920 000 元增加到 925 000 元。

表 1-5 某企业资产、负债、所有者权益状况

2008 年 1 月 1 日　　　　　　　　　　　　　　　　　　　　　　　　单位：元

资　产	金　额	负债及所有者权益	金　额
库存现金	1 000	短期借款	95 000
银行存款	149 000	**应付账款**	**130 000**
应收账款	250 000	长期借款	200 000
原材料	400 000	实收资本	300 000
周转材料	**25 000**	资本公积	150 000
固定资产	100 000	盈余公积	50 000
合　计	**925 000**	合　计	**925 000**

（5）企业以银行存款 80 000 元，偿还应付账款。

这笔经济业务的发生，使银行存款项目减少了 80 000 元，同时使应付账款项目也减少了 80 000 元，这笔经济业务所引起的变化结果如表 1-6 所示。

表 1-6 某企业资产、负债、所有者权益状况

2008 年 1 月 1 日　　　　　　　　　　　　　　　　　　　　　　　　单位：元

资　产	金　额	负债及所有者权益	金　额
库存现金	1 000	短期借款	95 000
银行存款	**69 000**	**应付账款**	**45 000**
应收账款	250 000	长期借款	200 000
原材料	400 000	实收资本	300 000
周转材料	20 000	资本公积	150 000
固定资产	100 000	盈余公积	50 000
合　计	**840 000**	合　计	**840 000**

通过表 1-6 我们发现，资产类项目和负债类项目发生同减的变化，银行存款的金额由原来的 149 000 元减少到 69 000 元，而应付账款由原来的 125 000 元减少到 45 000 元。这笔经济业务也影响到资产和权益总额，使之同时减少了 80 000 元，由原来的 920 000 元减少到 840 000 元。

（6）企业收到投资人的货币出资 100 000 元，已存入银行。

这笔经济业务的发生，使银行存款项目增加了 100 000 元，同时使实收资本项目也增加了 100 000 元，这笔经济业务所引起的变化结果如表 1-7 所示。

通过表 1-7 我们发现，资产类项目和所有者权益类项目发生同增的变化，银行存款的金额由原来的 149 000 元增加到 249 000 元，而实收资本由原来的 300 000 元增加到 400 000 元。同时这笔经济业务也影响到资产和权益总额，使之同时增加了 100 000 元，由原来的 920 000 元增加到 1 020 000 元。

表 1-7　某企业资产、负债、所有者权益状况

2008 年 1 月 1 日　　　　　　　　　　　　　　　　　　　　单位：元

资　产	金　额	负债及所有者权益	金　额
库存现金	1 000	短期借款	95 000
银行存款	**249 000**	应付账款	125 000
应收账款	250 000	长期借款	200 000
原材料	400 000	**实收资本**	**400 000**
周转材料	20 000	资本公积	150 000
固定资产	100 000	盈余公积	50 000
合　计	**1 020 000**	合　计	**1 020 000**

（7）企业购买一项固定资产，价款 300 000 元，用银行存款支付 100 000 元，其余款项尚未支付。

这笔经济业务的发生，使固定资产项目增加了 300 000 元，使银行存款项目减少了 100 000 元，应付账款项目增加了 200 000 元，这笔经济业务所引起的变化结果如表 1-8 所示。

表 1-8　某企业资产、负债、所有者权益状况

2008 年 1 月 1 日　　　　　　　　　　　　　　　　　　　　单位：元

资　产	金　额	负债及所有者权益	金　额
库存现金	1 000	短期借款	95 000
银行存款	**49 000**	**应付账款**	**325 000**
应收账款	250 000	长期借款	200 000
原材料	400 000	实收资本	300 000
周转材料	20 000	资本公积	150 000
固定资产	**400 000**	盈余公积	50 000
合　计	1 120 000	合　计	1 120 000

通过表 1-8 我们发现，资产类项目发生了一增一减的变化，银行存款的金额由原来的 149 000 元减少到 49 000 元，固定资产由原来的 100 000 元增加到 400 000 元，使资产项目净增加了 200 000 元，而负债类项目中的应付账款由原来的 125 000 元增加到 325 000 元。这笔经济业务也影响到资产和权益总额，使之同时增加了 200 000 元，由原来的 920 000 元增加到 1 120 000 元。

（8）经协商，债权人同意企业用银行存款 100 000 偿还部分长期借款，其余 100 000 元借款，转为投资。

这笔经济业务的发生，使银行存款项目减少了 100 000 元，长期借款项目减少了 200 000 元，实收资本项目增加 100 000 元。这笔经济业务所引起的变化结果如表 1-9 所示。

通过表 1-9 我们发现，资产类项目中银行存款的金额由原来的 149 000 元减少到 49 000 元，负债类项目中长期借款的金额由 200 000 元减少到 0 元，所有者权益类项目中实收资本的金额由 300 000 元增加到 400 000 元。负债及所有者权益类项目净减少 100 000 元。这笔经济业务也影响到资产和权益总额，使之同时减少了 100 000 元，由原来的 920 000 元减少到

820 000 元。

表 1-9 某企业资产、负债、所有者权益状况

2008 年 1 月 1 日　　　　　　　　　　　　　　　　　　　单位：元

资　　产	金　　额	负债及所有者权益	金　　额
库存现金	1 000	短期借款	95 000
银行存款	**49 000**	应付账款	125 000
应收账款	250 000	**长期借款**	**0**
原材料	400 000	**实收资本**	**400 000**
周转材料	20 000	资本公积	150 000
固定资产	100 000	盈余公积	50 000
合　　计	**820 000**	合　　计	**820 000**

综上所述，任何经济业务的发生，无非是以下四种类型：

1．资产、负债、所有者权益每个要素内部有增有减，增减金额相等，其总额不变。
2．负债与所有者权益之间有增有减，增减金额相等，其总额不变。
3．资产与负债之间同增或同减，金额相等，其总额变动。
4．资产与所有者权益之间同增或同减，金额相等，其总额变动。

这四类经济业务中任何一类的发生，都不会影响资产、负债、所有者权益这三个会计要素之间的平衡关系。

第五节　会计方法和会计工作组织

会计的方法是履行会计职能，完成会计任务，实现会计目标的方式，是会计管理的手段。会计方法经历了由单式簿记向复式簿记演进的过程。15 世纪起源于意大利的复式记账原理是近代会计形成的标志，1494 年，意大利数学家卢卡·巴却里出版了世界上第一部关于复式簿记的专著《算术、几何、比与比例概要》，对借贷复式记账作了系统的介绍，以后相继传入世界各国。我国在清朝后期，从国外引入借贷记账法。目前，会计方法已形成了一个完整的科学的方法体系，包括会计核算方法、会计分析方法、会计检查方法等多种方法。本书仅就会计核算方法进行研究。

一、会计核算方法

会计核算方法是对经济业务进行全面、连续、系统的记录和计算，为经营管理提供必要的会计信息所应用的方法。它是整个会计方法体系的基础。包括以下七种方法：

（一）设置账户

设置账户是指对会计要素的具体内容分门别类进行核算的一种专门方法。

（二）复式记账

复式记账是记录经济业务的一种方法，就是对每一项经济业务，以相等的金额，在两个

或两个以上相互联系的账户中进行登记的一种专门方法。

（三）填制和审核凭证

会计凭证是记录经济业务、明确经济责任，并作为记账依据的书面证明。

对已发生的经济业务，首先取得原始凭证，再根据复式记账原理填制记账凭证，然后对凭证加以审核，并作为登记账簿的依据。

（四）登记账簿

登记账簿是将会计凭证记录的内容在账簿中连续地、完整地、科学地记录，以全面反映经济活动和财务收支的一种方法。

（五）成本计算

成本计算是按照一定的成本对象，对生产经营过程中所发生的成本、费用进行归集，以确定各对象的总成本和单位成本的一种方法。

（六）财产清查

通过盘点实物，核对账目，以查明财产实有数，并保证账实相符的一种专门方法。

（七）编制会计报表

以书面报告的形式定期总括反映生产经营活动的财务状况和经营成果的一种专门方法。

会计核算的各种专门方法之间不是孤立的，而是相互联系、相互配合来应用的。企业发生的每一笔经济业务，首先应取得或填制原始凭证并加以审核，然后根据已设置的会计账户，运用复式记账方法，填制记账凭证并登记账簿，月终根据账簿记载的资料进行成本计算和财产清查，在账证相符、账账相符、账实相符的基础上编制会计报表。这些专门方法是一环扣一环的完整体系，任何一个环节没有做好，都会影响会计工作的质量。

二、会计工作组织

会计组织工作是完成会计工作任务，发挥会计工作作用的重要保证。只有把会计工作科学地组织好，建立合理的规章制度，设置专门的会计机构，配备必要的会计人员，才能充分发挥会计工作的作用。

（一）建立会计法规体系

会计工作是一项经济管理工作，为规范会计行为，保证会计资料的真实、完整，必须建立相应的会计法规体系。我国会计法律制度包括会计法律、会计行政法规和会计规章。

1. 会计法律——《中华人民共和国会计法》

会计法律是调整我国经济生活中会计关系的法律总规范。《会计法》是会计法律制度中最高层次的法律规范，是指导会计工作的根本法，是制定其他会计法规的依据。该法由全国人民代表大会常务委员会制定，以国家主席令形式颁布。

2. 会计行政法规

会计行政法规是调整经济生活中某些方面会计关系的法律规范。会计行政法规由国务院制定发布或者国务院有关部门拟定经国务院批准发布。如 1992 年 11 月 16 日经国务院批准、财政部发布的《企业会计准则》是根据《会计法》制定的，对所有设在中华人民共和国境内的单位的会计核算工作均有约束力。会计准则具体又分为基本准则和具体准则。

3. 会计规章

会计规章是由主管全国会计工作的行政部门——财政部就会计工作中某些方面的内容所

制定的规范性文件。其制定依据是会计法律和会计行政法规。如财政部发布的《股份有限公司会计制度》、《会计基础工作规范》、2001年1月1日颁布并实施的《企业会计制度》等。

各基层单位应根据会计规章自行制定或委托社会会计服务机构制定内部会计制度，它仅对具体使用单位有约束力。

会计法规三个层次的关系是：会计法统驭会计准则，会计准则统驭会计制度。

（二）设置会计机构

会计机构是各单位内部直接从事和组织领导会计工作的职能部门。合理设置会计机构是保证会计工作正常进行，充分发挥会计管理作用的重要条件，各企业单位会计机构的设置，必须与整个国家的会计管理体制相适应。《会计法》明确规定：

1. 国务院财政部门主管全国的会计工作。
2. 县级以上地方各级人民政府财政部门管理本行政区域内的会计工作。
3. 各单位应当根据会计业务的需要设置会计机构，或者在有关机构中设置会计人员并指定会计主管人员；对于不具备设置条件的，应当委托经批准设立从事会计代理业务的中介机构代理记账。

（三）配备会计人员

会计人员是决定会计工作质量的关键。明确会计人员的职责和权限，是充分发挥会计人员积极性的有效措施。一个单位设置多少会计岗位，配备多少会计人员主要取决于单位的组织结构形式、业务工作量、经营规模等因素。财政部发布的《会计基础工作规范》对会计人员的配备、会计岗位设置的原则作了规定："会计工作岗位，可以一人一岗、一人多岗或一岗多人。但出纳人员不得兼管稽核、会计档案保管和收入、费用、债权债务账目的登记工作。"

会计人员的工作岗位应当有计划地进行轮换。会计人员应当具备必要的专业知识和专业技能，熟悉国家有关法律、法规、规章和国家统一会计制度，遵守职业道德。会计人员职业道德，是会计人员从事会计工作应当遵守的道德标准。建立会计人员职业道德规范，是对会计人员强化道德约束，防止和杜绝会计人员在工作中出现不道德行为的有效措施。《会计基础工作规范》对会计人员职业道德作出如下规定：敬业爱岗、熟悉法规、依法办事、客观公正、搞好服务、保守秘密。

会计工作关系重大，为此《会计法》要求会计人员应依法进行会计核算，实行会计监督，单位领导人应对本单位的会计工作和会计资料的真实性、完整性负责。会计人员应明确自己的工作职责、权限，以及应承担的法律责任。

1. 会计人员的主要职责

《会计法》第五条第一款规定："会计机构、会计人员依照本法规定进行会计核算，实行会计监督。"会计机构、会计人员作为会计工作的主要承担者，依法进行会计核算，实行会计监督。从责任角度来说，会计人员有义务进行会计核算和会计监督，不得违反《会计法》的规定。从职权角度来说，会计人员依法进行会计核算与监督，"任何单位或者个人不得以任何方式授意、指使、强令会计机构、会计人员伪造、变造会计凭证、会计账簿和其他会计资料，提供虚假财务会计报告"。会计人员依法履行职责，其合法权益受法律保护。

在会计监督方面，《会计法》第二十八条第二款规定："会计机构、会计人员对违反本法和国家统一的会计制度规定的会计事项，有权拒绝办理或者按照职权予以纠正。"

2. 单位领导和会计人员的法律责任

(1)《会计法》第四条规定:"单位负责人对本单位的会计工作和会计资料的真实性、完整性负责。"第二十一条规定:"财务会计报告应当由单位负责人和主管会计工作的负责人、会计机构负责人(会计主管人员)签名并盖章;设置总会计师的单位,还必须由总会计师签名并盖章。单位负责人应当保证财务会计报告真实、完整。"

(2)《会计法》第四十二条规定:"违反本法规定,有下列行为之一的,由县级以上人民政府财政部门责令限期改正,可以对单位并处三千元以上五万元以下的罚款;对其直接负责的主管人员和其他直接责任人员,可以处以二千元以上二万元以下的罚款;属于国家工作人员的,还应当由其所在单位或者由有关单位依法给予行政处分。不依法设置会计账簿的;私设会计账簿的;未按照规定填制、取得原始凭证或者填制、取得的原始凭证不符合规定的;以未经审核的会计凭证为依据登记会计账簿或者登记会计账簿不符合规定的;随意变更会计处理方法的;向不同的会计资料使用者提供的财务会计报告编制依据不一致的;未按照规定使用会计记录文字或者记账本位币的;未按照规定保管会计资料,致使会计资料毁损、灭失的;未按照规定建立并实施单位内部会计监督制度或者拒绝依法实施监督或者不如实提供会计资料及有关情况的;任用会计人员不符合本法规定的。有前款所列行为之一的,且构成犯罪的,依法追究刑事责任。会计人员有上述行为,且情节严重的,由县级以上人民政府财政部门吊销会计从业资格证书。"

(3)《会计法》第四十三条第一款规定:"伪造、变造会计凭证、会计账簿、编制虚假财务会计报告构成犯罪的,依法追究刑事责任。"

(4)《会计法》第四十四条第一款规定:"隐匿或者故意销毁依法应当保存的会计凭证、会计账簿、财务会计报告,构成犯罪的,依法追究刑事责任。"

(5)《会计法》第四十五条规定:"授意、指使、强令会计机构、会计人员及其他人员伪造、变造会计凭证、会计账簿、编制虚假财务会计报告或者隐匿、故意销毁依法应当保存的会计凭证、会计账簿、财务会计报告,构成犯罪的,依法追究刑事责任;尚不构成犯罪的,可以处以五千元以上五万元以下的罚款;属于国家工作人员的,还应当由其所在单位或者由有关单位依法给予降级、撤职、开除的行政处分。"

(6)《会计法》第四十六条规定:"单位负责人对依法履行职责、抵制违反本法规定行为的会计人员以降级、撤职、调离工作岗位、解聘或者开除等方式实行打击报复,构成犯罪的,依法追究刑事责任;尚不构成犯罪的,由其所在单位或者有关单位依法给予行政处分。对受打击报复的会计人员,应当恢复其名誉和原有职务、级别。"

复习思考题

1. 什么是会计?会计职能有哪些?
2. 会计信息质量要求有哪些?如何理解?
3. 会计核算的基本前提是什么?
4. 什么是会计确认基础?什么是会计计量基础?计量属性有哪些?
5. 什么是会计要素?会计要素如何分类?各种会计要素如何确认?
6. 什么是会计等式?经济业务的发生对会计等式有何影响?

7. 什么是会计方法？会计核算方法体系具体包括哪些方法？
8. 会计法规体系包括几个层次？内容是什么？

练 习 题

一、单项选择题

1. 会计的基本职能是（   ）。
   A. 决策与控制　　　　　　　　　　B. 分析与考核
   C. 核算与监督　　　　　　　　　　D. 反映与控制
3. 会计核算应当遵循（   ）的要求，不能多计资产或收益，少计负债或费用。
   A. 谨慎性原则　　　　　　　　　　B. 客观性原则
   C. 重要性原则　　　　　　　　　　D. 权责发生制原则
4. 在会计信息质量要求中，要求同一企业会计处理方法前后各期应当一致，不得随意变更的是（   ）。
   A. 可比性原则　　　　　　　　　　B. 一贯性原则
   C. 配比性原则　　　　　　　　　　D. 相关性原则
5. 在会计核算的基本前提中，确定会计核算空间范围的是（   ）。
   A. 会计主体　　　　　　　　　　　B. 持续经营
   C. 会计分期　　　　　　　　　　　D. 货币计量
6. 下列项目中，引起资产和负债同时增加的经济业务是（   ）。
   A. 购买固定资产款项未付　　　　　B. 以银行存款购买材料
   C. 以无形资产向外单位投资　　　　D. 以银行存款偿还应付账款
7. 下列各项中，属于反映企业财务状况的会计要素是（   ）。
   A. 收入　　　　　　　　　　　　　B. 所有者权益
   C. 费用　　　　　　　　　　　　　D. 利润
8. 下列经济业务的发生不会使会计等式两边金额发生变化的有（   ）。
   A. 收到应收账款存入银行　　　　　B. 从银行取得借款存入银行
   C. 收到投资者以固定资产所进行的投资　D. 以银行存款偿还应付账款
9. 会计上的定期结账工作是划分（   ）的具体体现。
   A. 会计期间　　　　　　　　　　　B. 持续经营
   C. 会计主体　　　　　　　　　　　D. 会计核算
10. 下列各项中，不属于会计信息质量要求的是（   ）。
    A. 可比性　　　　　　　　　　　　B. 谨慎性
    C. 权责发生制　　　　　　　　　　D. 可理解性
11. 会计日常核算工作的起点是（   ）。
    A. 填制会计凭证　　　　　　　　　B. 财产清查
    C. 设置会计科目和账户　　　　　　D. 登记会计账簿
12. 我国的《企业会计准则》是由（   ）负责制定的。

A．国务院　　　　　　　　　　　　B．财政部
　　C．企业主管部门　　　　　　　　　D．企业内部管理部门
13．下列各项中，不属于会计核算方法的是（　　）。
　　A．登记会计账簿　　　　　　　　　B．编制会计报表
　　C．填制会计凭证　　　　　　　　　D．编制财务预算
14．下列各项中，不属于资产的是（　　）。
　　A．长期待摊费用　　　　　　　　　B．长期股权投资
　　C．融资租入机器　　　　　　　　　D．商誉
15．下列各项中，不符合收入要素定义的是（　　）。
　　A．利息收入　　　　　　　　　　　B．使用费收入
　　C．提供劳务获得收入　　　　　　　D．转让固定资产获得收入

二、多项选择题
1．会计的基本职能是（　　）。
　　A．会计分析　　　　　　　　　　　B．会计记录
　　C．会计核算　　　　　　　　　　　D．会计监督
2．下列项目中属于会计核算方法的有（　　）。
　　A．设置账户　　　　　　　　　　　B．月末对账
　　C．成本计算　　　　　　　　　　　D．财产清查
3．下列项目中，正确的经济业务类型有（　　）。
　　A．一项资产增加，一项所有者权益减少
　　B．资产与负债同时增加
　　C．负债与所有者权益同时减少
　　D．一项所有者权益增加，一项负债减少
4．下列组织可以作为会计主体的是（　　）。
　　A．具有法人资格的独立企业　　　　B．企业内部一个生产车间
　　C．母公司下属子公司　　　　　　　D．控制若干个子公司的母公司
5．下列项目中，属于会计要素的是（　　）。
　　A．收益　　　　　　　　　　　　　B．利得
　　C．负债　　　　　　　　　　　　　D．费用
6．下列公式中，不属于会计等式的是（　　）
　　A．资产＝负债＋所有者权益
　　B．利润＝收入－费用
　　C．期末余额＝期初余额＋本期增加额－本期减少额
　　D．借方发生额＝贷方发生额
7．下列各项中，可能发生的经济业务类型有（　　）。
　　A．资产与负债同时增加，增加的金额相等
　　B．资产增加，同时负债减少，增减的金额相等
　　C．资产与所有者权益同时减少，减少的金额相等
　　D．资产减少，同时所有者权益增加，增减的金额相等

8. 直接计入当期损益的期间费用包括（　　）。
   A. 管理费用　　　　　　　　　　　B. 财务费用
   C. 制造费用　　　　　　　　　　　D. 销售费用
9. 根据权责发生制的要求，应记入本期的收入和费用有（　　）。
   A. 本期实现的收入已收款　　　　　B. 本期的费用已付款
   C. 本期实现的收入未收款　　　　　D. 下期的费用已付款
10. 我国的企业会计准则分为（　　）两个层次。
    A. 会计要素准则　　　　　　　　　B. 会计报表准则
    C. 基本准则　　　　　　　　　　　D. 具体准则
11. 下列各项中，属于会计核算与监督的空间范围的有（　　）。
    A. 有限责任公司　　　　　　　　　B. 事业单位
    C. 机关单位　　　　　　　　　　　D. 某广告公司业务部
12. 会计核算的基本前提中，（　　）确立了会计核算的时间长度。
    A. 会计主体　　　　　　　　　　　B. 持续经营
    C. 会计分期　　　　　　　　　　　D. 货币计量

三、判断题

1. 财务会计主要是反映企业过去的信息，不能为企业外部提供数据。（　　）
2. 资产与所有者权益在总金额上是一种必然相等的关系。（　　）
3. 会计主体可以是一个法人组织，也可以是一个非法人组织。（　　）
4. 会计的方法实质上就是指记账、算账、报账的方法。（　　）
5. 债权人权益是债权人对企业净资产的求偿权。（　　）
6. 会计监督是会计核算的前提，会计核算是会计监督的保障。（　　）
7. 会计核算应使用货币作为计量单位，不涉及其他计量单位。（　　）
8. 企业取得的收入一定能导致所有者权益的增加。（　　）
9. 融资租入的固定资产由于不拥有其所有权，因此不能确认为本企业的资产。（　　）
10. 任何一项经济业务都会对会计等式双方产生双重影响。（　　）

四、综合题

（一）目的　熟悉经济业务变动对会计恒等式的影响。

（二）资料　南方公司的资本金 150 000 元，资本公积金 50 000 元，拥有固定资产 120 000 元，银行存款 70 000 元，应收账款 60 000 元，长期借款 30 000 元，已实现利润 20 000 元。
假定南方公司 2000 年 6 月份发生下列各项经济业务：

1. 从银行提取现金 5 000 元备用；
2. 购入原材料一批，价值 3 510 元，款项尚未支付；
3. 以银行存款偿还长期借款 20 000 元；
4. 收到投资人投入的固定资产，价值 50 000 元；
5. 经与债权人协商，债权人同意将企业所欠的应付账款 10 000 元转作对企业的长期投资；
6. 收回新华工厂原欠货款 40 000 元；
7. 从实现的利润中提取盈余公积金 2 000 元；

8．准备向投资人分配利润 8 000 元；

9．企业购买机器设备一台，价值 100 000 元，以银行存款支付 50 000 元，其余款项开出一张三个月期限的商业承兑汇票支付；

10．将 30 000 元资本公积金转增资本。

（三）要求：

1．列出会计恒等式。

2．根据上述资料，分析经济业务对会计恒等式的影响，并核对资产总额与权益总额是否相等。

第二章　会计科目、账户和复式记账法

第一节　会计科目

一、会计科目的概念

会计是对经济活动进行反映和监督的一种管理活动。在日常经济生活中，企业所进行的经济活动复杂多变，各不相同。由此所引起的会计要素的内涵及其增减变化也各不相同。为了正确反映会计事项的相关信息，就需要对会计核算和监督的内容进行科学的分类。不同的会计科目，反映会计事项不同的特点。例如，工业企业的厂房、机器设备、运输车辆等劳动资料，其实物形态是固定不变的，将在很长时间内为企业所使用，则将其归为一类，设置"固定资产"科目；而库存的各种原料、辅助材料、燃料是企业生产的劳动对象，通过生产改变了它们原有的实物形态、性能、用途等，因而将它们归为一类，设置"原材料"科目。

会计科目是对会计对象的具体内容进行分类核算的项目。为了全面、系统、连续、综合地反映和控制企业的资产、负债、所有者权益的变动情况，以满足各方面信息使用者的要求，企业必须设置会计科目。

设置会计科目就是对会计对象的具体内容加以科学归类，分类反映和监督的一种方法。通过设置会计科目，能够使企业各不相同的经济业务，按照既定的标准进行科学的分类，将各自独立的经济事项转化为规范的具有可比性的经济信息。例如，炼铁厂有库存铁矿石 200 吨，单价 1000 元；服装厂有库存花布 5 000 米，每米单价 8 元。铁矿石与花布之间无任何的可比性，但是对于本企业而言，它们都属于企业生产经营的主要原料，可以分别归入"原材料"科目。通过计算可以知道炼铁厂有库存原材料 200 000 元，而服装厂有库存原材料 40 000 元，这两个会计信息是可以比较的。会计科目是复式记账、编制记账凭证的基础；会计科目为成本核算与财产清查提供了前提条件；并使编制统一的会计报表有了基础。统一的会计科目使信息使用人在不全面了解各行业特征的情况下，可以通过会计报表掌握和分析企业的财务状况和经营成果。

二、会计科目的设置原则

会计科目作为反映会计要素具体内容的构成及其变化情况，是为投资人、债权人、企业经营管理者及其他利益相关人提供会计信息的重要手段，在其设置过程中应努力做到科学、合理、适用。企业在不影响会计核算的要求和会计报表指标的汇总，以及对外提供统一的会计报表的前提下，可以根据实际情况自行增设、减少或合并某些会计科目。设置会计科目应遵循下列基本原则：

1．合法性原则。为了保证会计信息的可比性，设置会计科目既要符合国家统一会计制度的规定，又要适应企业的特点。

2．相关性原则。会计科目的设置，既要满足本单位经济管理的要求，又要满足有关各方对会计信息的要求。

3．实用性原则。会计科目是对会计对象具体内容进行分类核算的项目。每个企业会计对象的具体内容是不会完全相同的，甚至差异很大。各企业所设的会计科目必须在符合会计制度规定的基础上，能够反映本企业的特点，能够反映会计对象的全部内容。

三、会计科目的分类

现行会计制度按照建立资本金制度的原则和"资产＝负债＋所有者权益"的会计基本等式的要求，根据不同会计主体需要和资本运动的特点，经有关部门统一设置企业使用的会计科目。各会计科目并非彼此独立，而是相互联系，并组成一个完整的会计科目体系。为了准确把握和使用各会计科目，可以将会计科目按不同的标准进行适当的分类。

（一）按反映的经济内容分类

会计科目按其反映的经济内容不同，可分为五类：资产类、负债类、所有者权益类、成本类和损益类。参照我国《企业会计准则——应用指南》，常用会计科目的设置如表 2-1 所示。

表 2-1　会计科目表

顺序号	名　称	顺序号	名　称
	一、资产类	81	预收账款
1	库存现金	82	应付职工薪酬
2	银行存款	83	应交税费
5	其他货币资金	84	应付利息
8	交易性金融资产	85	应付股利
10	应收票据	86	其他应付款
11	应收账款	94	长期借款
12	预付账款	95	应付债券
13	应收股利	100	长期应付款
14	应收利息		三、所有者权益类
18	其他应收款	110	实收资本
19	坏账准备	111	资本公积
26	材料采购	112	盈余公积
27	在途物资	114	本年利润
28	原材料	115	利润分配
29	材料成本差异		四、成本类
30	库存商品	117	生产成本
34	周转材料	118	制造费用
40	存货跌价准备	119	劳务成本
41	持有至到期投资		五、损益类

续表

顺序号	名称	顺序号	名称
44	长期股权投资	124	主营业务收入
50	固定资产	129	其他业务收入
51	累计折旧	131	公允价值变动损益
52	固定资产减值准备	132	投资收益
53	在建工程	136	营业外收入
55	固定资产清理	137	主营业务成本
62	无形资产	138	其他业务成本
63	累计摊销	139	营业税金及附加
64	无形资产减值准备	149	销售费用
66	长期待摊费用	150	管理费用
69	待处理财产损溢	151	财务费用
二、负债类		153	资产减值损失
70	短期借款	154	营业外支出
79	应付票据	155	所得税费用
80	应付账款		

在小型制造企业中，表中各科目核算的具体内容如下：

（1）库存现金：核算企业的库存现金。

（2）银行存款：核算企业存入银行或其他金融机构的各种款项。

（3）其他货币资金：核算企业的银行汇票存款、银行本票存款、信用卡存款、信用证保证金存款、存出投资款等各种其他货币资金。

（4）交易性金融资产：核算企业为交易目的持有的债券投资、股票投资、基金投资、权证投资等交易性金融资产的公允价值。

（5）应收票据：核算企业因销售商品、产品、提供劳务等而收到的商业汇票，包括银行承兑汇票和商业承兑汇票。

（6）应收账款：核算企业因销售商品、产品、提供劳务等经营活动应收取的款项。

（7）预付账款：核算企业按照购货合同规定预付给供应单位的款项。

（8）应收股利：核算企业应收取的现金股利和应收取其他单位分配的利润。

（9）应收利息：核算持有至到期投资应收取的利息。

（10）其他应收款：核算企业除应收票据、应收账款、预付账款、应收股利、应收利息、长期应收款等经营活动以外的其他各种应收、暂付的款项。

（11）坏账准备：核算企业应收款项等发生减值时计提的减值准备。

（12）材料采购：核算企业采用计划成本进行材料日常核算而购入材料的采购成本。

（13）在途物资：核算企业采用实际成本进行材料日常核算，货款已付尚未验收入库的购入材料采购成本。

（14）原材料：核算企业库存的各种材料，包括原料及主要材料、辅助材料、外购半成品、修理用备件、包装材料、燃料等的计划成本或实际成本。

（15）材料成本差异：核算企业各种材料的实际成本与计划成本的差异。

（16）库存商品：核算企业库存的各种商品的实际成本或计划成本，包括库存产成品、外购商品等。

（17）周转材料：核算企业能够多次使用，并可基本保持原来的形态而逐渐转移其价值的各种周转材料的计划成本或实际成本。

（18）存货跌价准备：核算企业存货发生减值时计提的存货跌价准备。

（19）持有至到期投资：核算企业持有至到期投资的价值。

（20）长期股权投资：核算企业持有的采用成本法和权益法核算的长期股权投资。

（21）固定资产：核算企业持有固定资产的原价。

（22）累计折旧：核算企业对固定资产计提的累计折旧。

（23）固定资产减值准备：核算企业固定资产发生减值时计提的减值准备。

（24）在建工程：核算企业基建、更新改造等在建工程发生的支出。

（25）固定资产清理：核算企业因出售、报废和毁损、对外投资等原因转入清理的固定资产价值以及在清理过程中所发生的清理费用和清理收入等。

（26）无形资产：核算企业持有的无形资产，包括专利权、非专利技术、商标权、著作权、土地使用权等。

（27）累计摊销：核算企业对使用寿命有限的无形资产计提的累计摊销。

（28）无形资产减值准备：核算企业无形资产发生减值时计提的减值准备。

（29）长期待摊费用：核算企业已经发生但应由本期和以后各期负担的分摊期限在1年以上的各项费用，如以经营租赁方式租入的固定资产发生的改良支出等。

（30）待处理财产损溢：核算企业在清查财产过程中查明的各种财产盘盈、盘亏和毁损的价值，包括盘盈存货的价值。

（31）短期借款：核算企业向银行或其他金融机构等借入的期限在1年以下（含1年）的各种借款。

（32）应付票据：核算企业购买材料、商品和接受劳务供应等而开出、承兑的商业汇票，包括银行承兑汇票和商业承兑汇票。

（33）应付账款：核算企业因购买材料、商品和接受劳务供应等经营活动应支付的款项。

（34）预收账款：核算企业按照合同规定向购货单位预收的款项。预收账款情况不多的，也可将预收的款项直接记入"应收账款"科目。

（35）应付职工薪酬：核算企业根据有关规定应付给职工的各种薪酬。

（36）应交税费：核算企业按照税法规定计算应交纳的各种税费，包括增值税、消费税、营业税、所得税、城市维护建设税、教育费附加等。

（37）应付利息：核算企业按照合同约定应支付的利息。

（38）应付股利：核算企业分配的现金股利或利润。

（39）其他应付款：核算企业除应付票据、应付账款、预收账款、应付职工薪酬、应付利息、应付股利、应交税费、长期应付款等经营活动以外的其他各项应付、暂收的款项。

（40）长期借款：核算企业向银行或其他金融机构借入的期限在1年以上（不含1年）的各项借款。

（41）应付债券：核算企业为筹集（长期）资金而发行的债券本金和利息。

（42）长期应付款：核算企业除长期借款和企业债券以外的其他各种长期应付款项，包括以分期付款方式购入固定资产和无形资产发生的应付账款、应付融资租入固定资产的租赁费等。

（43）实收资本：核算企业接受投资者投入企业的实收资本。股份有限公司使用"股本"科目进行核算。

（44）资本公积：核算企业收到投资者出资超出其在注册资本或股本中所占的份额以及直接计入所有者权益的利得和损失等。

（45）盈余公积：核算企业从净利润中提取的盈余公积。

（46）本年利润：核算企业当年实现的净利润（或发生的净亏损）。

（47）利润分配：核算企业利润的分配（或亏损的弥补）和历年分配（或弥补）后的积存余额。

（48）生产成本：核算企业进行工业性生产发生的各项生产费用，包括生产各种产品（包括产成品、自制半成品等）、自制材料、自制工具、自制设备等。

（49）制造费用：核算企业生产车间、部门为生产产品和提供劳务而发生的各项间接费用。

（50）劳务成本：核算企业对外提供劳务发生的成本。

（51）主营业务收入：核算企业根据收入准则确认的销售商品、提供劳务等主营业务的收入。

（52）其他业务收入：核算企业根据收入准则确认的除主营业务以外的其他经营活动实现的收入。

（53）公允价值变动损益：核算企业交易性金融资产公允价值变动形成的应计入当期损益的利得或损失。

（54）投资收益：核算企业根据长期股权投资准则确认的投资收益或投资损失。

（55）营业外收入：核算企业发生的与其经营活动无直接关系的各项净收入。

（56）主营业务成本：核算企业根据收入准则确认销售商品、提供劳务等主营业务收入时应结转的成本。

（57）其他业务成本：核算企业除主营业务活动以外的其他经营活动所发生的支出。

（58）营业税金及附加：核算企业经营活动发生的营业税、消费税、城市维护建设税、资源税和教育费附加等相关税费。

（59）销售费用：核算企业销售商品和材料、提供劳务的过程中发生的各种费用。

（60）管理费用：核算企业为组织和管理企业生产经营所发生的管理费用。

（61）财务费用：核算企业为筹集生产经营所需资金等而发生的筹资费用。

（62）资产减值损失：核算企业根据资产减值等准则计提各项资产减值准备所形成的损失。

（63）营业外支出：核算企业发生的与其经营活动无直接关系的各项净支出。

（64）所得税费用：核算企业根据所得税准则确认的应从当期利润总额中扣除的所得税费用。

（二）按所反映信息的详细程度分类

会计科目按所提供信息的详细程度，可分为总分类科目和明细分类科目。

总分类科目，也称"总账科目"或"一级科目"，是对会计要素进行总括分类的类别名称。

它是总括地反映会计要素核算内容的科目。会计科目表中的会计科目均为总分类科目。明细分类科目，也称"明细科目"，是对总分类科目所属经济内容进行详细分类的类别名称。它是详细反映会计要素具体核算内容的科目。基于管理的需要，可以在总分类科目与明细分类科目之间增设二级科目，也称子目。二级科目核算的内容比总账科目详细，比明细科目概括，是介于总分类科目和明细分类科目之间的一类科目。二级科目和明细科目，企业可以根据需要自行确定。例如，在生产企业中"原材料"科目可作如表2-2所示的分类。

表2-2 "原材料"科目分类

总分类科目	二级科目	明细分类科目
原材料	原料及主要材料	甲材料
		乙材料
	辅助材料	M材料
		N材料
	燃料	焦炭
		煤
	外购半成品	标准件

第二节 账 户

一、账户的概念

账户是根据会计科目开设的，具有一定的格式和结构，是连续、系统地记录经济业务的一种手段（工具）。会计科目是对会计对象的具体内容进行的分类，它并不能反映会计事项发生所引起的各项会计要素的增减变动情况及其结果。为了将经济业务系统地、分门别类地登记到会计账簿中去，就必须在账簿中开设账户。账户是记录经济业务的记账实体，也是核算经济业务的载体。账户由账户名称和账户结构两部分组成。

会计科目和账户在会计学中是两个不同的概念，两者之间既有联系又有区别。二者的联系在于：二者都是按会计对象的内容设置的，会计科目是设置账户的依据，是账户的名称；账户是会计科目的具体运用。会计科目反映的经济内容，就是账户所要登记的经济内容。没有会计科目，账户便失去了设置的依据；没有账户，就无法发挥会计科目的作用。

会计科目与账户的区别是：会计科目仅仅是账户的名称，不存在结构问题也不能反映经济业务引起的会计要素的增减变动情况；账户则具有一定的格式和结构，能反映由经济业务引起的资金运动状况及其结果。

二、账户的基本结构

账户的结构是指账户的格式，用来记录经济业务的发生。企业的经济业务虽然复杂，但从数量变化来看，不外乎增加和减少两种情况。因此，账户的结构也相应划分为两个基本部分：左方和右方，分别用于记录资产和权益项目的增加和减少。如表2-3所示。

表2-3 账户的基本结构

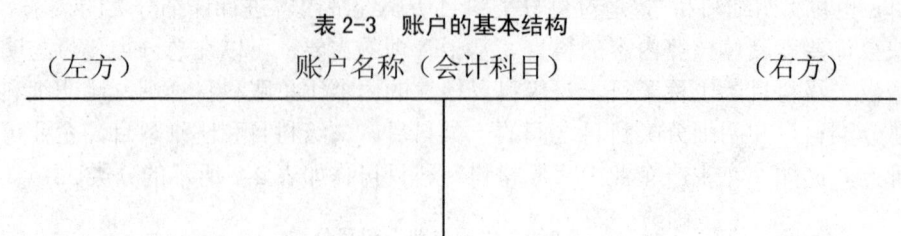

简化的账户格式称为丁字账或"T"字账。账户的左右两方，分别用于登记期初余额、本期增加额、本期减少额和期末余额。本期发生额是一个动态指标，它说明会计要素的增减变动情况。本期增加额反映在一定时期内账户所登记的增加金额合计数，本期减少额反映在一定时期内账户所登记的减少金额合计数。账户的增加额和减少额相抵后的差额，称为账户余额。余额按其表现的时间不同，分为期初余额和期末余额。余额是一个静态指标，它说明会计要素在某一时期增减变化的结果。上述四项金额之间的关系为：

期末余额＝期初余额＋本期增加额－本期减少额

反映在账簿中的账户的基本结构，一般包括以下内容：

1．账户名称（即会计科目）；
2．记账日期和摘要；
3．凭证号数；
4．增加和减少的金额及余额。

以借贷记账法为例，账户的一般格式如表2-4所示。

表2-4 借贷记账法下账户的一般格式

年		凭证号数	摘要	借方金额	贷方金额	借/贷	余额
月	日						

由于记账方法的不同，究竟是左方记录增加还是右方记录增加会有很大的差异，即使在同一种记账方法中也会因账户的性质不同而有所区别。

三、账户的分类

（一）按经济内容的分类

账户的经济内容是账户分类的基础。账户的经济内容就是账户所反映的会计对象的具体内容。与会计科目相对应，账户按其所反映的经济内容的不同，可以分为资产类账户、负债类账户、所有者权益类账户、成本类账户和损益类账户等五大类账户，各大类又分为若干小类。

1．资产类账户

资产类账户是用来反映企业各项资产的增加、减少及其结存情况的账户。主要包括：

（1）流动资产账户：库存现金、银行存款、交易性金融资产、应收票据、应收账款、其他应收款、原材料、库存商品等；

（2）长期投资账户：长期股权投资、持有至到期投资等；

（3）固定资产账户：固定资产、累计折旧、在建工程、固定资产清理等；

（4）无形及其他资产账户：无形资产、累计摊销、无形资产减值准备、长期待摊费用等。

2. 负债类账户

负债类账户是用来反映企业负债的增减变动及其期末债务余额的账户。按负债的偿还期限又分为：

（1）流动负债账户：短期借款、应付账款、应付票据、预收账款、其他应付款、应付职工薪酬、应交税费、应付利息等；

（2）长期负债账户：长期借款、应付债券、长期应付款。

3. 所有者权益类账户

所有者权益类账户是用来反映企业所有者权益的增减变动及其结果的账户。这类账户主要包括实收资本、资本公积、盈余公积、本年利润、利润分配。

4. 成本类账户

成本类账户是用来核算企业的生产费用，计算产品成本的账户。这类账户主要包括生产成本和制造费用两个账户。

5. 损益类账户

损益类账户是指那些直接影响当期经营成果的账户。这类账户包括收入收益和费用支出两大类账户。

（1）收入收益类账户：主营业务收入、其他业务收入、营业外收入、投资收益等。

（2）费用支出类账户：主营业务成本、其他业务成本、营业税金及附加、销售费用、管理费用、财务费用、营业外支出等。

（二）按用途和结构的分类

账户的用途，是指设置该账户的作用，即通过账户记录能够提供哪些指标。账户的结构是指账户的具体使用方法，即借方登记什么内容，贷方登记什么内容，余额在哪方，表示什么意思。账户按用途和结构分类，是在账户按经济内容分类的基础上，对用途和结构基本相同的账户进行适当的归类。具体分为以下几类。

1. 盘存账户。盘存账户是用来反映和控制各种财产物资和货币资金的增减变动及其结存情况的账户。它包括库存现金、银行存款、原材料、库存商品、固定资产、长期投资等资产账户。生产成本账户的期初、期末余额表示在产品的成本也应属于盘存账户。

2. 结算账户。结算账户是用来反映和控制企业同其他单位和个人之间的债权债务结算的账户。这类账户包括债权结算账户，如应收账款、应收票据、其他应收款等；债务结算账户，如短期借款、应付账款、其他应付款、应付职工薪酬、应交税费等。

3. 调整账户

调整账户是为调整某个账户的余额，以计算该账户实际余额而开设的账户。在会计核算中，由于管理上的需要或其他原因，有些账户需要按原始数据反映过去的经济活动。随着经济业务、经济环境等的发展，这些原始数据往往会发生增减变动。为真实核算该项经济活动，就需要设置两个账户，一个反映其原始数据，称为被调整账户；一个反映原始数据的增减变动情况，称为调整账户。按照调整方式的不同分为三种调整账户：

（1）抵减账户，亦称备抵调整账户，它是用来抵减被调整账户的余额，以求得被调整账户实际余额的账户。即：

被调整账户余额－抵减账户余额＝被调整账户实际余额

"累计折旧"和"坏账准备"是典型的备抵调整账户。

（2）附加账户。附加账户是用来增加被调整账户的余额，以求得被调整账户实际余额的账户。即：

被调整账户余额＋附加账户余额＝被调整账户实际余额

（3）抵减附加账户

抵减附加账户是兼有抵减和附加两种作用的调整账户。实际使用时，只有一种作用，或是抵减或是附加，这取决于该账户的余额与被调整账户的余额在方向上是否一致。"材料成本差异"就是典型的抵减附加账户。

4．集合分配账户。集合分配账户是用来归集和分配企业生产经营过程中某个阶段所发生的某种费用的账户，主要是制造费用。企业将生产经营过程中发生的应由几种产品共同负担的费用，先通过制造费用账户进行归集，期末再按照一定标准分配计入相关产品的生产成本。

5．成本计算账户。成本计算账户是用来归集生产经营过程中某一阶段为生产产品或购建固定资产所发生的全部费用，并据以确定该阶段各成本计算对象实际成本的账户。"在途物资"、"在建工程"、"生产成本"都属于这类账户。

6．财务成果账户。财务成果账户是用来反映和控制企业在一定时期（月份、季度或年度）内全部生产经营活动的最终成果的账户。"本年利润"账户属于财务成果账户。

7．计价对比账户。计价对比账户是用来汇集经营过程中所取得的收入和发生的成本、费用和营业外收支，籍以在期末计算确定经营期内的经营成果的账户。这类账户包括：主营业务收入、投资收益、其他业务收入、营业外收入、主营业务成本、营业税金及附加、其他业务成本、营业外支出、管理费用、财务费用、销售费用等。这类账户平时归集，期末结转到"本年利润"账户，在"本年利润"账户中通过收入和成本支出的配比来确定利润，年末没有余额。

8．资本账户。资本账户是用来反映和控制企业所有者权益各项目的增减变动及其实存数额的账户。这类账户包括实收资本、资本公积、盈余公积等。

（三）其他分类

除上述两种分类方法外，账户还可以按提供指标的详细程度分为总分类账户和明细分类账户；按列入的会计报表分为资产负债表账户和利润表账户；按会计主体分为表内账户和表外账户等。

第三节 复式记账——借贷记账法

到目前为止，记录经济业务的方式有两种，一种是单式记账法，一种是复式记账法。单式记账法是一种比较古老的、简单的记账方法。采用这种记账方法，对发生的每一项经济业务只在一个账户中进行记录，记录的内容着重于现金、银行存款的收付和人欠、欠人等债权债务的发生。如：用现金买一批物资，只记录现金的支出，不记录物资的增加；又如：销售一批商品，已收取货款，只记录现金的增加，不记录商品的减少和收入的实现情况。这种记账方法不能完整反映资金的来龙去脉，即使偶然有实物的记录，也不过是各记各的。这种单方面的记录，账户之间没有直接的联系，账户记录之间也没有相互平衡的概念，因此，不能科学、严密、全面地描述经济业务。单式记账法被后来出现的复式记账所代替。目前世界各国的企业、组织普遍采用复式记账法。

一、复式记账的概念

复式记账法就是对每一项经济业务都要以相等的金额，在两个或两个以上相互联系的账户中进行登记的记账方法。

复式记账法的理论依据是会计恒等式，即资产＝负债＋所有者权益。任何经济业务的发生，不是引起资产和权益同时变化，就是引起资产内部或权益内部的变化。要想全面、客观地反映各个会计要素增减变化和结果，需要采用复式记账法。如前所述，用现金购买物资，一方面要反映现金减少，另一方面还要反映物资增加。又如，销售产品，一方面要反映现金的增加，另一方面还要反映商品的减少并确认收入的实现。

复式记账的好处还在于：由于复式记账要求以相等的金额在两个或两个以上相互联系的账户中作出双重记录，这就使账户之间在数字上产生了一种互相核对、互相平衡的关系。如果记账发生差错，这种平衡就会被破坏。因此，利用复式记账法的这种平衡关系，可以及时发现账户记录中的错漏。复式记账法是一种科学的记账方法，是现代会计的主要标志之一。复式记账的经济内容是会计要素，而各会计要素之间相互联系、相互依存，同时又各有独立的含义，以不同的具体形式存在着。企业发生的经济业务，都会引起每一具体形式的价值和数量变化，因而设置相应的账户进行登记，就使复式记账组成一个记账组织体系。有了这个记账组织体系，不仅可以反映资产、负债和所有者权益的增减变化和结存情况，而且还能反映收入、费用和利润的数额及其形成原因。这就是复式记账能够全面核算和监督企业经济活动的根本原因。我国在相当长的一段时间里出现过借贷记账法、收付记账法和增减记账法三种复式记账方法并存的局面。增减记账法原来主要用于商业企业，收付记账法用于行政事业单位、银行和农业。随着会计核算工作的规范化，1993年企业会计制度改革和1998年预算会计制度改革规定，全部统一使用借贷记账法。

二、借贷记账法

借贷记账法是以"借"和"贷"作为记账符号，用来反映会计要素增减变动及其结存情况的一种复式记账方法。

（一）借贷记账法的沿革

借贷记账法起源于中世纪的意大利，经历了佛罗伦萨簿记法、热那亚簿记法和威尼斯簿记法三个发展阶段，到15世纪逐步形成了比较完备的复式记账法。

1494年，意大利人卢卡·巴却里（Luca Pacioli）出版了《算术、几何、比与比例概要》一书，书中详述了复式簿记的原理和运用方法，后在全世界各国广为流传，为会计科学的建立和发展奠定了坚实的理论基础。后人将卢卡·巴却里誉为现代会计之父。20世纪初，我国政府派员赴日学习，借贷记账法由此传入我国。1993年7月1日，我国颁布的《企业会计准则》规定中国境内的所有企业都应采用借贷记账法。

（二）借贷记账法的特点

1. 记账符号

给账户的左方和右方取的名称就叫做记账符号。记账符号是指账户中两个对立的记账部位和方向，表示每一项经济业务的增减变化应该记录到哪些相互依存又相互对应的账户部位。在借贷记账法下，以"借"、"贷"二字作为记账符号，用以表示记账的方向，即"借方"或"贷方"。只有规定了记账符号，才能保证账户记录有条不紊、不错不乱，保证会计恒等式的平衡关系。

2. 账户结构

借贷记账法下将账户的"左方"定义为"借方"，"右方"定义为"贷方"，称为"左借、右贷"。账户的借方和贷方分别用来反映金额的相反变化，即一方登记增加金额，另一方登记减少金额。由于借、贷二字的增减含义是不固定的，随账户类别的不同而不同，所以有必要说明不同类别账户的结构。

（1）资产类账户。在资产类账户中借方登记增加，贷方登记减少，资产类账户若有余额一般在借方，余额表示资产的结存额。其结构如表 2-5 所示。

资产类账户的期末余额计算公式为：

期末（借方）余额＝期初（借方）余额＋本期借方发生额－本期贷方发生额

（2）负债、所有者权益类账户。在负债、所有者权益类账户中借方登记减少，贷方登记增加，负债类和所有者权益类账户若有余额一般在贷方，余额表示权益的实有数。其结构如表 2-6 所示。

负债、所有者权益类账户的期末余额计算公式为：

期末（贷方）余额＝期初（贷方）余额＋本期贷方发生额－本期借方发生额

表 2-5　资产类账户

借	贷
期初余额	
本期增加额	本期减少额
期末余额	

表 2-6　负债及所有者权益类账户

借	贷
	期初余额
本期减少额	本期增加额
	期末余额

（3）成本、费用类账户。成本费用类账户借方登记增加，贷方登记减少，期末一般无余额，若有余额一般在借方。

成本、费用类账户的结构如表 2-7 所示。

（4）收入类账户。收入类账户贷方登记增加，借方登记减少，期末一般无余额。其结构如表 2-8 所示。

表 2-7　成本费用类账户

借	贷
增加额	减少额
	费用结转额

表 2-8　收入类账户

借	贷
减少额	增加额
收入结转额	

这里需要注意的是，成本费用类账户包括生产成本和制造费用。制造费用在会计期末按照一定的方法分配计入产品成本，一般无余额；生产成本账户期末如有余额，反映月末在产品成本。费用支出类和收入类账户通称为损益类账户，主要反映当期发生额。期末，为了计算当期的经营成果，须将损益类账户的有关数据结转本年利润账户。结转后损益类账户无期末余额。

综上所述，在借贷记账法下，由于账户自身性质不同，记录经济业务内容变化的增加数和减少数所记的借贷方向也就不同。归纳以上内容，各类账户结构如表2-9所示。

表2-9　账户名称

借方	贷方
资产增加	资产减少
负债、所有者权益减少	负债、所有者权益增加
成本、费用支出增加（或发生数）	成本、费用支出减少（或结转数）
收入减少（或结转数）	收入增加（或实现数）

3．记账规则

记账规则是记账规律的高度概括。借贷记账法的记账规则是"有借必有贷，借贷必相等"，即对每一项经济业务的记录，要在记入一个账户借方的同时，记入另一个或几个账户的贷方；或在记入一个账户贷方的同时，记入另一个或几个账户的借方，且记入借方的金额合计数必须等于记入贷方的金额合计数。

现以北方公司2008年6月份部分会计事项为例，说明借贷记账法记账规则的运用。

【例1】　6月1日企业提取现金1 000元补充库存备用现金的不足。

分析：这笔会计事项所涉及的库存现金和银行存款账户均属于资产类账户，是资产项目具体形态的转化。库存现金增加，记入借方，银行存款减少，记入贷方，记入借方和贷方的金额均为1 000元。

库存现金		银行存款	
期初余额：300		期初余额：558 750	
（1）1 000			（1）1 000

【例2】　6月5日收到投资者投资30 000元存入银行。

分析：这笔会计事项涉及资产和所有者权益两类会计要素，使两类账户等额增加。收到投资款使实收资本增加，记入贷方；投资款使银行存款增加，记入借方。

银行存款		实收资本	
期初余额：558 750			期初余额：2 000 000
（2）30 000	（1）1 000		（2）30 000

【例3】　6月8日企业开出一张三个月期限、面值50 000元的商业承兑汇票，偿付原欠光华公司货款。

分析：这笔会计事项只涉及负债类账户，是负债项目具体形态的转化，使应付票据增加，记入贷方；应付账款减少，记入借方。

应付账款		应付票据	
	期初余额：150 000		(3) 50 000
(3) 50 000			

【例4】 6月15日企业决定用资本公积200 000元转增资本金。

分析：这笔会计事项只涉及所有者权益类账户，是所有者权益项目具体形态的转化。实收资本增加，记入贷方；资本公积减少，记入借方。

资本公积		实收资本	
	期初余额：1 000 000		期初余额：2 000 000
			(2) 30 000
(4) 200 000			(4) 200 000

【例5】 6月18日企业以银行存款5 000元偿还长期借款。

分析：这笔会计事项涉及资产和负债两类会计要素，使两类账户发生同减的变化。长期借款减少，记入借方；银行存款减少，记入贷方。

长期借款		银行存款	
	期初余额：10 000	期初余额：558 750	
		(2) 30 000	(1) 1 000
(5) 5 000			(5) 5 000

【例6】 6月19日企业以银行存款3 000元支付电话费。

分析：这笔会计事项涉及资产类和费用支出类会计要素。资产类账户的银行存款项目减少，记入贷方；费用支出类账户的管理费用项目增加，记入借方。

管理费用		银行存款	
		期初余额：558 750	
		(2) 30 000	(1) 1 000
			(5) 5 000
(6) 3 000			(6) 3 000

【例7】 6月22日企业购入原材料一批，增值税专用发票上注明价款10 000元，增值税额1 700元，企业已用银行存款支付，材料已验收入库。

分析：这笔会计事项涉及资产和负债两类会计要素，资产类账户一增一减，增减相抵后体现为净减少，负债类账户发生同减的变化。原材料增加10 000元，记入借方；应交税费减少1 700元，记入借方；银行存款减少11 700元，记入贷方。记入借方和贷方的金额相等。

银行存款				原材料		
期初余额：558 750				期初余额：843 450		
（2） 30 000	（1）	1 000		**（7） 10 000**		
	（5）	5 000				
	（6）	3 000				
	（7）	**11 700**		应交税费		
					期初余额：	6 000
				（7） 1 700		

【例8】 6月25日企业销售产品一批，开出增值税专用发票，价款3 000元，增值税额510元，货已发出，款项已收到并存入银行。

分析：这笔会计事项涉及资产、负债、收入三类会计要素，使三类账户发生同增的变化。银行存款项目增加3 510元；记入借方；应交税费项目增加510元，记入贷方；主营业务收入实现了3 000元，记入贷方。记入借方和贷方的金额相等。

主营业务收入			银行存款			
	（8） 3 000		期初余额：558 750			
			（2） 30 000	（1）	1 000	
应交税费			**（8） 3 510**	（5）	5 000	
	期初余额： 6 000			（6）	3 000	
（7） 1 700	**（8） 510**			（7）	11 700	

上述经济业务在有关账户之间发生了应借、应贷的相互关系。这种在经济业务处理过程中所形成的有关账户之间的应借应贷关系，称为账户的对应关系，发生对应关系的账户称为对应账户。账户的对应关系，可以清晰的反映经济业务的具体内容，并有助于检查对经济业务的处理是否符合有关规定。

4．试算平衡

所谓试算平衡，是指根据会计恒等式和借贷记账法的记账规则，检查所有账户记录是否正确的一种方法。在借贷记账法下，每一项经济业务都要用借贷相等的金额来记录，全部账户的借方发生额和全部账户的贷方发生额必然相等。由此形成账户之间的平衡关系，这种平衡关系可以表述为：

（1）发生额试算平衡

全部账户本期借方发生额合计＝全部账户本期贷方发生额合计

（2）余额试算平衡

全部账户借方余额合计＝全部账户贷方余额合计

由于余额有期初余额与期末余额之分，因此余额试算平衡也可以分写为：

全部账户期初借方余额合计＝全部账户期初贷方余额合计

全部账户期末借方余额合计＝全部账户期末贷方余额合计

根据上述例1~例8的资料,另北方公司6月初固定资产账户期初借方余额1 763 500元。编制试算平衡表如表2-10所示。

表2-10 试算平衡表

2008年6月30日　　　　　　　　　　　　　　　　　　　　　　　　　单位:元

会计科目	期初余额		本期发生额		期末余额	
	借方	贷方	借方	贷方	借方	贷方
库存现金	300		1 000		1 300	
银行存款	558 750		33 510	20 700	571 560	
原材料	843 450		10 000		853 450	
固定资产	1 763 500				1 763 500	
应付票据				50 000		50 000
应付账款		150 000	50 000			100 000
应交税费		6 000	1 700	510		4 810
长期借款		10 000	5 000			5 000
实收资本		2 000 000		230 000		2 230 000
资本公积		1 000 000	200 000			800 000
管理费用			3 000		3 000	
主营业务收入				3 000		3 000
合　计	3 166 000	3 166 000	304 210	304 210	3 192 810	3 192 810

以上各账户增减变动情况及其余额,可以看出全部账户的期初借方余额等于全部账户的期初贷方余额、全部账户的借方发生额合计等于全部账户的贷方发生额合计;全部账户期末借方余额等于全部账户的期末贷方余额。

通过平衡关系可以检查账户记录的正确性,但应当注意的是,试算平衡表仅能检查账户平衡关系记录的错误,并不能检查实际工作中的全部错误。即如果试算不平衡,则账户记录肯定存在错误;而试算平衡了,并不代表账户记录一定不存在错误。在以下几种情况下虽然试算会平衡,但账户记录可能存在错误。

(1)用错账户。在经济业务处理中,有时会出现用错账户的现象,如用银行存款购买原材料的业务,其会计处理应为"借:原材料,贷:银行存款";但如果把贷方的"银行存款"误记为"库存现金",该业务处理依然成立,只是意思变成"用现金购买原材料"了。这种错误不会影响试算平衡关系。

(2)借贷方向颠倒。有的经济业务处理中,借贷方向颠倒会改变业务的含义,却不会影响试算平衡关系。例如"借:库存现金,贷:银行存款"表示"从银行提取现金";而"借:银行存款,贷:库存现金"则表示"把现金存入银行"。

(3)重记或漏记经济业务。因为每一笔经济业务的处理均依据"有借必有贷,借贷必相等"的记账规则,所以对于重记或漏记经济业务只会使试算平衡的总平衡额增加或减少,但却不会影响平衡关系。

因此,要保证账户记录的正确性,需要对一切会计记录进行日常或定期的审核,以消除上述错误的发生。

三、借贷记账法的运用——编制会计分录

（一）会计分录的概念及要素

会计分录就是确定某项经济业务应借、应贷账户的名称及其金额的记录。编制会计分录是实际工作中处理经济业务的第一个环节，它以经济业务的原始凭证为依据，通过填制记账凭证来完成。会计分录的正确性直接关系到整个会计信息的质量。

会计分录包含三个要素：

1. 账户名称（即会计科目）；
2. 记账方向（即记账符号）；
3. 应记金额。

编制书写会计分录时，应按照一定的规范，做到先借后贷，上下书写，每个科目各占一行，借方科目与借方科目对齐，贷方科目与贷方科目对齐，贷方科目比借方科目向右错开一个字等。

（二）会计分录的种类

经济业务有简单与复杂之分，会计分录用来反映经济业务的内容，也有简单分录与复合分录两种。一项经济业务只涉及两个账户，一个记借方，另一个记贷方，即一借一贷的会计分录，称为简单会计分录。如果一项经济业务涉及两个以上账户，一个账户记借方，另几个账户记贷方，或一个账户记贷方，另几个账户记借方，即一借多贷或多借一贷的会计分录，称为复合会计分录。

（1）用银行存款 20 000 元购置一台设备。

分析：这项业务使银行存款减少，固定资产增加。银行存款和固定资产同属于资产类账户，资产类账户增加记入借方，减少记入贷方。编制会计分录为：

  借：固定资产   20 000
   贷：银行存款   20 000

（2）向银行借款 50 000 元（半年期限），存入银行账户。

分析：这项业务使银行存款增加，短期借款增加。银行存款属于资产类账户，其增加记入借方；短期借款属于负债类账户，其增加记入贷方。编制会计分录为：

  借：银行存款   50 000
   贷：短期借款   50 000

（3）收到投资人投资专利权一项，作价 200 000 元。

分析：这项业务使无形资产增加，实收资本增加。无形资产属于资产类账户，其增加记入借方；实收资本属于所有者权益类账户，其增加记入贷方。编制会计分录为：

  借：无形资产   200 000
   贷：实收资本   200 000

（4）用现金 100 元购买办公用品。

分析：这项业务使库存现金减少，管理费用增加。库存现金属于资产类账户，其减少记入贷方；管理费用属于费用支出类账户，其增加记入借方。编制会计分录为：

  借：管理费用   100
   贷：库存现金   100

（5）购买原材料一批，价款 10 000 元，增值税 1 700 元，货款以银行存款支付，材料已经验收入库。

分析：这项业务使原材料增加，银行存款减少，应交税费减少。银行存款和原材料同属于资产类账户，资产类账户增加记入借方，减少记入贷方；应交税费属于负债类账户，其减少记入借方。编制会计分录为：

  借：原材料   10 000
    应交税费——应交增值税（进项税额） 1 700
   贷：银行存款   11 700

（6）企业销售产品一批，价款 2 000 元，增值税 340 元，货已发出，款项尚未收到。

分析：这项业务使应收账款增加，销售收入增加，应交税费增加。应收账款属于资产类账户，其增加记入借方；应交税费属于负债类账户，其增加记入贷方；主营业务收入属于收入类账户，其增加记入贷方。编制会计分录为：

  借：应收账款   2 340
   贷：主营业务收入   2 000
    应交税费——应交增值税（销项税额） 340

以上例题中，（1）～（4）属于简单会计分录，（5）、（6）属于复合会计分录。简单分录账户对应关系明确，可以直接反映经济业务的内容。复合分录账户对应关系较多，可以全面反映经济业务的全部内容，并可以简化记账手续。

第四节　总分类账户与明细分类账户

一、总分类账户与明细分类账户的概念

会计核算的目的是为会计信息使用者提供相关的信息。信息使用者有时只需内容全面又简明扼要的综合信息资料，有时不仅需要综合信息，更需要了解细致详尽的资料。为此，会计科目按其反映的信息的详细程度不同，分为总账科目和明细科目。同样，账户按其反映会计对象的详细程度不同，也划分为总分类账户和明细分类账户。

（一）总分类账户

总分类账户是按照总账科目开设的，提供资产、权益、收入和费用的总括资料。例如"原材料"账户，总括的反映企业库存的各种原材料的收入、发出、结存的总额。

（二）明细分类账户

明细分类账户是按照明细科目开设的，提供资产、权益、收入和费用的详细资料。例如，在"原材料"总分类账户下设置"甲材料"、"乙材料"等明细账户，具体核算每一种材料的收入、发出、结存情况。

基于管理的需要，企业除设置总分类账户和明细分类账户外，还可以设置二级账户。二级账户是介于总账和明细账之间的一类账户，二级账户提供的信息比总账详细，比明细账概括。如当企业原材料种类繁多时，可在"原材料"总分类账户下先设置"主要材料"、"辅助材料"等二级账户，按类别反映各大类材料的收入、发出和结存情况；再在"主要材料"账

户下设置"甲材料"、"乙材料"等明细账户,具体反映每一种材料的收入、发出和结存情况。

总分类账户与明细分类账户之间的关系为:总分类账户对其所属的明细分类账户起着控制、统驭的作用,明细分类账户对其归属的总分类账户起着补充、具体说明的作用。二者相辅相成,登记的原始依据相同,核算的内容相同,只是反映经济业务的详细程度不同。

在会计工作中,在总分类账户进行的登记核算称为总分类核算。在明细分类账户进行的登记核算称为明细分类核算。

二、总分类账和明细分类账的平行登记

经济业务发生后,会计人员需要根据原始凭证编制记账凭证,并据以登记入账。在登账时,既要登记总账,以反映总括资料;又要登记明细账,以反映具体资料。为了保持总账和明细账的一致,在登记时,要采用平行登记的方法。

平行登记是指经济业务入账时,既要登记总账,又要登记总账所属的明细分类账。在进行登记时要符合以下几点要求:

1. 依据相同

总账和明细账都要以相关的会计凭证为依据。总账与明细账的差别在于反映资料的详细程度不同。

2. 方向相同

每一笔经济业务在登记总账与明细账时,所记的方向必须相同,即总账记入借方,其所属明细账也应记入借方;总账记入贷方,其所属的明细账也应记入贷方。

3. 期间相同

对于发生的每一笔经济业务,必须在同一会计期间记入总账及所属明细账。登记过程可以有先有后,会计期间必须一致。

4. 金额相等

对于每一笔经济业务,记入总账的金额应与记入其所属明细账的金额合计相等。

例如,旺达公司 2008 年 5 月 1 日"原材料"账户期初余额为 14 000 元。其构成如下:

甲材料 2 000 公斤,单价 4 元,计 8 000 元;

乙材料 500 个,单价 12 元,计 6 000 元。

注:该公司原材料种类较少,故不再设置二级科目。

5 月份有关原材料的收发业务如下(税金略):

(1)从大华工厂购进甲材料 1 000 公斤,单价 4 元,乙材料 200 个,单价 12 元,共计 6 400 元。材料已收入库,货款以银行存款支付。编制会计分录为:

借:原材料——甲材料　　　　　4 000
　　　　　——乙材料　　　　　2 400
　　贷:银行存款　　　　　　　　　　6 400

(2)从宏兴工厂购进甲材料 500 公斤,单价 4 元,计 2 000 元。材料已验收入库,货款尚未支付。编制会计分录为:

借:原材料——甲材料　　　　　2 000
　　贷:应付账款——宏兴工厂　　　　2 000

(3)生产 A 产品领用甲材料 800 公斤,价值 3 200 元,乙材料 300 个,价值 3 600 元。

借：生产成本——A产品　　　　　　　6 800
　　贷：原材料——甲材料　　　　　　　　3 200
　　　　　　　——乙材料　　　　　　　　3 600

根据上述资料，在"原材料"总账及明细账中进行平行登记，其方法如下：

（1）在"原材料"总账中登记月初借方余额 14 000 元，同时分别在"甲材料"、"乙材料"的明细账中登记其月初数量、单价、金额。

（2）将本月收入两批材料的合计金额（6 400 元和 2 000 元）按会计事项发生的时间先后，记入"原材料"总账的借方，同时将每批各种材料的数量、单价、金额分别记入"甲材料"、"乙材料"明细账中的收入栏。

（3）将本月发出材料的合计金额 6 800 元记入"原材料"总账中的贷方，同时将发出各种材料的数量、单价、金额分别记入"甲材料"、"乙材料"明细账中的发出栏。

（4）根据"原材料"总账和所属明细账的记录，分别结算总账和明细账的本期发生额和期末余额。

按照上述方法，"原材料"总账、明细账的登记结果如表 2-11、2-12 所示：

表 2-11　总分类账户

账户：原材料

2008 年		凭证字号	摘要	借方	贷方	借/贷	余额
月	日						
5	1		期初余额			借	14 000
		1	购入	6 400		借	20 400
		2	购入	2 000		借	22 400
		3	车间领用		6 800	借	15 600
	31		本月发生额及月末余额	8 400	6 800	借	15 600

表 2-12　材料明细账户

单位：公斤　　　　　　　　　　　　　　　　　　　　　　　　　　　品名：甲材料

2008 年		凭证字号	摘要	收入			发出			结存		
月	日			数量	单价	金额	数量	单价	金额	数量	单价	金额
5	1		月初余额							2 000	4	8 000
		1	购入	1 000	4	4 000				3 000	4	12 000
		2	购入	500	4	2 000				3 500	4	14 000
		3	车间领用				800	4	3 200	2 700	4	10 800
	31		本月发生额及月末余额	1 500	4	6 000	800	4	3 200	2 700	4	10 800

材料明细账户

单位：个　　　　　　　　　　　　　　　　　　　　　　　　　　　品名：乙材料

2008年		凭证字号	摘要	收入			发出			结存		
月	日			数量	单价	金额	数量	单价	金额	数量	单价	金额
5	1		月初余额							500	12	6 000
		1	购入	200	12	2 400				700	12	8 400
		3	车间领用				300	12	3 600	400	12	4 800
	31		本月发生额及月末余额	200	12	2 400	300	12	3 600	400	12	4 800

同样的方法，也可以登记"应付账款"和"生产成本"的总账与明细账，"银行存款"的总账，在此不再赘述。

三、总账记录与明细账记录的核对

为了保证账户记录的正确性，总账与所属明细账应经常核对，以保持账账相符。由于总账与明细账的平行登记原理，总账与其所属的明细账的有关数字一定相等。如果有关数字不相等，则表明核算资料必定存在错误，需要查明原因，及时更正。在实际工作中，这种核对是通过编制明细分类账户本期发生额明细表来进行的。

根据北方公司2008年5月份的原材料有关明细账编制的本期发生额及余额表如表2-13所示：

表2-13　原材料明细账户本期发生额及余额表

单位：元

明细科目	单位	期初余额			本期发生额						期末余额		
					收入			发出					
		数量	单价	金额	数量	单价	金额	数量	单价	金额	数量	单价	金额
甲材料	公斤	2 000	4	8 000	1 500	4	6 000	800	4	3 200	2 700	4	10 800
乙材料	个	500	12	6 000	200	12	2 400	300	12	3 600	400	12	4 800
合计				14 000			8 400			6 800			15 600

通过表2-13可以证明，在总账与明细账的平行登记的原理下，总账与其所属明细账必定存在如下关系：

总账的月初余额＝所属明细账的月初余额合计

总账的本期增加额＝所属明细账的本期增加额合计

总账的本期减少额＝所属明细账的本期减少额合计

总账的期末余额＝所属明细账的期末余额合计

明细分类账发生额及余额表的主要作用在于：把日常分别核算的明细资料加以汇总，与相应的总账进行核对，不仅可以检查会计记录是否正确，账账是否相符，还可以提供有关材料物资、债权债务的详细资料，便于加强日常管理，保证会计核算的质量。

复习思考题

1. 什么是会计科目？为什么要设置会计科目？
2. 什么是会计账户？账户有什么作用？
3. 会计科目与账户有什么联系和区别？
4. 什么是复式记账法？它有哪些优越性？
5. 什么是借贷记账法？它有哪些特点？
6. 什么是总分类账户、明细分类账户？二者的关系是什么？
7. 什么是平行登记？如何进行平行登记？
8. 简述账户如何分类。

练习题

一、单项选择题

1. 企业的会计科目必须反映（　　）的特点。
    A. 会计对象　　　　　　　　B. 会计职能
    C. 会计定义　　　　　　　　D. 会计本质
2. 具有统驭与被统驭关系的账户是（　　）。
    A. 资产和负债　　　　　　　B. 收入和成本
    C. 资产与所有者权益　　　　D. 总账与明细账
3. （　　）账户属于备抵附加调整账户。
    A. 坏账准备　　　　　　　　B. 材料成本差异
    C. 利润分配　　　　　　　　D. 累计折旧
4. "原材料"账户按其经济内容进行分类，属于（　　）账户。
    A. 盘存账户　　　　　　　　B. 资产类账户
    C. 总分类账户　　　　　　　D. 成本计算账户
5. 下列项目中，不属于会计科目的是（　　）。
    A. 短期借款　　　　　　　　B. 预收账款
    C. 所得税　　　　　　　　　D. 现金流量
6. 用来调整其他相关账户而设置的账户，称为（　　）。
    A. 被调整账户　　　　　　　B. 计价对比账户
    C. 调整账户　　　　　　　　D. 集合分配账户
7. 下列关于会计账户和会计科目的表述中，不正确的是（　　）。
    A. 会计账户是根据会计科目开设的
    B. 会计账户具有一定的结构
    C. 会计账户和会计科目核算内容不一样

D. 会计账户比会计科目有更丰富的内涵
8. 账户按经济内容分类,"累计折旧"账户属于（　　）。
    A. 资产类账户   B. 负债类账户
    C. 备抵调整账户   D. 附加调整账户
9. 负债类账户期末余额应根据（　　）计算得出。
    A. 期初借方余额＋本期借方发生额－本期贷方发生额
    B. 期初贷方余额＋本期借方发生额－本期贷方发生额
    C. 期初余额＋增加额－减少额
    D. 期初贷方余额＋本期贷方发生额－本期借方发生额
10. 在我国各企业普遍采用的记账方法是（　　）。
    A. 借贷记账法   B. 复式记账法
    C. 增减记账法   D. 收付记账法
11. 会计科目和账户之间的区别在于（　　）。
    A. 记录资产和权益的增减变动情况不同 B. 记录资产和负债的结果不同
    C. 反映的经济内容不同   D. 账户有结构而会计科目无结构
12. 对会计对象的具体业务内容分门别类地进行核算的专门方法是（　　）。
    A. 设置会计科目和账户   B. 登记会计账簿
    C. 填制和审核会计凭证   D. 复式记账
13. 下列各项中,与负债类账户结构相同的是（　　）。
    A. 资产类账户   B. 收入账户
    C. 费用账户   D. 成本类账户
14. 某企业期初资产总额为 100 000 元,期末负债总额比期初增加 20 000 元,所有者权益比期初减少 30 000 元,该企业本期期末资产总额为（　　）。
    A. 50 000 元   B. 90 000 元
    C. 110 000 元   D. 100 000 元
15. 下列会计账户中（　　）账户的期末余额一般在借方。
    A. 累计折旧   B. 生产成本
    C. 预提费用   D. 实收资本

二、多项选择题
1. 下列各项工作中,以会计等式为理论根据的是（　　）。
    A. 复式记账   B. 成本核算
    C. 试算平衡   D. 编制会计报表
2. 下列关于科目和账户的关系叙述正确的是（　　）。
    A. 科目是账户的名称   B. 账户是科目的具体运用
    C. 科目有结构   D. 账户有结构
3. 下列各项中,期末应无余额的账户有（　　）。
    A. 生产成本   B. 营业费用
    C. 管理费用   D. 财务费用
4. 下列各项中,属于会计科目设置原则的有（　　）。

A. 不同行业、不同业务种类的单位，在会计科目的设置上有所区别
B. 在合法性的基础上，设置符合企业需要的会计科目
C. 所设置的会计科目应当符合国家统一的会计制度的规定
D. 会计科目的设置，应为提供有关各方所需要的会计信息服务

5．下列叙述正确的是（　　）。
A. 资产类账户与负债类账户结构相同
B. 负债与所有者权益类账户结构相同
C. 所有者权益与收入类账户结构基本相同
D. 资产类账户与成本类账户结构基本相同

6．下列哪些账户期末一般有余额（　　）。
A. 应收账款　　　　　　　　　　B. 累计折旧
C. 实收资本　　　　　　　　　　D. 本年利润

7．下列哪些业务使资产减少（　　）。
A. 向银行借款　　　　　　　　　B. 支付工资
C. 发行债券　　　　　　　　　　D. 偿还欠款

8．下列哪些业务使所有者权益增加（　　）。
A. 对外投资　　　　　　　　　　B. 接受投资
C. 销售产品　　　　　　　　　　D. 接受捐赠

9．账户的内容一般应包括（　　）。
A. 账户名称　　　　　　　　　　B. 经济业务摘要
C. 记账金额　　　　　　　　　　D. 账户结构

10．总账和明细账平行登记时，必须做到（　　）。
A. 记账依据相同　　　　　　　　B. 记账方向相同
C. 详简程度相同　　　　　　　　D. 记账金额相等

三、判断题

1．总账科目也称一级科目，明细科目也称二级科目。（　　）
2．现行的《企业会计制度》，是按照会计等式的要求统一设置会计科目的。（　　）
3．会计科目不仅是一个分类标志，其本身还有一定的结构，能记录和反映经济业务的增减变化及结果。（　　）
4．会计科目与会计账户所反映的经济内容是一致的。（　　）
5．负债类账户结构与收入类账户结构基本相同。（　　）
6．借贷记账法以"借"、"贷"为记账符号，"借"表示增加，"贷"表示减少。（　　）
7．复式记账法是现代会计的主要标志之一。（　　）
8．如果总分类账户与明细分类账户的记录不一致，就说明账户平行登记中出现了错误。（　　）
9．会计科目的设置是否合理，对于会计信息质量有很大影响。（　　）
10．通过试算平衡检查账簿记录，若借贷平衡就可以肯定记账准确无误。（　　）

四、综合题

习题一

（一）目的　熟悉会计科目。

（二）资料　正大公司 2008 年 3 月 31 日的有关项目资料如下：

1. 保险柜中的现金 5 000 元；
2. 银行账户中的存款 658 000 元；
3. 车间厂房 1 330 000 元
4. 机器设备 602 000 元；
5. 运输车辆 300 000 元；
6. 已完工入库的产品 97 000 元；
7. 库存材料 150 000 元；
8. 购入材料尚未支付的货款 18 000 元；
9. 尚未交纳的税金 30 000 元；
10. 原收取的出租包装物的押金 3 000 元；
11. 采购员出差预借的 8 000 元差旅费；
12. 向银行借入的半年期款项 500 000 元；
13. 国家投入的资本金 1 500 000 元；
14. 股东投入的资本 1 200 000 元；
15. 本月实现的利润 100 000 元；
16. 应收取的销货款 350 000 元；
17. 已提取的盈余公积金 50 000 元；
18. 企业拥有的专利权，价值 500 000 元；
19. 向银行借入的三年期借款 500 000 元；
20. 企业开出的未到期票据款 50 000 元；
21. 前期累计尚未分配的利润 49 000 元。

（三）要求

1. 根据上述内容区分资产、负债、所有者权益项目。
2. 写出上述内容所适用的会计科目。
3. 分别计算资产、负债及所有者权益金额合计数，并试算是否平衡。
4. 将答案直接填入下表。

序　号	会计科目	资　产	负　债	所有者权益
1				
2				
3				
4				
5				
6				
7				

续表

序 号	会计科目	资 产	负 债	所有者权益
8				
9				
10				
11				
12				
13				
14				
15				
16				
17				
18				
19				
20				
21				
合 计				

习题二

（一）目的　练习借贷记账法的运用。

（二）资料　东方工厂 2002 年 3 月发生下列会计事项：

1．收到投资人投入货币资金 500 000 元，已存入银行账户；

2．购买生产用设备一台，价款 100 000 元，设备已投入使用，款项尚未支付；

3．购买原材料一批，价款 3 000 元，增值税额 510 元，材料已验收入库，货款以银行存款支付；

4．生产 A 产品领用原材料，价值 1 000 元；

5．从银行提取现金 30 000 元，以备发放工资；

6．以现金支付职工工资 30 000 元；

7．销售产品一批，价款 80 000 元，增值税率 17%，货已发出，款项尚未收到；

8．以银行存款 10 000 元，支付产品广告费；

9．购买办公用品 300 元，以现金支票付讫；

10．以银行存款支付上月所得税 2 400 元；

11．月末提取固定资产折旧费 20 000 元：其中生产设备折旧费 16 000 元，管理部门固定资产折旧费 4 000 元；

12．月末分配工资费用 30 000 元，其中生产工人工资 20 000 元，车间管理人员工资 3 000 元，厂部管理人员工资 5 000 元，福利部门人员工资 2 000 元；

13．结转本月完工入库产品成本 30 000 元；

（三）要求　根据上述资料编制会计分录。

习题三

（一）目的　熟悉账户的结构。

（二）资料　光明公司 2008 年 4 月份有关账户中，部分数据（单位：元）如下表所示：

会计科目	期初余额		本期发生额		期末余额	
	借方	贷方	借方	贷方	借方	贷方
库存现金	500		1 000		700	
银行存款	100 000			252 900	347 100	
应收票据			20 000	70 000	30 000	
原材料	230 000		300 000		80 000	
固定资产	500 000		0		500 000	
累计折旧		20 500				21 300
短期借款		50 000	50 000	80 000		
应付账款		100 000		120 000		123 100
应付利息		30 000	20 000			15 000
实收资本		600 000		100 000		
盈余公积		110 000		8 400		

（三）要求　按照各类账户在借贷记账法下的结构，计算各有关账户的发生额或余额，直接填列于表中的空白处。

习题四

（一）目的　练习编制试算平衡表。

（二）资料　宏顺公司 2008 年 4 月 5 日发生如下四笔经济业务（期初余额在下表中）：

（1）企业收到投资款 100 000 元存入银行。

（2）企业购买原材料一批，以银行存款支付货款 3 000 元，增值税 510 元，料已验收入库。

（3）企业购买设备一台，支付价款 50 000 元。

（4）企业销售商品一批，价款 10 000 元，增值税 1 700 元，货已发出，款项尚未收到。

（三）要求　根据上述资料编制会计分录，并编制试算平衡表。

试算平衡表

年　　月　　日　　　　　　　　　　　　单位：

会计科目	期初余额		本期发生额		期末余额	
	借方	贷方	借方	贷方	借方	贷方
银行存款	50 000					
应收账款	80 000					
原材料	50 000					
固定资产	320 000					
应交税费		9 800				
实收资本		450 000				
主营业务收入		40 200				
合　计	500 000	500 000				

第三章　主要经济业务的核算

企业是社会经济的重要组成部分，企业的经营活动是价值的创造过程。由于各企业的经营方向、经营范围各不相同，形成了各不相同的行业特征、产业特征。在此，我们仅就生产制造企业主要经济业务的核算进行研究。生产制造企业具有生产经营环节多，生产费用项目复杂，经营资金变化大等特点。本章将按照资金周转的过程，分别就资金投入、供应过程、生产过程、销售过程和利润形成及分配过程所涉及的主要会计事项，进行会计处理。

第一节　企业筹集资金的核算

一、筹集资金核算内容

企业要进行生产经营必须具备一定的资金。资金筹集是企业经营活动的起点。企业资金的来源渠道主要有两条：一是投资人投入的资金，二是从外部债权人处取得的借款。此外，还有在日常生产经营过程中临时占用的其他单位或个人的资金。

设立企业必须有一定的资本金，并依法在工商管理机关登记取得营业执照后方可从事生产经营活动。在工商行政管理机关登记注册的资金，即为注册资本。企业在设立时，由于出资人、出资方式等各不相同，在其设立时遵循的法律、法规也不相同。例如，《公司法》规定，有限责任公司在设立时必须具备以下条件："股东出资应达到注册资本最低限额；股东可以货币、实物、无形资产等出资；股东以无形资产出资，其作价不得超过公司注册资本的20%；股东出资后须经法定验资机构验资，并出具验资证明等。"

按照投资主体的不同，可以把投资人投入的资本划分为国家资本金、法人资本金、个人资本金和外商资本金。国家资本金是有权代表国家的政府部门或者机构以国有资产投入企业形成的资本金。法人资本金是其他法人单位以其依法可以支配的资产投入企业形成的资本金。个人资本金是社会个人或本企业内部职工以其合法财产投入企业形成的资本金。外商资本金是我国香港、澳门和台湾地区以及外国投资者向企业投资形成的资本金。

企业设立时，其生产经营所需的资金并不是全部由投资人出缴的，投资人投入的资金构成企业的注册资本金，而企业生产经营所需的另一部分资金则可以通过向金融机构等筹借来解决，这就形成了借款。借款按偿还时间的不同分为短期借款和长期借款。短期借款是指企业向银行或其他金融机构借入的期限在一年以下的各种借款，一般是为生产经营过程中临时性的周转需要而借入的。长期借款是企业向银行或其他金融机构借入的期限在一年以上的各种借款，一般与购建固定资产项目相关，为弥补投资人投资的不足而借入的。短期借款形成流动负债，长期借款形成长期负债。此外，企业在具备一定条件的前提下，还可以向社会公开发行债券来筹集资金，偿还期一般也在一年以上，形成应付债券，属于长期负债。

由此可见，对筹集资金过程核算的主要内容包括投资者投入的各种资产、从银行等金融机构取得的借款和向社会公开发行的债券。

二、设置的主要账户

为正确反映和监督企业资金的取得和偿还情况，保证生产经营的顺畅进行，应设置以下账户进行核算。

1. "实收资本"账户

"实收资本"账户属于所有者权益类账户，用来核算所有者对企业的实际投资额。该账户贷方反映实际收到投资额，借方反映按法定程序减少的资本数，余额在贷方反映企业实有的资本数额。我国的资本金制度明确规定了资本保全原则，资本一经投入企业，不得随意抽回，但可以依法转让。因此，除非按法定程序减资，实收资本账户的借方一般无发生额。"实收资本"账户按投资主体的不同设置明细分类账户，进行明细核算。股份公司应设置"股本"账户进行核算。

2. "短期借款"账户

"短期借款"账户属于负债类账户，是指企业向银行或其他金融机构借入的期限在一年以下（含1年）的各种借款，通常是为满足正常生产经营的需要而借入的。企业应按期向债权人偿还借款的本金及利息。该账户贷方反映取得的借款本金；借方反映偿还的借款本金；余额在贷方，反映企业尚未偿还的短期借款的本金。"短期借款"账户按照债权人、借款种类等设置明细分类账户，进行明细核算。

3. "长期借款"账户

"长期借款"账户属于负债类账户，用来核算企业向银行或其他金融机构借入的期限在一年以上（不含一年）的各种借款。长期借款一般用于固定资产的购建、改扩建工程、大修理工程、对外投资以及为了保持长期经营能力等方面。该账户贷方反映长期借款本息的增加额；借方反映借款本息的减少额；余额在贷方，反映企业尚未偿还的长期借款。"长期借款"账户按照贷款单位、贷款种类等设置明细分类账户，分别"本金"、"利息调整"等进行明细核算。

4. "银行存款"账户

"银行存款"账户属于资产类账户，用来核算企业存入银行或其他金融机构的各种款项。该账户借方反映各种存款的增加数；贷方反映各种存款的减少数；余额在借方，反映企业实际存在银行或其他金融机构的款项。

5. "固定资产"账户

"固定资产"账户属于资产类账户，用来核算企业固定资产的原价。该账户借方反映取得固定资产的原价；贷方反映减少固定资产的原价；余额在借方，反映企业期末固定资产的账面原价。"固定资产"账户按照用途、类别、型号等设置明细分类账户，进行明细核算。

6. "无形资产"账户

"无形资产"账户属于资产类账户，用来核算企业持有的无形资产的成本。该账户借方反映取得的无形资产的成本；贷方反映出售无形资产转出的无形资产账面余额；余额在借方，反映企业无形资产成本。"无形资产"账户按照无形资产的项目设置明细分类账户,进行明细核算。

三、筹资过程主要经济业务核算

本章以振兴公司 2007 年发生的部分经济业务为例(不考虑业务发生的具体时间)。

【例1】 收到大华公司投资机器设备一套,协议价为 1 000 000 元。

分析:该业务使固定资产增加,同时实收资本增加。固定资产属于资产类账户,其增加记入借方;实收资本属于所有者权益类账户,其增加记入贷方。编制会计分录为:

  借:固定资产   1 000 000
    贷:实收资本——法人资本——大华公司 1 000 000

【例2】 收到宏顺公司投资专利权一项作价 500 000 元。

分析:该业务使无形资产增加,同时实收资本增加。无形资产属于资产类账户,其增加记入借方;实收资本属于所有者权益类账户,其增加记入贷方。编制会计分录为:

  借:无形资产——专利权   500 000
    贷:实收资本——法人资本——宏顺公司 500 000

【例3】 向银行借入期限为六个月的借款 200 000 元,已转入银行存款账户。

分析:该业务使银行存款增加,同时短期借款增加。银行存款属于资产类账户,其增加记入借方;短期借款属于负债类账户,其增加记入贷方。编制会计分录为:

  借:银行存款   200 000
    贷:短期借款   200 000

【例4】 向银行借入两年期借款 500 000 元,已转入银行存款账户。

分析:该业务使银行存款增加,同时长期借款增加。银行存款属于资产类账户,其增加记入借方;长期借款属于负债类账户,其增加记入贷方。编制会计分录为:

  借:银行存款   500 000
    贷:长期借款   500 000

【例5】 用银行存款偿还到期的短期借款 50 000 元 。

分析:该业务使银行存款减少,同时短期借款减少。银行存款属于资产类账户,其减少记入贷方;短期借款属于负债类账户,其减少记入借方。编制会计分录为:

  借:短期借款   50 000
    贷:银行存款   50 000

四、筹资过程核算程序

筹资过程主要核算程序如图 3-1 所示。

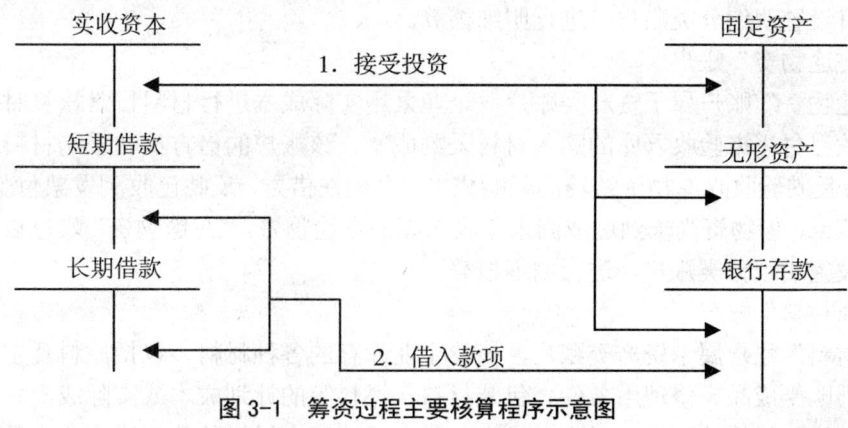

图 3-1　筹资过程主要核算程序示意图

第二节　供应过程的核算

一、供应过程的核算内容

供应过程是制造企业生产过程的第一阶段，为保证企业生产经营活动的正常进行，在企业建立之初必须建造厂房、购买机器设备等固定资产，以形成生产能力，之后要采购各种原材物料，以形成生产经营活动的储备。供应过程的主要任务就是核算固定资产购建业务以及物资采购业务。

1. 固定资产购建业务

固定资产是指同时具有以下特征的有形资产：(1) 为生产商品、提供劳务、出租或经营管理而持有的；(2) 使用寿命超过一个会计年度。包括房屋及建筑物、机器设备、运输设备和工具器具等。固定资产应按取得时的成本计价，包括购买价款、相关税费、运输费、保险费以及为使固定资产达到预期可使用状态所发生的安装调试费等必要支出。

2. 物资采购业务

在材料物资采购过程中，企业应按经济合同和结算制度的规定支付货款、支付采购费用，如运输费、装卸费，而材料的买价加上采购费用就构成了材料的采购成本、原材料到达后，经过验收合格入企业的原材料库。企业购买材料物资后，资金形态从货币形态转化为储备资金形态。企业要有计划地采购材料，既要满足生产上的需要，又要避免过多储备，占用资金。

二、设置的主要账户

1. "固定资产"账户

"固定资产"账户在上节已经设置，在此不再赘述。

2. "在建工程"账户

"在建工程"账户属于资产类账户，用来核算企业基建、更新改造等在建工程发生的支出。该账户的借方反映建造和安装过程中发生的实际支出；贷方反映结转完工工程的实际成本；余额在借方，反映尚未完工的基建、安装等工程发生的各项实际支出。"在建工程"账户按工程项目设置明细分类账户，进行明细核算。

3．"在途物资"账户

"在途物资"账户属于资产类账户，企业采用实际成本进行材料日常核算时，该账户用来核算货款已付尚未验收入库的购入材料采购成本。该账户的借方反映采购材料价款和运杂费等；贷方反映验收入库物资结转的采购成本；余额在借方，反映已收到发票付款或已开出、承兑商业汇票，但物资尚未到达或尚未验收入库的在途物资。"在途物资"账户按供应单位和物资品种设置明细分类账户，进行明细核算。

4．"原材料"账户

"原材料"账户属于资产类账户，核算企业库存的各种材料，包括原料及主要材料、辅助材料、外购半成品、修理用备件、包装材料、燃料等的计划成本或实际成本。该账户借方反映验收入库材料的计划成本或实际成本；贷方反映发出材料的计划成本或实际成本；余额在借方，反映库存材料的计划成本或实际成本。"原材料"账户按材料的保管地点、类别、品种、规格设置明细分类账户，进行明细核算。

5．"应交税费"账户

"应交税费"账户属于负债类账户，核算企业应交纳的各种税费。该账户的贷方反映计算应交纳的税费；借方反映实际交纳的税费；余额一般在贷方，反映企业应交未交的税费，如果在借方，反映企业多交的税费。"应交税费"账户按税种设置明细分类账户，进行明细分类核算。

在材料、产品购销过程中，主要涉及的税种是增值税。增值税是对我国境内销售货物、进口货物，或是提供加工、修理修配劳务的增值额征收的一种流转税。企业应设置"应交税费——应交增值税"明细账，具体核算增值税税金。对于增值税一般纳税企业，在"应交增值税"明细账内，进一步设置"进项税额"、"已交税金"、"销项税额"等若干专栏，按规定进行核算。其中，"进项税额"是指企业购买材料时向供货单位支付的增值税金；"销项税额"是指企业销售产品时向购货单位收取的增值税金。企业当期销项税额与进项税额的差额，即为企业当期应缴纳的增值税金。企业当期实际缴纳的增值税金，记入"已交税金"专栏。"应交税费——应交增值税"账户的使用方法为：借方反映增值税的进项税额、已交税金；贷方反映增值税的销项税额、出口退税和进项税额转出；余额如果在贷方反映应交未交的增值税；如果在借方，反映未抵扣的增值税进项税额。

6．"应付账款"账户

"应付账款"账户属于负债类账户，核算企业因购买材料、商品和接受劳务供应等经营活动应支付的款项。该账户贷方反映企业接受供货单位提供劳务等而发生的应付未付的款项；借方反映企业偿还的款项；余额在贷方，反映企业尚未支付的应付款项。"应付账款"账户按供应单位设置明细分类账户，进行明细核算。

7．"应付票据"账户

"应付票据"账户属于负债类账户，核算企业购买材料、商品和接受劳务供应等开出、承兑的商业汇票。该账户贷方反映企业开出、承兑商业汇票或以承兑的汇票抵付的应付账款；借方反映到期偿还的票据本息；余额在贷方，反映企业持有的尚未到期的应付票据本息。"应付票据"账户按债权人的名称设置明细分类账户，进行明细核算。

8．"预付账款"账户

"预付账款"账户属于资产类账户,核算企业按照购货合同规定预付给供应单位的款项。该账户借方反映按照购货合同规定预付给供货单位的款项和补付的货款;贷方反映收到所购货物应冲抵的货款和退回多付的货款;期末余额如在借方,反映已预付而尚未收到货物办理结算的预付款项;如在贷方,反映尚未补付的款项。"预付账款"账户按债务人的名称设置明细分类账户,进行明细核算。

三、供应过程主要经济业务核算

(一)固定资产购建业务的核算

【例6】 企业购入一台不需安装的设备,买价150 000元,增值税为25 500元,运杂费为4 000元,全部款项已用银行存款支付。

分析:由于购入的设备不需安装可直接使用,该业务使固定资产增加,银行存款减少。为购买固定资产而发生的相关税、费,直接计入固定资产原价。银行存款和固定资产均属于资产类账户,其增加记入借方,减少记入贷方。编制如下会计分录:

　　借:固定资产　　　　　　　　　　　　179 500
　　　　贷:银行存款　　　　　　　　　　　　179 500

【例7】 企业购入一个需安装的大型工具,买价100 000元,增值税为17 000元,运杂费为2 000元,全部款项已用银行存款支付。

分析:由于购入的工具需要安装方可使用,该业务使在建工程增加,银行存款减少。银行存款和在建工程均属于资产类账户,其增加记入借方,减少记入贷方。编制如下会计分录:

　　借:在建工程　　　　　　　　　　　　119 000
　　　　贷:银行存款　　　　　　　　　　　　119 000

【例8】 在大型工具的安装过程中,以银行存款支付工具安装费1 000元。

分析:发生的工具安装费使工程项目的实际支出增加,应计入工程成本。该业务使在建工程增加,银行存款减少。银行存款和在建工程均属于资产类账户,其增加记入借方,减少记入贷方。编制如下会计分录:

　　借:在建工程　　　　　　　　　　　　1 000
　　　　贷:银行存款　　　　　　　　　　　　1 000

【例9】 安装工程完毕,工具达到预定可使用状态,结转工程成本。

分析:工程完工达到预定可使用状态,应将在建工程成本转入固定资产。该业务使固定资产增加,在建工程减少。固定资产和在建工程均属于资产类账户,其增加记入借方,减少记入贷方。编制如下会计分录:

　　借:固定资产　　　　　　　　　　　　120 000
　　　　贷:在建工程　　　　　　　　　　　　120 000

(二)物资采购业务的核算

企业采购的材料物资,应按采购的实际成本入账。物资采购成本包括物资买价与采购费用两部分。采购费用主要包括运杂费、运输途中合理损耗、入库前挑选整理费及购入物资应负担的税金(如关税)和其他费用。对一般纳税企业而言,材料采购成本中不包括可抵扣的增值税额。

【例10】 从胜利工厂购入A材料4 000千克,买价40 000元,增值税6 800元,支付运杂费 2 000 元，款项用银行存款支付，材料尚未到达。

分析：该业务使在途物资增加，银行存款减少，应交税费减少（即形成进项税额，将来可用于抵扣）。银行存款和在途物资均属于资产类账户，其增加记入借方，减少记入贷方；应交税费属于负债类账户，其减少记入借方。编制如下会计分录：

借：在途物资——A 材料　　　　　　　　42 000
　　应交税费——应交增值税（进项税额）　6 800
　贷：银行存款　　　　　　　　　　　　　　　48 800

【例 11】 从大洋公司购入 B 材料 1 800 千克，买价 36 000 元，增值税 6 120 元，卖方代垫运杂费 900 元，企业开出一张三个月期限的商业承兑汇票支付货款及运费，材料已验收入库。

分析：该业务使原材料增加，应付票据增加，应交税费减少。在途物资属于资产类账户，其增加记入借方；应交税费和应付票据均属于负债类账户，增加记入贷方，减少记入借方。编制如下会计分录：

借：原材料——B 材料　　　　　　　　　36 200
　　应交税费——应交增值税（进项税额）　6 120
　贷：应付票据——大洋公司　　　　　　　　　42 320

【例 12】 给付大洋公司的商业承兑汇票到期，企业支付票款。

分析：该业务使银行存款减少，应付票据减少。银行存款属于资产类账户，其减少记入贷方；应付票据属于负债类账户，其减少记入借方。编制会计分录为：

借：应付票据——大洋公司　　　　　　　42 320
　贷：银行存款　　　　　　　　　　　　　　　42 320

【例 13】 从红光工厂购入 C 材料 50 000 千克，买价 20 000 元，增值税 3 400 元，运杂费 1 000 元，材料已验收入库，款项尚未支付。

分析：该业务使在途物资增加，应付账款增加，应交税费减少。在途物资属于资产类账户，其增加记入借方；应交税费和应付账款均属于负债类账户，增加记入贷方，减少记入借方。编制如下会计分录：

借：原材料——C 材料　　　　　　　　　21 000
　　应交税费——应交增值税（进项税额）　3 400
　贷：应付账款——红光工厂　　　　　　　　　24 400

【例 14】 用银行存款归还红光工厂的货款 24 400 元。

分析：该业务使银行存款减少，应付账款减少。银行存款属于资产类账户，其减少记入贷方；应付账款属于负债类账户，其减少记入借方。编制会计分录为：

借：应付账款——红光工厂　　　　　　　24 400
　贷：银行存款　　　　　　　　　　　　　　　24 400

【例 15】 用银行存款向胜利工厂预付购买 D 材料的货款 8 000 元。

分析：该业务使预付账款增加，银行存款减少。预付账款和银行存款均属于资产类账户，其增加记入借方，减少记入贷方。编制会计分录为：

借：预付账款——胜利工厂　　　　　　　8 000
　贷：银行存款　　　　　　　　　　　　　　　8 000

【例16】 胜利工厂向本企业发出 D 材料 500 千克,价款 6 500 元,增值税 1 105 元。

分析:该业务使在途物资增加,预付账款减少,应交税费减少。在途物资和预付账款均属于资产类账户,其增加记入借方,减少记入贷方;应交税费属于负债类账户,减少记入借方。编制如下会计分录:

  借:在途物资——D 材料   6 500
    应交税费——应交增值税(进项税额) 1 105
    贷:预付账款——胜利工厂   7 605

【例17】 收到胜利工厂退回的多余购货款 395 元。

分析:该业务使银行存款增加,预付账款减少。银行存款和预付账款均属于资产类账户,其增加记入借方,减少记入贷方。编制会计分录为:

  借:银行存款   395
    贷:预付账款——胜利工厂   395

【例18】 以银行存款支付 D 材料运杂费 200 元。上述材料均已到达并验收入库。

分析:该业务使材料的采购成本增加,验收入库要结转原材料账户。支付运费使在途物资增加,银行存款减少。材料验收入库使原材料增加,在途物资减少。银行存款、在途物资、原材料同属于资产类账户,其增加记入借方,减少记入贷方。编制如下会计分录:

1. 支付运费时:

  借:在途物资——D 材料   200
    贷:银行存款   200

2. 材料到达,验收入库:

  借:原材料——D 材料   6 700
    贷:在途物资——D 材料   6 700

如果企业一次购入多种材料物资,共同发生采购费用,则应采用适当的分配标准将采购费用在各种材料物资之间进行分配,确定某种材料物资应负担的采购费用。

采购费用分配率=采购费用合计÷各种材料的重量(或买价)之和

某种材料应负担的采购费用=该种材料重量(或买价)×采购费用分配率

【例19】 从上海东风工厂购买 A 材料 1 000 千克,买价 10 000 元,B 材料 1 200 千克,买价 24000 元,增值税计 5 780 元,材料从上海运到天津,运费共计 1 100 元,企业以银行存款支付上述款项(运费按材料重量比例分配)。

运费分配率=1100÷(1000+1200)=0.5(元/千克)

A 材料负担运费=1000×0.5=500(元)

B 材料负担运费=1200×0.5=600(元)

A 材料采购成本=10000+500=10500(元)

B 材料采购成本=24000+600=24600(元)

分析:该业务使原材料增加,银行存款减少,应交税费减少。原材料和银行存款均属于资产类账户,其增加记入借方,减少记入贷方;应交税费属于负债类账户,减少记入借方。编制如下会计分录:

  借:原材料——A 材料   10 500
     ——B 材料   24 600

　　　　应交税费——应交增值税（进项税额）　　　　　5 780
　　　贷：银行存款　　　　　　　　　　　　　　　　　　　40 880

四、物资采购过程的核算程序

物资采购过程的主要核算程序如图 3-2 所示。

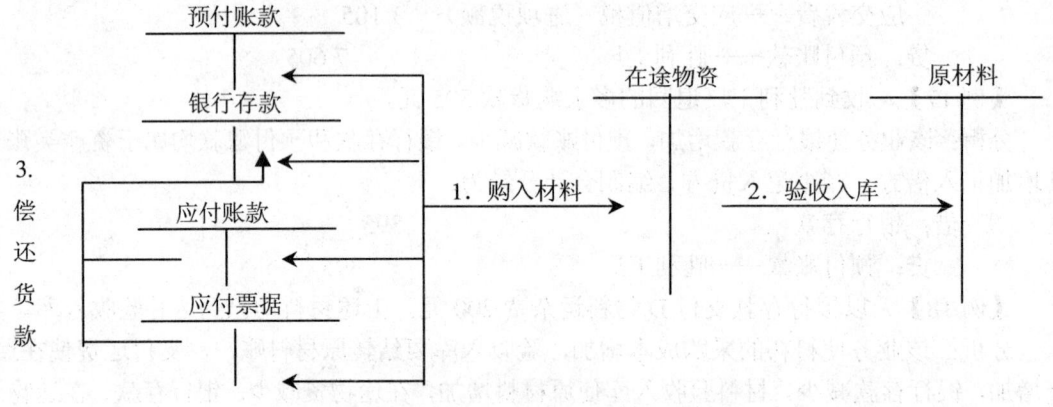

图 3-2　物资采购过程主要核算程序示意图

第三节　生产过程的核算

一、生产过程的核算内容

生产过程是制造企业生产经营的中心环节。生产过程是指从原材料投入使用起，到产成品完工入库止的全部生产制造过程。在此过程中，生产产品必然要发生各种耗费，如材料的耗费、支付职工工资、固定资产磨损及其他费用等，我们将这些为生产产品而发生的费用统称为生产费用。生产费用按不同产品品种、批别或步骤来进行归集和计算，以算出为生产某种特定的产品而耗用的生产费用，就也是该产品的制造成本或生产成本。按照生产费用能否直接计入产品成本，可以将生产费用划分为直接材料、直接人工和制造费用。直接材料、直接人工一般在发生时，就明确知道是为生产哪种产品发生的，因此可以直接计入该种产品的生产成本。制造费用是指为生产多种产品而共同发生的费用，在其发生时并不知道哪种产品应分摊多少，如生产车间计提的固定资产折旧费、车间一般性的机物料消耗、车间照明用的电费、车间办公费用等。因此，这些费用发生时，先通过制造费用进行归集，期末再按一定的方法，将其分配计入各种产品的成本，制造费用属于间接费用。此外，在企业生产经营过程中，企业行政管理部门为组织和管理生产经营活动会发生行政管理费用，为筹集资金会发生财务费用、为销售产品会发生销售费用。这些费用不是为生产某种产品而发生的，不属于为生产产品而发生的耗费，不能计入产品的制造成本，只能作为期间费用，直接计入当期损益。生产费用的构成如图 3-3 所示。生产费用的归集、分配，产品成本的计算，以及和各方面的结算，形成了生产过程核算的主要内容。

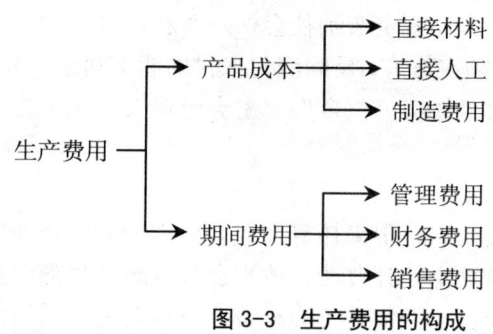

图 3-3　生产费用的构成

二、设置的主要账户

1. "生产成本"账户

"生产成本"账户属于成本类账户，用于核算企业进行工业性生产发生的各项生产费用，包括生产各种产品、自制材料、自制工具、自制设备等。该账户借方反映企业发生的各项生产费用；贷方反映转出完工入库产品的实际成本；期末余额在借方，表示企业尚未加工完成的各项在产品的成本。"生产成本"账户应当设置"基本生产成本"和"辅助生产成本"两个明细分类账户，进行明细核算。

2. "制造费用"账户

"制造费用"账户属于成本类账户，用来核算企业生产车间、部门为生产产品和提供劳务而发生的各项间接费用。该账户借方反映生产车间发生的各项机物料消耗、管理人员的工资等薪酬、计提的固定资产折旧、车间支付的办公费、水电费等费用；贷方反映按成本核算办法，分配计入有关的成本核算对象的数额；期末应无余额。"制造费用"账户按不同的车间、部门分别设置明细分类账，并按费用项目设置专栏，进行明细核算。

3. "库存商品"账户

"库存商品"账户属于资产类账户，用来核算企业库存的各种商品的实际成本或计划成本。该账户的借方反映完工入库产品实际成本或计划成本；贷方反映结转的已售出产品的实际成本或计划成本；该账户余额在借方，反映企业各种库存商品的实际成本或计划成本。"库存商品"账户按库存商品的类别、品种、规格分别设置明细分类账户，进行明细核算。

4. "累计折旧"账户

"累计折旧"账户属于资产类账户，是固定资产的备抵调整账户，用于调整固定资产的价值。该账户贷方反映固定资产折旧的提取数；借方反映企业已提折旧的减少数或转销数；余额在贷方，反映企业提取的固定资产折旧的累计数。

计提折旧表明固定资产价值因磨损而减少。固定资产价值的减少，本应计入"固定资产"的贷方，但历史成本原则规定，各项资产应按取得时的实际成本入账，因此，"固定资产"账户始终核算企业取得固定资产时的历史成本，即原始价值，至于固定资产因使用、磨损而减少的价值，通过"累计折旧"账户进行核算。

5. "应付职工薪酬"账户

"应付职工薪酬"账户属于负债类账户，用于核算企业根据有关规定应付给职工的各种薪酬。该账户借方反映企业按照有关规定向职工支付工资、奖金、津贴、职工福利费、工会经费和职工教育经费以及按照国家有关规定缴纳社会保险费和住房公积金等,贷方反映月末按受益对象分配的应付薪酬数。余额在贷方,反映应付未付的职工薪酬。本科目应当按照"工资"、"职工福利"、"社会保险费"、"住房公积金"、"工会经费"、"职工教育经费"等薪酬项目进行明细核算。

6."管理费用"账户

"管理费用"账户属于损益类账户,用来核算企业为组织和管理企业生产经营所发生的各项费用。包括企业在筹建期间内发生的开办费、董事会和行政管理部门在企业的经营管理中发生的或者应由企业统一负担的公司经费、工会经费、董事会费、聘请中介机构费、咨询费、诉讼费、业务招待费、房产税、车船使用税、土地使用税、印花税、技术转让费、矿产资源补偿费、研究费用、排污费等。该账户借方反映发生的各项管理费用;期末,应将该账户借方发生额合计,通过贷方转入"本年利润"账户,结转后应无余额。"管理费用"账户按费用项目分别设置明细分类账户,进行明细核算。

7."财务费用"账户

"财务费用"账户属于损益类账户,用来核算企业为筹集生产经营所需资金等而发生的筹资费用。包括利息支出(减利息收入)、汇兑差额以及相关的手续费、企业发生的现金折扣或收到的现金折扣等。该账户借方反映利息支出及手续费等筹资费用;贷方登记利息收入;期末,应将该账户借贷方差额转入"本年利润"账户,结转后应无余额。"财务费用"账户按费用项目分别设置明细分类账户,进行明细核算。

8."应付利息"账户

"应付利息"账户属于负债类账户,核算企业按照合同约定应支付的利息。贷方反映企业按相关利率计算确定利息费用;借方反映实际支付利息;余额在贷方,反映应付未付的利息。"应付利息"账户应按照债权人设置明细分类账户,进行明细核算。

三、生产过程主要经济业务核算

(一)材料费用的核算

企业生产产品必定会耗用一定的原材物料。生产部门需用原材料时应填制领料单,向仓库办理领料手续。仓库根据领料单发料后,应将领料凭证递交会计部门,据此入账。会计部门一般在月末编制汇总领料凭证,并据以编制记账凭证。属于生产产品直接耗用的材料,记入"生产成本"账户;属于车间一般性耗用的材料,记入"制造费用";属于行政管理部门耗用的材料,记入"管理费用"。

【例20】 根据领料凭证记录,生产甲产品领用 A 材料 2 000 公斤,计 21 000 元,B 材料 1 500 公斤,计 30 750 元;生产乙产品领用 A 材料 1 800 公斤,计 18 900 元,C 材料 25 000 公斤,计 10 500 元;车间一般性耗用 A 材料 200 公斤,计 2 100 元,行政管理部门耗用 D 材料 75 公斤,计 1 005 元。

分析:生产产品直接耗用的材料,记入"生产成本"账户,车间一般性耗用的材料,记入"制造费用"账户;行政管理部门耗用的,记入"管理费用"账户。该业务使成本费用增加,同时原材料减少。成本费用增加记入借方;原材料属于资产类账户,其减少记入贷方。
编制会计分录为:

   借:生产成本——甲产品   51 750

——乙产品		29 400
制造费用		2 100
管理费用		1 005
贷：原材料——A 材料		42 000
——B 材料		30 750
——C 材料		10 500
——D 材料		1 005

（二）人工费用的核算

产品成本中，不仅包含各种物料消耗成本，而且还包括活劳动成本，即人工成本。人工成本包括企业向职工支付的工资、奖金、津贴、职工福利费等。凡直接生产某种产品的工人各种薪酬，应直接记入"生产成本"；车间管理人员的各种薪酬，记入"制造费用"；厂部管理人员的各种薪酬，记入"管理费用"。

【例21】 提取现金50 000元备发工资。

分析：该业务使库存现金增加，同时银行存款减少。库存现金和银行存款均属于资产类账户，其增加记入借方，减少记入贷方。编制会计分录为：

　　借：库存现金　　　　　　　　　　　　　50 000
　　　　贷：银行存款　　　　　　　　　　　50 000

【例22】 以现金发放职工工资50 000元。

分析：该业务使库存现金减少，同时应付职工薪酬减少。库存现金属于资产类账户，减少记入贷方；应付职工薪酬属于负债类账户，其减少记入借方。编制会计分录为：

　　借：应付职工薪酬　　　　　　　　　　　50 000
　　　　贷：库存现金　　　　　　　　　　　50 000

【例23】 月末，工资按用途分配，其中生产工人工资30 000元，车间生产甲、乙两种产品，其中甲产品生产工时为2 400小时，乙产品工时为2 600小时；车间管理人员工资8 000元，企业行政管理人员工资12 000元（工人工资按产品生产工时比例分配）

分析：由于车间生产甲、乙两种产品，工人工资应在不同产品之间分配，以确定某种产品应承担的工资费用。

工资费用分配率＝30 000÷（2 400＋2 600）＝6（元／小时）

甲产品应分配工资＝2 400×6＝14 400（元）

乙产品应分配工资＝2 600×6＝15 600（元）

编制会计分录为：

　　借：生产成本——甲产品　　　　　　　　14 400
　　　　　　　　——乙产品　　　　　　　　15 600
　　　制造费用　　　　　　　　　　　　　　8 000
　　　管理费用　　　　　　　　　　　　　　12 000
　　　　贷：应付职工薪酬——工资　　　　　50 000

【例24】 以银行存款发放职工福利费7 000，其中生产甲产品工人福利费2 016元，生产乙产品工人福利费2 184元；车间管理人员福利费1 120元，企业行政管理人员福利费1 680元。

分析：职工福利费是指企业为职工提供的福利，如为补助职工食堂、生活困难等。现行准则规定，企业当期实际支付的福利费，可以列入当期成本费用中。

发放福利费时：借：应付职工薪酬——职工福利　　　7 000
　　　　　　　贷：银行存款　　　　　　　　　　　　　　7 000

将发放的福利费记入成本费用中时：
　　借：生产成本——甲产品　　　　　　　　2 016
　　　　　　　——乙产品　　　　　　　　2 184
　　　　制造费用　　　　　　　　　　　　1 120
　　　　管理费用　　　　　　　　　　　　1 680
　　　贷：应付职工薪酬——职工福利　　　　　　7 000

【例25】　提取工会经费1000元。
　　借：管理费用　　　　　　　　　　　　1 000
　　　贷：应付职工薪酬—工会经费　　　　　　1 000

【例26】　企业以现金支付职工林某生活困难补助500元。
　　借：应付职工薪酬——职工福利　　　　　500
　　　贷：库存现金　　　　　　　　　　　　　500

（三）制造费用的核算

制造费用是企业为生产产品而发生的不能直接计入产品成本的各种间接费用。它主要是生产部门（车间）为组织、管理生产和为生产服务而发生的费用，如车间管理人员的工资、福利费、车间耗用的办公费、水电费、劳动保护费等以及因生产产品而引起的，但不能直接记入生产成本的费用，如折旧费、动力费、修理费等。

【例27】　月末，生产车间提取固定资产折旧费20 000元。编制会计分录为：
　　借：制造费用　　　　　　　　　　　　20 000
　　　贷：累计折旧　　　　　　　　　　　　20 000

【例28】　生产车间发生水电费2 500元，以银行存款支付。编制会计分录为：
　　借：制造费用　　　　　　　　　　　　2 500
　　　贷：银行存款　　　　　　　　　　　　2 500

【例29】　生产车间发生设备修理费1 000元，以银行存款支付。编制会计分录为：
　　借：制造费用　　　　　　　　　　　　1 000
　　　贷：银行存款　　　　　　　　　　　　1 000

（四）管理费用的核算

管理费用是指企业为组织和管理企业生产经营所发生的各项费用。正常生产经营期间主要包括公司经费、工会经费、董事会费、业务招待费、研究费用、排污费等。

【例30】　购买办公用品300元，以银行存款支付。
　　借：管理费用　　　　　　　　　　　　300
　　　贷：银行存款　　　　　　　　　　　　300

【例31】　以现金支付招待用餐费500元。
　　借：管理费用　　　　　　　　　　　　500
　　　贷：库存现金　　　　　　　　　　　　500

【例32】 月末,厂部办公楼计提折旧费800元。编制会计分录为:
　　借:管理费用　　　　　　　　　　　　800
　　　贷:累计折旧　　　　　　　　　　　　800

值得注意的是,在新准则中未设置"待摊费用"账户。而根据权责发生制的要求,企业应对已支付而不应由本期全部负担的费用,在其受益期间进行分摊。如企业在订阅报刊杂志时,通常会一次支付半年或一年的费用,在支付费用时就不应将支付的全部费用均作为本期的费用,而应在收到报刊杂志时再确认为当期费用。企业应根据实际情况确定是否增设"待摊费用"账户,如果设置,该账户应属于资产类账户,用来核算企业已经支出,但应由本期和以后各期分别负担的摊销期在1年以内(包括1年)的各项费用。该账户借方反映企业预付的各项由本期和以后各期分别负担的费用;贷方反映分期摊销的费用;余额在借方,反映企业各种已支出但尚未摊销的费用。

　　在实际支付费用时:借:待摊费用
　　　　　　　　　　　　贷:银行存款
　　在各月摊销费用时:借:制造费用(管理费用等)
　　　　　　　　　　　　贷:待摊费用

(五)财务费用的核算

财务费用是指企业为筹集资金而发生的各种费用。财务费用主要包括企业生产经营期间发生的利息支出(减利息收入)、金融机构手续费等。

【例33】 以银行存款支付银行业务手续费50元。编制会计分录为:
　　借:财务费用　　　　　　　　　　　　50
　　　贷:银行存款　　　　　　　　　　　　50

【例34】 计提本期应付借款利息4 200元,其中短期借款利息1 200元,不符合资本化条件的长期借款利息3 000元。编制会计分录为:
　　借:财务费用　　　　　　　　　　　　4 200
　　　贷:应付利息　　　　　　　　　　　　4 200

【例35】 季末,以银行存款支付借款利息3 000元。编制会计分录为:
　　借:应付利息　　　　　　　　　　　　3 000
　　　贷:银行存款　　　　　　　　　　　　3 000

【例36】 收到银行转来的银行存款利息400元,已存入银行存款账户。编制会计分录为:
　　借:银行存款　　　　　　　　　　　　400
　　　贷:财务费用　　　　　　　　　　　　400

(六)其他费用的核算

【例37】 职工王红出差预借差旅费1 000元,付现金。

分析:预借差旅费通过"其他应收款"账户核算。"其他应收款"属于资产类账户,核算企业除应收票据、应收账款、预付账款、应收股利、应收利息等经营活动以外的其他各种应收、暂付的款项。其增加记入借方,减少计入贷方。编制会计分录为:
　　借:其他应收款——王红　　　　　　　1 000
　　　贷:库存现金　　　　　　　　　　　　1 000

【例38】 职工王红出差回来,报销差旅费890元,余款退回。

```
借：库存现金                          110
    管理费用                          890
    贷：其他应收款—王红                    1 000
```

（七）月末分配结转制造费用

制造费用对当期发生的间接费用进行了归集，月末要采用一定的分配方法进行分配结转，转入车间生产的各种产品的成本中。

分配制造费用，要采用一定的分配标准。分配标准应能比较确切地表明各种产品对生产共同耗费的负担比例。一般采用机器工时、生产工人工时、生产工人工资比例等。分配标准选择是否合理，直接影响分配的结果和各种产品成本计算的正确性。

制造费用分配率＝本月制造费用总额÷各种产品生产工时（或工人工资）之和

某产品应负担制造费用＝该产品生产工时（或工人工资）×制造费用分配率

【例39】 本月制造费用34 720元，按工时比例分配，其中甲产品工时1 800小时，乙产品2 200小时。

制造费用分配率＝34720÷（1800＋2200）＝8.68（元/小时）

甲产品负担制造费用＝1800×8.68＝15624（元）

乙产品负担制造费用＝2200×8.68＝19096（元）

制造费用

(20)	2 100
(23)	8 000
(24)	1 120
(27)	20 000
(28)	2 500
(29)	1 000
发生额合计：	34 720

应编制会计分录为：

```
借：生产成本——甲产品              15 624
            ——乙产品              19 096
    贷：制造费用                       34 720
```

（八）结转完工入库产品的生产成本

月末甲、乙产品均已完工并验收入库，其中甲产品1500件，乙产品1 000件。根据前例资料，振兴公司月末编制甲产品、乙产品的成本计算单如表3-1、3-2所示。

表3-1 甲产品成本计算单

成本项目	总成本（元）	单位成本（元）
直接材料	51750	34.50
直接人工	16416	10.94
制造费用	15624	10.42
合　计	83790	55.86

表3-2 乙产品成本计算单

成本项目	总成本（元）	单位成本（元）
直接材料	29400	29.40
直接人工	17784	17.78
制造费用	19096	19.10
合　计	66280	66.28

【例40】 甲产品、乙产品全部完工入库。编制会计分录为：

借：库存商品——甲产品　　　　　　　　83 790
　　贷：生产成本——甲产品　　　　　　　　83 790
借：库存商品——乙产品　　　　　　　　66 280
　　贷：生产成本——乙产品　　　　　　　　66 280

四、生产过程核算程序

生产过程主要核算程序如图 3-4 所示。

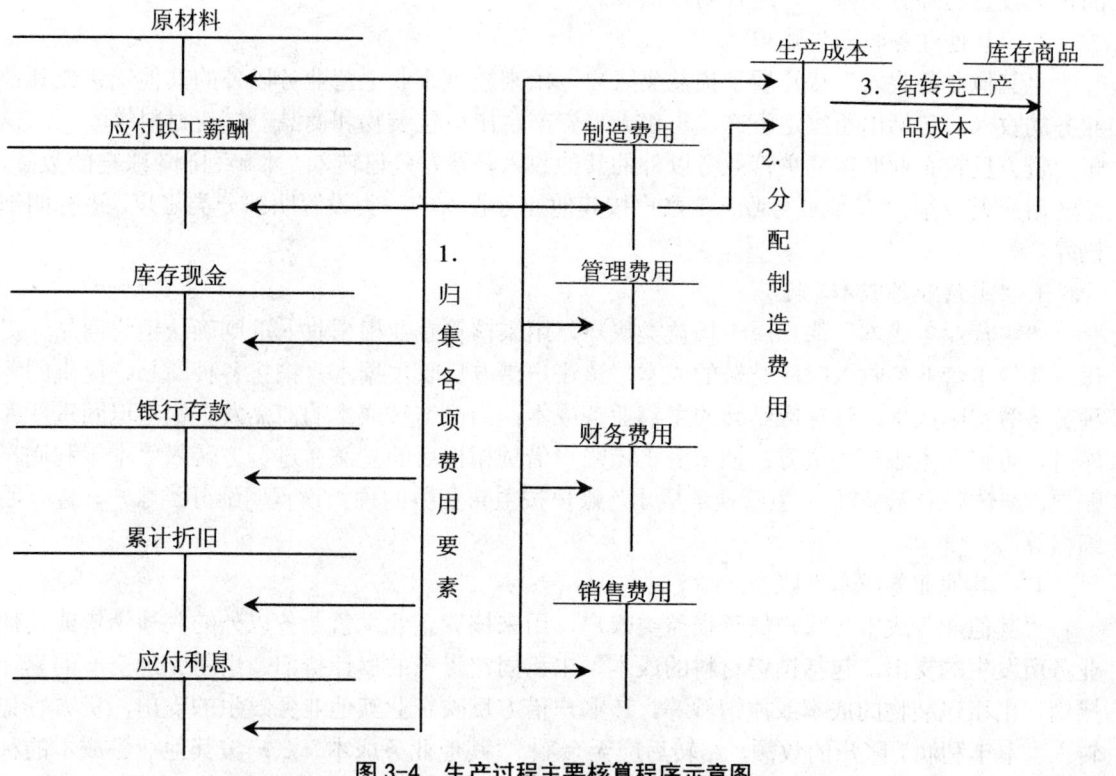

图 3-4　生产过程主要核算程序示意图

第四节　销售过程的核算

一、销售过程核算内容

销售过程是工业企业生产经营过程的最后阶段，是产品价值的实现过程，其主要任务是将生产的产品销售出去，以满足社会的需要，同时取得销售收入，使企业的生产耗费得到补偿。为了顺利地实现产品的销售，还会发生包装费、广告费、运输费等销售费用，还要按国家的规定计算交纳销售税金。因此，销售过程核算的主要内容包括：确认销售收入的实现；与购货方办理价款的结算；结转销售成本；支付各种销售费用；计算交纳销售税金等。

二、设置的主要账户

1. "主营业务收入"账户

"主营业务收入"账户属于损益类账户，用来核算企业根据收入准则确认的销售商品、提供劳务等主营业务的收入。该账户的贷方反映销售商品或提供劳务实现的销售收入；当已确认收入的商品发生销售退回或折让时，可记入本账户借方；期末应将该账户借贷相抵后的差额通过借方转入"本年利润"账户，结转后应无余额。"主营业务收入"账户按主营业务的种类设置明细分类账户，进行明细核算。

2. "其他业务收入"账户

"其他业务收入"账户属于损益类账户，用来核算企业主营业务以外的其他销售或其他业务的收入，包括出租固定资产、出租无形资产、出租包装物和商品、销售材料等收入。该账户贷方反映企业取得的主营业务以外的其他收入，借方登记转入"本年利润"账户的数额，结转后应无余额。"其他业务收入"账户按其他业务收入的种类设置明细分类账户，进行明细核算。

3. "主营业务成本"账户

"主营业务成本"账户属于损益类账户，用来核算企业根据收入准则确认销售商品、提供劳务等主营业务收入时应结转的成本。该账户借方反映根据本月销售各种商品、提供的各种劳务等实际成本，计算应结转的主营业务成本；当已结转成本的商品发生销售退回重新入库时，可记入本账户的贷方；期末应将该账户借贷相抵后的差额通过贷方转入"本年利润"账户，结转后应无余额。"主营业务成本"账户按主营业务的种类设置明细分类账户，进行明细核算。

4. "其他业务成本"账户

"其他业务成本"账户属于损益类账户，用来核算企业主营业务以外的其他销售或其他业务所发生的支出，包括销售材料的成本、出租固定资产的累计折旧、出租无形资产的累计摊销、出租包装物的成本或摊销额等。该账户借方反映企业其他业务发生的支出，贷方登记转入"本年利润"账户的数额，结转后应无余额。"其他业务成本"账户按其他业务成本的种类设置明细分类账户，进行明细核算。

5. "销售费用"账户

"销售费用"账户属于损益类账户，用来核算企业销售商品和材料、提供劳务的过程中发生的各种费用以及专设销售机构的经营费用。该账户借方归集实际发生的销售费用；贷方登记期末转入"本年利润"账户的数额，结转后应无余额。"销售费用"账户按费用项目设置明细分类账户，进行明细核算。

其中各种费用包括保险费、包装费、展览费和广告费、商品维修费、预计产品质量保证损失、运输费、装卸费等，销售费用主要包括销售机构的职工薪酬、业务费、折旧费等。

6. "营业税金及附加"账户

"营业税金及附加"账户属于损益类账户，企业经营活动发生的营业税、消费税、城市维护建设税、资源税和教育费附加等相关税费。该账户借方反映按规定计算确定的与经营活动相关的税费；贷方登记期末转入"本年利润"账户的数额，结转后应无余额。增值税作为价外税，其核算不通过本账户。

7. "应收账款"账户

"应收账款"账户属于资产类账户,用来核算企业因销售商品、产品、提供劳务等经营活动应收取的款项。该账户借方反映应向购货方收取的款项;贷方反映已收回的货款或确认的坏账;余额在借方,反映企业尚未收回的应收账款。"应收账款"账户按购货单位或接受劳务单位设置明细分类账户,进行明细核算。

8. "应收票据"账户

"应收票据"账户属于资产类账户,用来核算企业因销售商品、产品、提供劳务等而收到的商业汇票,包括银行承兑汇票和商业承兑汇票。该账户的借方反映取得的应收票据的面值;贷方反映票据到期收回的票款;余额在借方,反映企业持有的商业汇票的票面金额。"应收票据"账户按开出承兑商业汇票的单位设置明细分类账户,进行明细核算。

9. "预收账款"账户

"预收账款"账户属于负债类账户,用来核算企业按照合同规定向购货单位预收的款项。该账户的贷方反映企业向购货单位预收的款项和购货单位补付的款项;借方反映企业向购货单位发货后冲销的预收款项和退回购货单位多付的预付账款;期末余额一般在贷方,反映企业向购货单位已预收但尚未发货的数额。"预收账款"账户按照购货单位设置明细分类账户,进行明细核算。

10. "坏账准备"账户

"坏账准备"账户属于备抵调整账户,用来核算企业应收款项等发生减值时计提的减值准备。该账户贷方反映当期计提的坏账准备金额;借方反映实际发生的坏账损失金额和冲减的坏账准备金额;期末余额一般在贷方,反映企业已计提但尚未转销的坏账准备。

三、销售收入的核算

(一)销售收入的确认条件

企业销售商品时,如同时符合以下5个条件,即可确认为收入:

1. 企业已将商品所有权上的主要风险和报酬转移给买方

风险主要指商品由于贬值、损坏、报废等造成的损失;报酬是指商品中包含的未来经济利益,包括商品因升值等给企业带来的经济利益。判断一项商品所有权上的主要风险和报酬是否已转移给买方,需要视不同情况而定:

(1)大多数情况下,其转移是伴随所有权凭证的转移或实物的交付而转移,如大多数零售交易。

(2)有些情况下,企业已将所有权凭证或实物交付给买方,但商品所有权上的主要风险和报酬并未转移,如委托代销、附退回条件的商品销售。在此情况下发出商品时,不能确认收入的实现。

(3)有些情况下,企业已将商品所有权上的主要风险和报酬转移给买方,但实物尚未交付。如交款提货销售方式,可在收到款项时,确认收入的实现,而无论对方是否将商品提走。

2. 企业既没有保留通常与所有权相联系的继续管理权,也没有对已售出的商品实施控制

企业将商品所有权上的主要风险和报酬转移给买方后,如仍然保留通常与所有权相联系的管理权,或仍然对售出的商品实施控制,则此项销售不能成立,不能确认相应的销售收入。如果企业对售出的商品保留了与所有权无关的管理权,则不受此条限制。例如,房地产企业

将开发的房产出售后,保留了对该房地产的物业管理权。由于此项管理权与房产所有权无关,房地产销售成立。而对于售后回租业务由于企业在销售该商品后继续保留了与商品所有权相联系的继续管理权,说明商品所有权上的主要风险和报酬没有转移,销售交易不能成立,不应确认销售收入。

3. 相关的经济利益很可能流入企业

经济利益,是指直接或间接流入企业的现金或现金等价物。在销售商品的交易中,与交易相关的经济利益即为销售商品的价款。很可能流入企业指销售价款收回的可能行超过50%。销售款能否收回,是收入确认的一个重要条件。一般情况下,企业售出商品符合合同或协议规定的要求,并已将发票账单交付买方,买方也承诺付款,即表明销售商品的价款很可能收回。如果企业在销售时已知买方出现巨额亏损、资金周转困难等,就可能会出现与销售相关的经济利益不能流入企业的情况,不应确认销售收入。

4. 收入的金额能够可靠地计量

收入的金额能够可靠地计量,是指收入的金额能够合理地估计。在销售商品时,商品售价通常已确定。但由于销售商品过程中某些不确定因素的影响,也有可能存在销售价格变动的情况,此时新的售价尚未确定前,不应确认销售收入。

5. 相关的已发生或将发生的成本能够可靠的计量

根据收入与成本费用的配比原则,与同一项销售有关的收入和成本应在同一会计期间予以确认。因此,成本不能可靠计量,相关的收入也就不能确认。

相关的已发生或将发生的成本能够可靠地计量,是指与销售商品有关的已发生或将发生的成本能够合理的估计。一般包括库存商品的成本、商品运输费用等。若成本不能合理估计,此时企业不应确认收入,若已收到价款,应将已收到的价款确认为负债。

(二)主营业务收入的核算

企业的销售方式多种多样,即包括现销、赊销、预收货款销售等一般销售方式,也包括分期收款销售、委托销售、销售折扣与折让等特殊销售方式。这里我们仅针对一般销售方式下,当销售业务发生,符合收入确认原则时,借记"银行存款"、"应收账款"、"应收票据"、"预收账款"等账户;贷记"主营业务收入"、"应交税费——应交增值税(销项税额)"等账户。其中,货款已入账的,借方记入"银行存款"账户;只是取得收款权利,货款尚未取得的,借方记入"应收账款"账户;货款已经预收的,借方记入"预收账款"账户;收到商业汇票的,借方记入"应收票据"账户。

【例41】 向天华公司销售甲产品800件,单价100元,增值税率17%,货已发出,收到支票送存银行。

分析:该笔销售业务符合收入确认原则,银行存款增加,销售收入增加,增值税销项税额增加。编制会计分录为:

借:银行存款　　　　　　　　　　　　　　　　93 600
　　贷:主营业务收入——甲产品　　　　　　　　　80 000
　　　　应交税费——应交增值税(销项税额)　　　13 600

【例42】 向红星公司销售乙产品500件,单价120元,增值税率17%,货已发出并办妥托收手续,款项尚未收到。

分析:该笔销售业务符合收入确认原则,应收账款增加,销售收入增加,增值税销项税额增加。编制会计分录为：

  借：应收账款——红星工厂   70 200
    贷：主营业务收入——乙产品   60 000
      应交税费——应交增值税（销项税额） 10 200

【例43】 向红星公司索要货款，收到一张三个月期限的商业承兑汇票。

分析：该笔业务使应收票据增加，应收账款减少。编制会计分录为：

  借：应收票据——红星工厂   70 200
    贷：应收账款——红星工厂   70 200

【例44】 三个月后票据到期，红星工厂支付票据款。

分析：该笔业务使银行存款增加，应收票据减少。编制会计分录为：

  借：银行存款   70 200
    贷：应收票据——红星工厂   70 200

【例45】 收到华夏公司预付的购货款130 000元。

分析：该笔业务使银行存款增加，预收账款增加。编制会计分录为：

  借：银行存款   130 000
    贷：预收账款——华夏公司   130 000

【例46】 向华夏公司发出甲产品500件，单价100元，乙产品500件，单价120元，增值税率17%，已办妥托收手续。

分析：该笔业务使预付账款减少，销售收入增加，应交税费增加。编制会计分录为：

  借：预付账款   67 275
    贷：主营业务收入——甲产品   50 000
        ——乙产品   60 000
      应交税费——应交增值税（销项税额） 18 700

【例47】 将多余的预付款1 300元通过银行退回华夏公司。

分析：该笔业务使银行存款减少，预收账款减少。编制会计分录为：

  借：预收账款——华夏公司   1 300
    贷：银行存款   1 300

（三）其他销售业务收入的核算

  企业对于发生的出租固定资产、出租无形资产、出租包装物和商品、销售材料等主营业务以外的其他销售或其他业务的收入，应通过"其他业务收入"进行核算。

【例48】 企业出售不需用材料一批，价款3 000元，增值税510元。已存入银行。

分析：销售材料属于主营业务以外的其他业务，其收入应计入其他业务收入账户的贷方。

  借：银行存款   3 510
    贷：其他业务收入   3 000
      应交税费——应交增值税（销项税额） 510

四、计算结转销售成本

  销售成本是为取得主营业务收入或其他业务收入，而发生的生产产品的实际成本或其他业务成本。其中，结转主营业务销售成本使主营业务成本增加，记入该账户的借方，同时库存商品减少，记入该账户的贷方。

销售成本＝产品的单位生产成本×产品销售数量

【例49】 结转本月产品的销售成本，其中销售甲产品 1 300 件，单位成本 55.86 元，销售乙产品 1 000 件，单位成本 66.28 元。

甲产品销售成本＝55.86×1300＝72618（元）
乙产品销售成本＝66.28×1000＝66280（元）

借：主营业务成本——甲产品　　　72 618
　　　　　　　　　——乙产品　　　66 280
　　贷：库存商品——甲产品　　　　72 618
　　　　　　　　——乙产品　　　　66 280

【例50】 结转销售材料的成本 2 500 元。

借：其他业务成本　　　　　　　　2 500
　　贷：原材料　　　　　　　　　　2 500

五、销售费用的核算

销售费用是指企业在销售过程中发生的费用，包括运输费、装卸费、包装费、保险费、展览费和广告费，以及为销售本企业商品而专设的销售机构的职工工资及福利费、业务费等经营费用。

【例51】 用银行存款支付产品展览费 3 000 元 。

分析：该业务使银行存款减少，销售费用增加。编制会计分录为：

借：销售费用　　　　　　　　　　3 000
　　贷：银行存款　　　　　　　　　3 000

六、营业税金及附加的核算

营业税金及附加是指企业经营活动发生的营业税、消费税、城市维护建设税、资源税和教育费附加等相关税费。其中，消费税是指在我国境内生产、委托加工和进口应税消费品的单位和个人，按其流转额交纳的一种税。营业税是指在我国境内提供应税劳务、转让无形资产和销售不动产的单位和个人征收的一种税。城市维护建设税和教育费附加属于附加税费，是按企业当期实际缴纳的增值税、消费税和营业税税额的一定比例计算的，税率视纳税人所在地不同，而有所区别。例如，天津市的城市维护建设税税率为 7%，教育费附加的提取比例为 3%。附加税费计算公式为：

附加税应纳税额＝（应交增值税＋应交消费税＋应交营业税）×适用税率

增值税作为商品流转环节的一个重要税种，属于价外税，实行税款抵扣制度。对于一般纳税人而言，购进材料时支付的税额形成"进项税额"，销售商品收取的税额形成"销项税额"。企业当期应交纳的增值税计算公式为：

当期应交增值税＝当期的销项税额－当期的进项税额

【例52】 根据前述业务，本月应交增值税进项税额 23 205 元，销项税额 43 010 元，无其他税金。计算应交城市维护建设税和教育费附加。

分析：当期应交增值税＝43010－23205＝19805（元）
应交城市维护建设税＝19805×7%＝1386.35（元）

应交教育费附加＝19805×3%＝594.15（元）

编制会计分录为：

  借：营业税金及附加   1 980.50
    贷：应交税费——应交城市维护建设税   1 386.35
        ——教育费附加   594.15

【例53】 以银行存款支付上述税费。

分析：该业务使银行存款减少，同时应交税费减少。应编制会计分录为：

  借：应交税费——应交增值税（已交税金） 19 805.00
       ——应交城市维护建设税 1 386.35
       ——教育费附加   594.15
    贷：银行存款   21 785.50

七、坏账准备的提取与冲销

企业采用赊销政策会产生大量的应收账款，这些应收账款随着时间的推移和外部环境的变化，有可能全部或部分收不回来，从而给企业带来经济损失，这种损失称为坏账损失。为避免坏账损失对企业产生重大不利影响，企业应在资产负债表日对应收款项的账面价值进行检查，有客观证据表明该应收款项发生减值的，应将账面价值与预计未来现金流量现值的差，确认为减值损失，计提坏账准备。对于企业确实无法收回的应收款项，按管理权限报经批准后，冲减已计提的坏账准备。坏账损失的估计方法主要有应收账款余额百分比法、账龄分析法和销货百分比法，企业可自行确定坏账准备的计提方法和计提比例。

【例54】 前期销售给韩光公司的货款3 000元，因购货方发生重大火灾，估计无法收回。企业按该笔货款的全额计提坏账准备。

分析：当有客观证据表明该应收款项发生减值时，应确认为减值损失，计提坏账准备。由于购货方发生重大火灾，企业全额计提坏账准备。该业务使资产减值损失增加，记入借方，坏账准备增加，记入贷方。编制会计分录为：

  借：资产减值损失——计提的坏账准备 3 000
    贷：坏账准备   3 000

【例55】 经协商购货方确实无力支付该笔货款，报经批准后作为坏账处理。

分析：该业务使应收账款减少，记入贷方，坏账准备减少，记入借方。编制会计分录为：

  借：坏账准备   3 000
    贷：应收账款——韩光公司   3 000

八、销售过程核算程序

销售过程主要核算程序如图3-5所示。

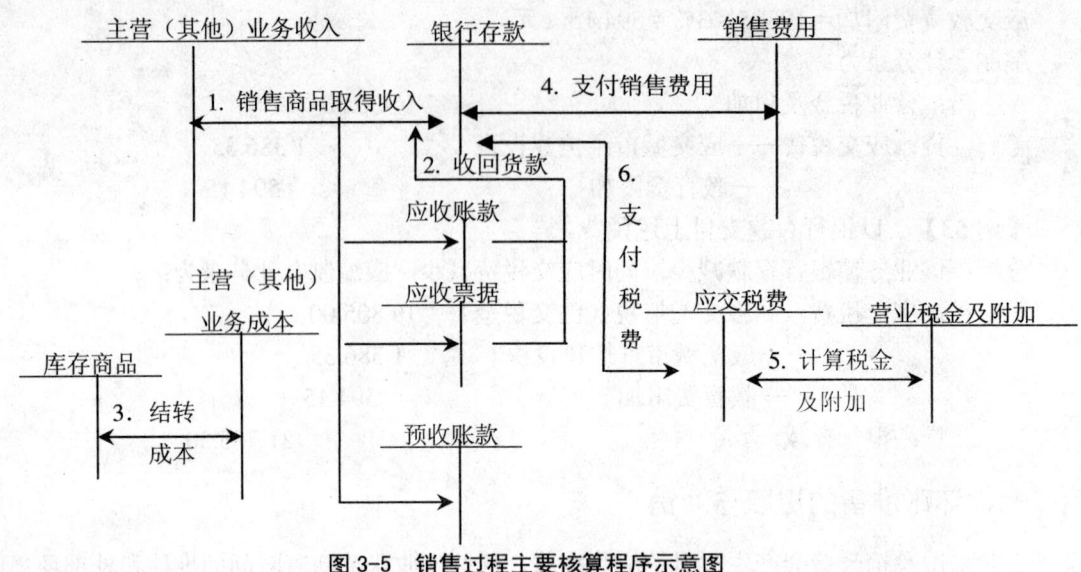

图 3-5 销售过程主要核算程序示意图

第五节 财务成果的核算

企业作为独立的经济实体，应当以自己的经营收入抵补其支出，并且实现盈利。企业盈利的大小在很大程度上反映企业生产经营的经济效益，表明企业在每一会计期间的最终经营成果。财务成果的核算内容包括财务成果的形成与分配两部分。具体包括损益类账户的结转、计算结转所得税、提取盈余公积、向投资者分配利润等。

一、利润的构成

企业的利润包括收入减去费用后的净额、直接计入当期利润的利得和损失等。

（一）营业利润

营业利润＝营业收入－营业成本－营业税金及附加－销售费用－管理费用－财务费用－资产减值损失＋公允价值变动收益（－公允价值变动损失）＋投资收益（－投资损失）

其中，营业收入是指企业经营业务所确认的收入总额，包括主营业务收入和其他业务收入。

营业成本是指企业经营业务所发生的实际成本总额，包括主营业务成本和其他业务成本。

资产减值损失是指企业计提各项资产减值准备所形成的损失。

公允价值变动收益（或损失）是指企业交易性金融资产等公允价值变动形成的应计入当期损益的利得（或损失）。

投资收益（或损失）是指企业以各种方式对外投资所取得的收益（或发生的损失）。

（二）利润总额

利润总额＝营业利润＋营业外收入－营业外支出

其中，营业外收入是指企业发生的与其日常活动无直接关系的各项利得。营业外支出是指企业发生的与其日常活动无直接关系的各项损失。

（三）净利润

净利润＝利润总额－所得税费用

其中，所得税费用是指企业确认的应从当期利润总额中扣除的所得税费用。

二、设置的主要账户

1．"投资收益"账户

"投资收益"账户属于损益类账户，用来核算企业根据长期股权投资准则确认的投资收益或投资损失。该账户贷方反映企业取得的投资收益；借方反映企业发生的投资损失；期末将借贷相抵后的差额转入"本年利润"账户，结转后应无余额。

2．"营业外收入"账户

"营业外收入"账户属于损益类账户，用来核算企业发生的与其经营活动无直接关系的各项净收入，主要包括处置非流动资产利得、罚没利得、政府补助利得、确实无法支付而按规定程序经批准后转作营业外收入的应付款项、捐赠利得、盘盈利得等。该账户贷方反映企业发生的与其经营活动无直接关系的各项净收入；借方登记转入"本年利润"账户的数额，结转后应无余额。

3．"营业外支出"账户

"营业外支出"账户属于损益类账户，用来核算企业发生的与其经营活动无直接关系的各项净支出，包括处置非流动资产损失、罚款支出、捐赠支出、非常损失等。该账户借方反映企业发生的与其经营活动无直接关系的各项净支出，贷方登记转入"本年利润"账户的数额，结转后应无余额。

包括处置非流动资产损失、非货币性资产交换损失、债务重组损失、罚款支出、捐赠支出、非常损失等。

4．"本年利润"账户

"本年利润"账户属于所有者权益类账户，用来核算企业本年度实现的净利润或发生的净亏损。该账户贷方反映期末转入的各项收入和利得，借方反映期末转入的各项成本、费用。年度终了，将本年收入与支出相抵后，差额在贷方，反映企业本年实现的净利润；差额在借方，反映企业本年发生的净亏损；将借贷方的差额转入"利润分配"账户，结转后年末应无余额。

5．"所得税费用"账户

"所得税费用"账户属于损益类账户，用来核算企业根据所得税准则确认的应从当期利润总额中扣除的所得税费用。该账户借方反映本期应交所得税金额，期末通过贷方转入"本年利润"账户，结转后应无余额。

6．"利润分配"账户

"利润分配"账户属于所有者权益类账户，用来核算企业利润的分配情况（或亏损的弥补）和历年分配（或弥补）后的积存余额。该账户贷方反映年末由"本年利润"账户转入全年实现的净利润；借方反映年末由"本年利润"账户转入的全年发生的净亏损和利润分配的数额；期末余额如在贷方，反映企业历年积存的未分配利润，如在借方，反映企业累计未弥补的亏损。"利润分配"账户应设置"提取法定盈余公积"、"提取任意盈余公积"、"应付现金股利或利润"、"转作股本的股利"、"盈余公积补亏"和"未分配利润"等明细账户。

7. "盈余公积"账户

"盈余公积"账户属于所有者权益类账户,用来核算企业从净利润中提取的盈余公积。该账户贷方反映盈余公积的提取数;借方反映用盈余公积弥补亏损或转增资本而减少的数额;余额在贷方,反映企业提取的盈余公积余额。"盈余公积"账户设置"法定盈余公积金"、"任意盈余公积金"、"法定公益金"等明细账户。

三、财务成果的核算

（一）利润形成的核算

【例 56】 因供货单位违约,按合同规定收取违约金 5 000 元,已存入银行账户。

分析:违约金属于罚款收入,与企业正常的生产经营活动无关,收到该笔款项时,应记入营业外收入账户。该业务使银行存款增加,营业外收入增加。编制会计分录为:

  借:银行存款   5 000
    贷:营业外收入   5 000

【例 57】 用银行存款向希望小学捐款 2 000 元。

分析:企业对外捐赠的支出与生产经营无关,应记入营业外支出。该业务使银行存款减少,营业外支出增加。编制会计分录为:

  借:营业外支出   2 000
    贷:银行存款   2 000

期末将所有损益类账户的余额结转至"本年利润"账户。

【例 58】 将收入类账户余额结转"本年利润"。其中,主营业务收入 190 000 元,其他业务收入 3 000 元,营业外收入 5 000 元。编制会计分录为:

  借:主营业务收入   190 000
    其他业务收入   3 000
    营业外收入   5 000
    贷:本年利润   198 000

【例 59】 将有关成本费用账户余额结转"本年利润"。其中,主营业务成本 138 898 元,其他业务成本 2 500 元,销售费用 3 000 元,营业税金及附加 1 980.50 元,管理费用 18 175 元,财务费用 3 850 元,营业外支出 2 000 元,资产减值损失 3 000 元。编制会计分录为:

  借:本年利润   173 403.50
    贷:主营业务成本   138 898.00
      其他业务成本   2 500.00
      营业税金及附加   1 980.50
      销售费用   3 000.00
      管理费用   18 175.00
      财务费用   3 850.00
      营业外支出   2 000.00
      资产减值损失   3 000.00

利润总额＝198000－173403.50＝24596.50（元）

【例60】 计算并结转所得税费用，企业所得税税率为25％（假设不考虑纳税调整事项）。

1. 计算应交所得税： 应交所得税＝24596.50×25％＝6149.13（元）

  借：所得税费用   6 149.13
   贷：应交税费——应交所得税   6 149.13

2. 将所得税结转本年利润

  借：本年利润   6 149.13
   贷：所得税费用   6 149.13

利润形成的核算程序如图3-6所示。

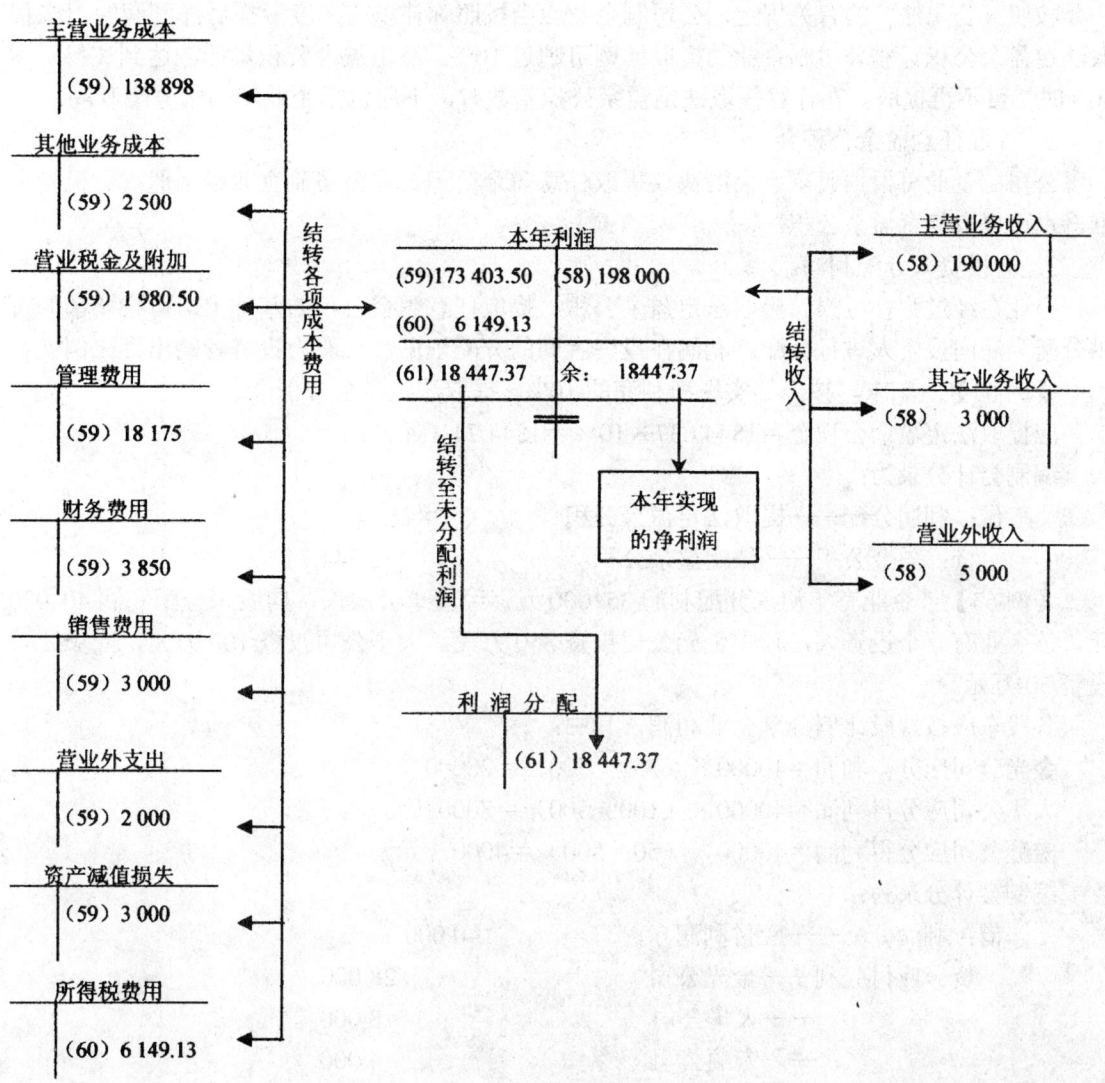

图3-6 利润形成核算程序示意图

【例61】 年末，将"本年利润"账户累计实现的利润结转"利润分配"。

本期净利润＝24596.50－6149.13＝18447.37（元）

借：本年利润　　　　　　　　　　　　　　　18 447.37
　　贷：利润分配——未分配利润　　　　　　　　　　18 447.37

（二）利润分配的核算

利润分配是指企业根据国家有关规定和企业章程、投资者协议等，对企业当年可供分配的利润进行分配。

可供分配的利润＝当年实现的净利润＋年初未分配利润（或－年初未弥补亏损）
　　　　　　　　＋其他转入

利润分配的顺序：

1. 提取法定盈余公积。

按照《公司法》的有关规定，公司制企业应当按照弥补以前年度亏损后净利润的10%提取法定盈余公积。非公司制企业的提取比例可超过10%。法定盈余公积累计额达到注册资本50%时，可不再提取。在计算提取法定盈余公积基数时，不应包括企业年初未分配利润。

2. 提取任意盈余公积金。

公司制企业可根据股东大会的决议提取任意盈余公积。非公司制企业经类似权利机构批准，也可提取任意盈余公积。

3. 向投资人分配利润。

企业在经过弥补亏损、提取法定盈余公积、提取任意盈余公积的基础上，可将剩余的可供分配利润向投资人进行分配。利润在投资者间的分配依据，一般为投资者的出资比例。

【例62】　年末，按当年实现净利润的10%，提取法定盈余公积金。

应提取法定盈余公积金＝18447.37×10％＝1844.74（元）

编制会计分录为：

借：利润分配——提取法定盈余公积　　　　1 844.74
　　贷：盈余公积——法定盈余公积　　　　　　　1 844.74

【例63】　企业有年初未分配利润35 000元，经董事会决议，向股东分配利润40 000元。该企业有三个投资人，其中金光公司投资350万元，大华公司投资100万元，宏顺公司投资50万元。

各股东应按持股比例分享企业利润。其中：

金光公司应分得利润＝40000×（350／500）＝28000（元）
大华公司应分得利润＝40000×（100／500）＝8000（元）
宏顺公司应分得利润＝40000×（50／500）＝4000（元）

编制会计分录为：

借：利润分配——应付利润　　　　　　　　40 000
　　贷：应付股利——金光公司　　　　　　　　　28 000
　　　　　　——大华公司　　　　　　　　　　　8 000
　　　　　　——宏顺公司　　　　　　　　　　　4 000

【例64】　企业以银行存款向投资人支付利润。编制会计分录为：

借：应付股利——金光公司　　　　　　　　28 000
　　　　——大华公司　　　　　　　　　　8 000
　　　　——宏顺公司　　　　　　　　　　4 000

　　　　贷：银行存款　　　　　　　　　　　40 000
【例65】　将利润分配各明细账户结转未分配利润。编制会计分录为：
　　　　借：利润分配——未分配利润　　　　41 844.74
　　　　　　贷：利润分配——提取盈余公积　　　1 844.74
　　　　　　　　　　　　——应付利润　　　　40 000.00

　　注：年末结转后，只有"利润分配——未分配利润"账户有余额，反映的是历年累计的未分配利润（贷方余额）或未弥补亏损（借方余额）。"本年利润"及"利润分配"的其他明细账户均无余额。

复习思考题

1. 企业资金来源的主要渠道有哪些？
2. 材料采购成本包括哪些？如何计算？
3. 什么是生产费用和产品制造成本？
4. 什么是制造费用？如何归集和分配结转？
5. 期间费用包括哪些内容？如何核算？
6. 什么是主营业务成本？如何确定和结转主营业务成本？
7. 简述利润的构成。
8. 企业的财务成果如何核算？
9. "本年利润"账户如何结转？
10. 如何进行利润分配？

练 习 题

一、单项选择题
1. 采购员出差预借差旅费时，应借记（　　）账户。
　　A．其他应收款　　　　　　　　　B．管理费用
　　C．物资采购　　　　　　　　　　D．制造费用
2. 应付账款按（　　）设置明细分类账。
　　A．债务人　　　　　　　　　　　B．产品品种
　　C．币种　　　　　　　　　　　　D．债权人
3. 采购过程一般会涉及（　　）。
　　A．增值税　　　　　　　　　　　B．消费税
　　C．营业税　　　　　　　　　　　D．所得税
4. "生产成本"账户的贷方登记（　　）。
　　A．为生产产品发生的各项费用
　　B．完工入库产品的成本

C. 已售产品的生产成本
D. 期末转入"本年利润"账户的成本

5. 下列会计账户中（　　）账户的期末余额一般在借方。
   A. 累计折旧　　　　　　　　　　B. 生产成本
   C. 资本公积　　　　　　　　　　D. 实收资本

6. "制造费用"科目的余额，在月末分配计入（　　）科目。
   A. 管理费用　　　　　　　　　　B. 销售费用
   C. 主营业务成本　　　　　　　　D. 生产成本

7. "所得税费用"账户的贷方登记（　　）。
   A. 转入"本年利润"账户的所得税　　B. 实际缴纳的所得税
   C. 应由本企业负担的所得税　　　　D. 转入"生产成本"账户的所得税

8. 不属于利润分配的内容有（　　）。
   A. 提取法定盈余公积金　　　　　B. 提取任意盈余公积金
   C. 向投资人分配利润　　　　　　D. 交纳所得税

9. 产品的制造成本包括产品制造过程中的直接材料费、直接人工费和（　　）三部分。
   A. 营业费用　　　　　　　　　　B. 管理费用
   C. 制造费用　　　　　　　　　　D. 销售费用

10. 某公司本月销售商品货款总计160 000元，实际收到120 000元，余款暂未收到；本月预收下期销售商品的货款60 000元。按照权责发生制要求，该公司本月实现的商品销售收入为（　　）元。
    A. 300 000　　　　　　　　　　B. 60 000
    C. 160 000　　　　　　　　　　D. 120 000

11. （　　）类账户通常只有当期发生额而没有期末余额。
    A. 负债　　　　　　　　　　　　B. 损益
    C. 所有者权益　　　　　　　　　D. 成本

12. 按照复式记账法的规则，一项经济业务发生后，会计等式的平衡关系（　　）。
    A. 肯定会破坏　　　　　　　　　B. 可能会破坏
    C. 肯定不会破坏　　　　　　　　D. 可能会有影响

13. 某企业本期主营业务收入为1 000万元，主营业务成本为700万元，销售费用为50万元，营业外收入为5万元，营业外支出为8万元，营业税金及附加为56万元，所得税为60万元。假定不考虑其他因素，该企业本期利润总额为（　　）万元。
    A. 131　　　　　　　　　　　　B. 191
    C. 247　　　　　　　　　　　　D. 194

14. 对生产车间使用的固定资产计提折旧时，应借记（　　）账户。
    A. 生产成本　　　　　　　　　　B. 管理费用
    C. 营业费用　　　　　　　　　　D. 制造费用

15. 某企业2007年12月份发生制造费用5000元，该企业生产A、B、C三种产品，A产品耗用工时1000小时，B产品耗用工时1000小时，C产品耗用工时500小时，制造费用分配率是（　　）。

A. 2   B. 0.5
C. 2.5   D. 5

二、多项选择题

1. 下列项目中，（   ）属于期间费用。
   A. 管理费用   B. 制造费用
   C. 财务费用   D. 销售费用
2. 下列项目中，（   ）属于应计入产品成本的费用。
   A. 材料费用   B. 制造费用
   C. 间接费用   D. 直接人工
3. 下列费用中，应计入管理费用的有（   ）。
   A. 生产产品领用的材料   B. 管理部门人员福利费
   C. 管理部门办公费   D. 车间管理人员工资
4. 构成材料采购成本的项目是（   ）。
   A. 买价   B. 运杂费
   C. 运输途中的合理损耗   D. 入库前的整理挑选费
5. 分配制造费用可以按（   ）比例进行。
   A. 工人工资   B. 机器工时
   C. 工作小时   D. 材料重量
6. 下列项目中属于"营业外收入"账户核算内容的有（   ）。
   A. 材料销售收入   B. 固定资产盘盈
   C. 罚款收入   D. 教育费附加返还款
7. 下列各项中，年终结转后应无余额的科目有（   ）。
   A. 管理费用   B. 本年利润
   C. 制造费用   D. 生产成本
8. 与"应交税费"账户借方发生对应关系的账户可能有（   ）。
   A. 银行存款   B. 应收账款
   C. 应付账款   D. 预付账款
9. 在利润表中，与计算"营业利润"有关的项目是（   ）。
   A. 其他业务收入   B. 其他业务成本
   C. 营业外收入   D. 营业外支出
10. 管理费用包括下列（   ）内容。
    A. 企业办公费   B. 销售网点业务费
    C. 业务招待费   D. 行政人员工资

三、判断题

1. 购买材料的运费应计入采购成本。（   ）
2. "增值税"是主营业务收入的抵减项目。（   ）
3. 企业接受投资者投入的资本，在持续经营期间不得随意抽回。（   ）
4. 直接生产费用应计入"生产成本"科目，间接生产费用则应计入"期间费用"科目。（   ）

5. "所得税费用"是一项费用，而非利润分配。（   ）

6. "在途物资"账户期末一定无余额。（   ）

四、各环节经济业务核算练习

习题一

（一）目的：练习资金筹集的核算。

（二）资料：北方公司 2008 年 6 月发生的部分会计事项如下：

1. 接受爱民工厂投资 4 000 000 元，其中 3 000 000 元为固定资产投资，固定资产已交付使用，其余 1 000 000 元为货币投资，已存入银行存款账户。

2. 以银行存款购买机器设备 750 000 元，机器设备已交付使用。

3. 向银行申请取得期限为三年的借款 150 000 元，已存入银行存款账户。

4. 接受国家投资的新建厂房一栋，价值 500 000 元。

5. 收到向阳公司投入的货币资金 500 000 元人民币，存入银行存款账户。

6. 用银行存款归还已到期的两年期借款本息共计 120 000 元。

7. 因临时需要向银行申请三个月期借款 50 000 元，存入银行存款账户。

8. 收到飞龙工厂一项专利权投资，确认其价值为 500 000 元。

9. 用银行存款归还已到期的期限为六个月的借款 60 000 元。

（三）要求：根据上述经济业务编制会计分录。

习题二

（一）目的：练习采购过程的核算。

（二）资料：北方公司 2008 年 6 月发生的材料采购过程的会计事项如下：

1. 从永昌工厂购入 A 材料 600 千克，买价 30 000 元，增值税额 5 100 元，B 材料 400 千克，买价 8 000 元，增值税额 1 360 元，款项已用银行存款支付，材料尚未到达。

2. 以银行存款支付 A、B 材料的运费 500 元，运费按重量进行分配，材料已到达并验收入库。

3. 从宏远工厂购入 C 材料 200 千克，买价 50 000 元，增值税额 8 500 元，D 材料 100 吨，买价 30 000 元，增值税额 5 100 元。已从宏远公司预收货款 100 000 元，材料已验收入库。

4. 将多收的预收款项 6400 元退回宏远公司。

5. 从新兴工厂购入 A 材料 300 千克，买价 15 000 元，增值税额 2 550 元，C 材料 100 千克，买价 25 000 元，增值税额 4 250 元，运费共计 200 元，按重量进行分配。款项用银行存款支付，材料已验收入库。

6. 从重阳工厂购入 D 材料 80 千克，买价 24 000 元，增值税额 4 080 元，对方代垫运杂费 150 元，全部款项以一张三个月期商业承兑汇票支付，材料尚未到达。

7. 从重阳工厂购入的 D 材料到达并验收入库。

8. 购入需安装机器设备一台，以银行存款支付价款 50 000 元。

9. 以银行存款支付设备运输费 1 500 元，安装调试费 400 元。

10. 设备完工可以投入使用。

（三）要求：根据以上经济业务编制会计分录。

习题三

（一）目的：练习生产过程的核算。

（二）资料：北方公司 2008 年 6 月发生的生产过程会计事项如下：

1. 生产甲产品领用 A 材料 400 千克，单价 50 元，领用 C 材料 100 千克，单价 250 元；生产乙产品领用 B 材料 200 千克，单价 20 元，领用 D 材料 50 千克，单价 300 元，生产车间领用 A 材料 50 千克，管理部门领用 A 材料 30 千克。

2. 采购员孙岩出差，预借差旅费 4 000 元，用现金支付。

3. 用银行存款支付生产车间修理费 1 300 元。

4. 采购员孙岩出差回来，报销差旅费 3 800 元，退回余款 200 元。

5. 从银行提取现金 50 000 元，以备发放工资。

6. 以现金发放工资 50 000 元。

7. 用银行存款支付本月电费，共计 30 000 元；其中生产车间 22 000 元，管理部门 8 000 元。

8. 计提本期应付短期借款利息 200 元。

9. 用银行存款支付本季度短期借款利息 600 元。

10. 结算本月应付职工工资 50 000 元，其中生产甲产品工人工资 20 000 元，生产乙产品工人工资 15 000 元，车间管理人员工资 6 000 元，企业管理人员工资 9 000 元.

11. 以现金发放职工福利费 7000 元，其中，生产甲产品工人福利费 2 800 元，生产乙产品工人福利费 2 100 元；车间管理人员福利费 840 元，企业行政管理人员福利费 1 260 元。

12. 提取工会经费 1000 元。

13. 以银行存款支付职工培训费 5 000 元。

14. 计提本月固定资产折旧 3 860 元，其中生产车间提取 2 360 元，管理部门提取 1 500 元。

15. 按甲产品和乙产品生产工人工资比例分配并结转本月制造费用。

16. 本月投产甲产品 800 件，乙产品 400 件，全部完工入库。计算并结转完工入库产品的生产成本。

（三）要求：根据以上经济业务编制会计分录。

习题四

（一）目的：练习销售过程的核算。

（二）资料：北方公司 2008 年 6 月发生的销售过程的会计事项如下：

1. 销售给五环工厂甲产品 200 件，单位售价 200 元，增值税额 6 800 元，款项已收，存入银行存款户；

2. 用银行存款支付产品广告费 15 000 元。

3. 销售给光明工厂乙产品 300 件，单位售价 300 元，增值税额 15 300 元，款项暂未收到。

4. 销售给东风工厂 A 材料 100 千克，单位售价 65 元，增值税额 1 105 元，款项已收，存入银行存款户。

5. 用银行存款支付产品销售发生的运输费 3 000 元。

6. 销售给长虹工厂甲产品 500 件，单位售价 200 元，乙产品 100 件，单位售价 300 元，增值税额共计 22 100 元，货已发出，款项已收入银行存款户。

7. 收到光明工厂前欠的乙产品货款 70 200 元，存入银行。

8. 销售给永胜工厂 B 材料 100 千克，单位售价 25 元，增值税额 425 元，款项暂未收到。

9. 收到永胜工厂偿还的 B 材料货款 2 925 元，存入银行存款户。

10. 结转本月销售甲产品、乙产品的生产成本：甲产品单位成本 109.75 元、乙产品单位成本 102.2 元；

11. 结转本月销售 A 材料 100 千克的成本 5 000 元，B 材料 100 千克的成本 2 000 元。

12. 按本月应交增值税（进项税额参考习题二计算得出）的 7% 和 3%，分别计算并结转本月应缴纳的城市维护建设税和教育费附加。

13. 用银行存款上缴增值税、城建税和教育费附加。

（三）要求：根据以上经济业务编制会计分录。

习题五

（一）目的：练习财务成果形成与分配的核算。

（二）资料：北方工厂 2008 年 6 月份发生下列经济业务：

1. 经批准将无法支付的欠平安工厂的购料款 80 000 元转为营业外收入。

2. 用银行存款向灾区捐款 50 000 元。

3. 用银行存款支付因违反有关税收规定而支付的税收罚款 10 000 元。

4. 结转损益类有关收入账户的余额，其中：主营业务收入 260 000 元，其他业务收入 9 000 元，营业外收入 80 000 元；

5. 结转损益类有关费用账户，其中：主营业务成本 117 705 元，销售费用 18 000 元，营业税金及附加 1 479 元，管理费用 26，财务费用 200 元，其他业务成本 7 000 元，营业外支出 60 000 元；

6. 按本月实现利润总额的 25% 计算并结转应交所得税（不考虑纳税调整事项）；

7. 用银行存款缴纳本月应缴所得税；

8. 按净利润的 10% 提取法定盈余公积金。

9. 经研究决定向投资者分配利润 50 000 元。

10. 用银行存款支付投资者的利润 50 000 元；

（三）要求：根据以上经济业务编制会计分录。

五、综合业务练习

习题一

（一）目的：练习主要经济业务的核算。

（二）资料：宏远公司 2008 年 5 月发生的有关经济业务如下：

1. 3 日，向泰达集团购入甲材料，价款 20 000 元，增值税额 3 400 元，贷款未付。另以现金支付购入甲材料发生的运杂费 1 000 元。材料到达验收入库。

2. 10 日，领用甲材料 10 000 元，其中生产 X 产品用 4 000 元，生产 Y 产品用 3 000 元，车间修理用 2 000 元，企业行政部门用 1 000 元。

3. 12 日，采购员出差，借支差旅费 2 000 元，以现金支付。

4．14日，从银行提取现金50 000元，备发工资。

5．15日，以现金50 000元发放本月工资。

6．18日，行政管理部门以现金200元购买办公用品。

7．19日，以银行存款支付本月产品广告宣传费用3 000元。

8．20日，销售Y产品500台给环球设备厂，货款50 000元和增值税款8 500元均未收到。

9．23日，以银行存款支付车间生产设备修理费1 380元。

10．24日，从工商银行借入借款50 000元存入银行账户，期限3个月。

11．25日，收到环球设备厂前欠货款共计20 000元，存入银行。

12．26日，投资人向企业投入全新机床一台，价值50 000元。

13．28日，销售X产品500台，收到货款80 000元，增值税款13 600元，共计93 600元存入银行。

14．29日，计提本月应负担的银行借款利息2 000元。

15．30日，计提固定资产折旧9 000元，其中生产车间固定资产折旧5 000元，行政管理部门固定资产折旧4 000元。

16．30日，以银行存款支付本月应付电费5 000元，其中生产X产品2 500元，生产Y产品1 500元，车间办公用500元，行政管理部门500元。

17．30日，分配结转本月职工工资50 000元，其中生产X产品工人工资20 000元，生产Y产品工人工资18 000元，车间管理人员工资8 000元，行政管理人员工资4 000元。

18．30日，支付职工福利费7 000元，其中生产X产品工人福利费2 800元，生产Y产品工人福利费2 520元；车间管理人员福利费1 120元，企业行政管理人员福利费560元。

19．30日，报销采购员差旅费1 500元，退回现金500元。

20．30日，根据X、Y产品工时比例，分配结转本月发生的制造费用。其中X产品工时4 000，Y产品工时2 000。（列出计算过程）

21．30日，本月生产的X产品300台和Y产品500台完工入库，X产品的生产成本36 000元，Y产品的生产成本38 000元，结转其生产成本。

22．30日，结转销售X产品500台的销售成本60 000元，结转销售Y产品500台的销售成本38 000元。

23．30日，将收入账户结转本年利润。

24．30日，将费用支出账户结转本年利润。

25．30日，计提本月应交所得税并结转本年利润。所得税率25%。

（三）要求：编制上述经济业务的会计分录。

习题二

（一）目的：练习主要经济业务的核算。

（二）资料：广胜公司2008年1月发生的有关经济业务如下：

1．3日，购入甲材料3 000公斤，单价40元（不含税），增值税率17%，运杂费共计6 000元，款项全部以银行存款支付，甲材料已验收入库。

2．8日，企业生产A产品，领用甲材料30 000元，生产B产品，领用甲材料40 000元，车间一般性耗用甲材料1 000元，管理部门耗用甲材料800元。

3. 10 日，为购建固定资产，向银行借款 5 000 000 元，期限 3 年。
4. 12 日，从银行提取现金 300 000 元，以备发放工资。
5. 12 日，以现金 300 000 元，发放职工工资。
6. 15 日，用银行存款支付全年财产保险费 36 000 元。
7. 17 日，用银行存款支付滞纳金 2 000 元。
8. 21 日，将闲置的丙材料对外售出，收取价款 3 000 元、增值税 510 元，款已存入银行，该丙材料的成本为 2 890 元。
9. 23 日，收到法人追加投资 500 000 元，存入银行。
10. 25 日，企业因购买材料于 3 个月前签发的商业汇票 43 000 元到期，通知银行付款。
11. 28 日，向前进公司销售 A 产品 500 件，单价 280 元（不含税），销售 B 产品 400 件，单价 350 元（不含税），增值税率 17%，货款尚未收到。
12. 31 日，分配工资费用，生产 A 产品工人工资 110 000 元，生产 B 产品工人工资 140 000 元，车间管理人员工资 20 000 元，企业管理人员工资 30 000 元。
13. 31 日，计提固定资产折旧 9 000 元，其中生产车间应提取 2 500 元，管理部门应提取 6 500 元。
14. 31 日，摊销本月应负担的财产保险费 3 000 元。
15. 31 日，将制造费用按生产 A、B 产品工人的工资比例分配结转。（列出计算分配过程）
16. 31 日，结转本月完工入库产品成本，其中 A 产品 800 件，成本共计 160 000 元；B 产品 700 件，成本共计 189 000 元。
17. 31 日，以银行存款支付广告费 30 000 元。
18. 31 日，收到前进公司偿还的货款 327 600 元，送存银行。
19. 结转已售 A、B 产品的生产成本。（单位成本：A 产品为 200 元；B 产品为 270 元）
20. 31 日，结转本月应交城市维护建设税 238 元，应交教育费附加 102 元。

（三）要求：对以上经济业务编制会计分录。

第四章 会计凭证

第一节 会计凭证的意义和种类

一、会计凭证的概念

为了如实反映会计主体的经济活动情况，明确各项经济业务经办人的经济责任，并留下交易轨迹，在经济业务发生时，必须取得或填制有关的会计凭证。填制和审核会计凭证是会计的专门方法之一，是会计工作的起始环节。会计凭证不仅可以说明经济业务的内容、数量、金额，而且通过经办人在会计凭证上的签字或盖章，可以明确经济责任，保证经济业务的真实性、合法性和正确性。

会计凭证是记录经济业务发生和完成情况，明确经济责任，并作为记账依据的书面证明，是会计核算的重要资料。

二、会计凭证的意义

合法取得、正确填制和严格审核会计凭证是会计核算工作的起点，对实现会计职能和完成会计工作的任务具有重要意义。

1. 会计凭证是记录经济业务，进行会计核算的依据

会计凭证是记录经济业务内容的书面证明，通过审核会计凭证可以证明所发生的经济业务是否真实合法、发生金额是否计算准确。审核无误的会计凭证，为企业登记账簿、成本计算、编制会计报表等核算工作奠定了可靠的基础，为确保会计信息的真实性提供了保障。

2. 填制和审核会计凭证可以明确经济责任，加强企业内部控制和管理

会计凭证在填制时，要求有关的经办人员在凭证上签字或盖章，从而强化他们的责任感，督促他们认真对待每一笔经济业务，一旦发生差错，也可以借助会计凭证，查明各经办人员应承担的经济责任和法律责任，进一步加强企业的内部控制和管理，并为企业领导人对业务经办人员的业绩考评提供了依据。

3. 会计凭证是进行会计监督的依据

由于会计凭证从定量、定性两个方面如实地记录了经济业务发生的轨迹。通过审核会计凭证，可以检查每项经济业务的内容是否符合国家有关财经法律、法规的规定，有无违法交易；可以检查经济业务的发生是否符合企业编制的预算、计划，有无以权谋私、贪污浪费等违法乱纪行为；可以及时发现会计核算和经营管理工作中存在的问题，有效地纠正和改进。

通过审核会计凭证，可以有效地遏制违法行为，发挥会计监督职能，保证企业经济活动健康、良性的发展，从而保证有关各方的经济利益不受侵害。

三、会计凭证的种类

会计凭证是多种多样的，按其填制程序和用途的不同可以分为原始凭证和记账凭证两大类。原始凭证又称为原始单据，是在经济业务发生或完成时取得或填制的，用于记载经济业务具体内容和完成情况的书面证明。原始凭证是反映经济业务原始资料的单据。记账凭证是根据审核无误的原始凭证及有关资料，按照经济事项的内容和性质加以归类，借助借贷记账法确定会计分录，并作为登记会计账簿依据的会计凭证。记账凭证是根据原始凭证填制的，它是将各不相同的经济业务转化为会计信息的会计凭证。

第二节 原始凭证

一、原始凭证的意义

原始凭证是在经济业务发生或完成时取得或填制的，记载经济业务的具体内容，表明经济业务已经发生和完成情况的书面证明。原始凭证是企业进行会计核算的原始依据，具有法律效力。

原始凭证在企事业单位的经济活动中起着重要的作用。原始凭证可以证明经济业务的真实性、正确性，监督经济活动的合法性、合规性，反映资金的循环周转，并以此确定经办业务的部门和人员的法律经济责任。原始凭证主要起证明经济业务实际发生和完成情况的作用，凡是不能证明经济业务已经发生或完成的各种单据，如请购单、对账单等，均不能作为进行会计核算的原始凭证，只能作为原始凭证的附件。

二、原始凭证的种类

（一）原始凭证按其来源不同，可以分为外来原始凭证和自制原始凭证

1. 外来原始凭证，是指在同外单位或个人发生经济业务往来时，从外单位或个人手中取得的原始凭证。如购货发票、收款收据、银行发来的收款、付款通知等。购货发票格式如表4-1所示。

2. 自制原始凭证，是指由本单位内部经办业务的部门和人员，在执行或完成某项经济业务时填制的原始凭证。如入库单、领料单、工资结算单、借款单等。以入库单为例，其格式如表4-2所示。

表 4-1 增值税专用购货发票

（表格：增值税专用购货发票，包含开票日期、购货单位（名称、地址、电话、税务登记号、开户银行及账号）、货物或应税劳务名称、规格型号、计量单位、数量、单价、金额（万千百十元角分）、税率（%）、税额（万千百十元角分）、合计、价税合计（拾万仟佰拾元角分 ¥）、备注、销货单位（章）、收款人、复核、开票人。第四联：记账联 销货方记账凭证）

表 4-2 入库单

第 号
单位：_____ 年 月 日

货号	品名	单位	数量	单价	金额	备注

负责人：   经手人：

三 交 仓 库

（二）原始凭证按照填制手续和方法的不同，分为一次凭证、累计凭证和汇总凭证

1. 一次凭证，是指填制手续一次完成，只记录一笔或若干笔同类性质经济业务的原始凭证。日常经济活动中，大多数原始凭证属于一次性原始凭证，如领料单、入库单、发票、借款单等。

2. 累计凭证，是指在一定时期内连续记录发生的若干项同类型经济业务的原始凭证。累计凭证可以有效使用多次，陆续完成填制手续，到期结出累计总额，再以此作为会计核算的原始依据。如限额领料单（见表 4-3）、累计销售凭证等。这种原始凭证的特点是可以随时计算发生额累计数，便于同计划和预算进行比较，以达到对经济活动进行事中控制的目的。

表 4-3　限额领料单

领料单位：　　　　　　　　　　　　　　　　　　　　　　　发料仓库：
用　途：　　　　　　　　　　　年　　月份　　　　　　　　编　号：

材料类别	材料编号	材料名称及规格	计量单位	单价	全月领用限量	全月实领	
						数量	金额

供应部门负责人：　　　　　　　　　　　　　生产计划部门负责人：

日期	请领		实发		限额结余	退库	
	数量	领料单位负责人	数量	发料人	领料人		数量	退料单编号

限额领料单通过限定材料使用部门某一时期内（通常为 1 个月）领用材料的最高额，不仅可以促使材料使用部门节约使用材料，避免浪费，而且会计部门期末根据领用总额合并处理，可以减少原始凭证的数量，简化会计核算工作。

3．汇总凭证

汇总凭证又称原始凭证汇总表，是指对一定时期内反映经济业务内容相同的若干张原始凭证加以汇总，编制成一张汇总原始凭证。如发出材料汇总表（见表 4-4）、工资结算汇总表等。汇总凭证可以全面反映某类经济业务的全貌，便于会计人员汇总编制记账凭证，可以简化会计核算手续。

表 4-4　发出材料汇总表
年　　月　　日

会计科目	领料部门	原材料	燃料	合　计
生产成本——基本生产成本	机加工车间			
	装配车间			
	小　计			
生产成本——辅助生产成本	机修车间			
	供电车间			
	小　计			
制造费用	机加工车间			
	装配车间			
	小　计			
合　计				

会计负责人：　　　　　　　　　　复核：　　　　　　　　　　制表：

（三）原始凭证按照适用范围的不同，可分为通用原始凭证和专用原始凭证

1．通用原始凭证，是指在全国或某一地区统一印制、统一格式、统一使用的原始凭证。如增值税专用发票、银行的有关结算单据等。

2．专用原始凭证，是指一些具有特定内容和专门用途的原始凭证。如领料单、借款单、

差旅费报销单等。

三、原始凭证的基本内容

企业经济业务的多样性和复杂性，使取得或填制的原始凭证种类繁多，格式各异。任何一张原始凭证都必须如实反映经济业务的发生和完成情况，明确经办人员的经济责任。因此，原始凭证虽多种多样，但均应具备一些相同的内容。这些相同的内容被称为原始凭证的基本内容，主要包括：

1．原始凭证的名称；
2．填制原始凭证的日期；
3．接受原始凭证单位名称；
4．经济业务内容；
5．经济业务所涉及的数量、单价和金额；
6．填制单位名称或填制人员姓名；
7．经办部门和人员的签名或盖章。

四、原始凭证的填制要求

原始凭证是证明经济业务发生和完成情况的书面证明，是编制记账凭证、登记账簿的原始依据。原始凭证填制的正确与否，直接影响会计核算的质量。因此，在填制原始凭证时，必须符合一定的规范和要求。

（一）基本要求

1．真实可靠。原始凭证必须以实际发生的经济业务为依据。凭证上所记载的每一项内容，必须与经济业务发生的实际情况完全相符，不允许以任何手段弄虚作假，伪造、变造原始凭证。

2．填制及时。原始凭证应在经济业务发生或完成时，立即填制或及时取得。及时地填制或取得原始凭证，可以最大限度的保证凭证记录的准确性，为会计凭证下一步的传递奠定基础。否则，事后补填原始凭证，容易对原经济业务的记录产生误差，并为造假提供了可乘之机。因此，任何人对经济业务活动不得以任何借口拖延不办或迟办，以避免延误会计核算的正常进行，保证会计资料的时效性。

3．内容完整。原始凭证的基本内容应填写齐全，不得遗漏或简略。项目填写不齐全的原始凭证不能作为经济业务发生的合法凭证，也不能成为有效的会计凭证。

4．书写清楚，即字迹端正，易于辨认。原始凭证上的文字说明和数字要填写清楚，整齐规范，易于辨认；同时必须有经办人员的签名或盖章，以明确经济责任。

（二）具体要求

1．从外单位取得的原始凭证，必须盖有填制单位的公章；从个人取得的原始凭证，必须由填制人员签名或盖章。

2．凡填写大写和小写金额的原始凭证，大、小写金额必须一致。各种原始凭证的书写应使用蓝色或黑色墨水，一式几联的原始凭证，套写时可用圆珠笔书写，应使字迹清晰可辨。小写金额前应填写人民币符号￥，阿拉伯数字要逐个书写，不得连写；大写金额一律使用壹、贰、叁、肆、伍、陆、柒、捌、玖、零、拾、佰、仟、万、亿、元、角、分等，大写金额前未印有"人民币"字样的应加写"人民币"三字。《会计法》第十四条规定：原始凭证所记载的各项内容均不得涂改，随意涂改原始凭证即为无效凭证，不能作为填制记账凭证或登记会计账簿的依据。当原始凭证发生错误时，应区别不同情况进行处理：如记载内容有误，应由出具单位重开或更正，更正时必须在更正处加盖出具单位印章；如凭证金额出现错误，不得更正，只能由凭证开具单位重新开具。这样规定的目的，是为了防止舞弊的发生，保证原始凭证的质量。

3. 购买实物的原始凭证，必须有验收证明。实物验收工作由经管实物的人员负责办理，会计人员通过有关的原始凭证进行监督检查。需要入库的实物，必须填写入库单，由实物保管人员验收后在入库单上填写实收数额，并加盖印章；不需要入库的实物，除经办人员在凭证上签章外，必须交给实物保管人员或者使用人员进行验收，并在凭证上签字或盖章。

4. 一式几联的原始凭证，必须用双面复写纸套写，且注明各联的用途。一式几联的发票或收据，必须用双面复写纸套写，并连续编号。作废时应加盖"作废"戳记，连同存根一起保存，不得撕毁。

5. 职工因公出差借款，填写借款单；收回借款时，应另开收款收据，不得退还原借款收据。

6. 经上级批准的经济业务，应将批文作为原始凭证的附件。如果批准文件需要单独归档，应在凭证上注明批准机关名称、日期和文件字号。

7. 发生销货退回及退还货款时，必须填制退货发票和取得对方单位的收款收据，不得以退货发票代替收据。

五、原始凭证的审核

原始凭证来源广泛，格式各异。会计人员对于取得或自行填制的原始凭证必须进行严格审核，以确保原始凭证的记录真实可靠。《会计法》明文规定，会计机构、会计人员对不真实、不合法的原始凭证，有权不予受理，并向单位负责人报告，请求查明原因，追究有关当事人的责任；对记载不准确、不完整的原始凭证予以退回，并要求经办人员按照国家统一会计制度的规定进行更正、补充。原始凭证审核的内容具体包括四个方面：

1. 审核原始凭证的真实性，即审核原始凭证所记载的内容是否确有其事，是否已经发生，其内容是否真实、客观地反映了经济业务的本来面目，有无漏记或有意隐瞒的情况。

2. 审核原始凭证的合法性，即审核原始凭证所记载的内容是否符合国家法律、法规的规定，是否符合会计制度的要求，有无违法乱纪的行为。

3. 审核原始凭证的完整性，即审核原始凭证上所记载各项内容是否全面、完整，各项手续是否齐备，凭证上各要素填写是否齐全。

4. 审核原始凭证的正确性，即审核原始凭证上各项计算是否准确，大小写金额是否相符，若为收款或付款证明，是否加盖了"收讫"或"付讫"的戳记等。

原始凭证的审核是一项严肃细致、政策性很强的工作，需要有较高的业务素质和认真的工作精神。它要求会计人员既要熟悉国家相关的政策、法规，又要了解本企业生产经营情况，同时还要求会计人员能够坚持原则，照章办事。对于不合法、不真实、不完整的、不正确的原始凭证坚决予以抵制，充分发挥会计的监督作用，为以后的会计核算工作奠定良好的基础。

第三节 记账凭证

一、记账凭证的概念

记账凭证是根据审核无误的原始凭证及有关资料,按照经济事项的内容和性质加以归类,并确定会计分录,作为登记会计账簿依据的会计凭证。

按照有关法规和会计核算的要求,会计人员必须对原始凭证或原始凭证汇总表上所记载的经济业务的内容进行整理、归类,确定经济业务发生所涉及的账户名称,记账方向及应记载的金额,即编制会计分录。在实际工作中,会计分录是编制在记账凭证上的。

企业每天发生大量的经济业务,每项经济业务的原始凭证各不相同,体现为一个个独立的经济事项。通过编制记账凭证,可以将原始凭证所记载的经济内容,转化为一条条相关的会计信息,再通过登记账簿、编制会计报表等方法将这些信息汇总,而生成能够反映企业财务状况、经营成果、现金流量的综合会计信息资料。

原始凭证是编制记账凭证的依据。为了证明记账凭证的真实性、合法性,同时也为便于查核,应将原始凭证附在有关的记账凭证后面,作为它的附件,并在记账凭证上注明附件的张数。如果一张原始凭证涉及几张记账凭证,可把原始凭证附在一张主要的记账凭证后面,在其他记账凭证上注明附有原始凭证的记账凭证编号。如果一张原始凭证所列支出需要由几个单位共同负担,应将其他单位负担的部分,开给对方"原始凭证分割单"进行结算,并将该原始凭证分割单副本附入记账凭证。原始凭证分割单的格式如表 4-5 所示。

表 4-5 原始凭证分割单

年   月   日   编号:

	接受单位名称		地址										
原始	单位名称		地址										
凭证	名　称		日期		编号								
总金额		人民币（大写）			千	百	十	万	千	百	十	元	角	分
分割金额		人民币（大写）			千	百	十	万	千	百	十	元	角	分
原始凭证主要内容、分割原因													
备　注		该原始凭证附在本单位　年　月　日第　号记账凭证内。											

单位名称（公章）:   会计: 制单:

二、记账凭证的种类

（一）记账凭证按其适用范围不同分为通用记账凭证和专用记账凭证

1. 通用记账凭证,是指各类经济业务共同使用,具有统一格式的记账凭证,适用于对任何经济业务的记录。通用记账凭证的格式如表 4-6 所示。

表 4-6　记账凭证

年　　月　　日

摘　要	总账科目	明细科目	记账	借方金额	贷方金额	附件
						张

会计主管：　　　记账：　　　出纳：　　　　　　　审核：　　　制单：

2．专用记账凭证，是按经济业务的某种特定属性定向使用的凭证。按经济业务与货币资金收付的关系又可以分为收款凭证、付款凭证和转账凭证三种。

（1）收款凭证。收款凭证是专门用来记录现金或银行存款收入业务的记账凭证。收款凭证的格式如表 4-7 所示。收款凭证可以再具体分为现金收款凭证和银行存款收款凭证。

（2）付款凭证。付款凭证是专门用来记录现金和银行存款支付业务的记账凭证。其格式如表 4-8 所示。付款凭证可再具体分为现金付款凭证和银行存款付款凭证。

（3）转账凭证。转账凭证是用来记录不涉及现金、银行存款收付的其他经济业务的记账凭证。其格式如表 4-9 所示。

表 4-7　收款凭证

表 4-8　付款凭证

表 4-9 转账凭证

         年   月   日   转字第   号

摘　　要	总账科目	明细科目	√	借方金额	√	贷方金额	
							附
							单
							据
							张
合　　计							

财务主管：　　　记账：　　　出纳：　　　审核：　　　制单：

（二）记账凭证按其填制方式的不同分为复式记账凭证和单式记账凭证

1. 复式记账凭证。复式记账凭证是指在一张记账凭证上完整地列出每笔会计分录所涉及的全部科目。上述收款凭证、付款凭证、转账凭证均属于复式记账凭证。

复式记账凭证能完整地反映一笔经济业务的全貌，即经济业务所涉及的全部会计科目及其对应关系，而且填写比较方便，附件集中，便于复核和查找差错。但是，这种方法不利于会计科目的汇总和记账工作的分工。

2. 单式记账凭证。单式记账凭证是指把一项经济业务借贷双方的会计科目分别填制在不同的记账凭证上，每张记账凭证只填列一个会计科目的记账凭证。如果一笔经济业务涉及几个会计科目，采用单式记账凭证就必须填制几张记账凭证。单式记账凭证按其登记的内容不同可分为借项记账凭证和贷项记账凭证两种，填列借方科目的称为借项记账凭证，填列贷方科目的称为贷项记账凭证。

采用单式记账凭证，每笔经济业务至少要填制两张记账凭证，用编号将其联系起来，以便查对。在编号时，对每笔经济业务的记账凭证应使用相同的顺序号，并在顺序号后面用分数形式表示共有几张凭证。

单式记账凭证内容单一，便于按会计科目进行汇总，以及记账人员按业务性质分工记账。但是，由于凭证张数较多，不易于保管，也不便于反映会计科目之间的对应关系，而且填制凭证的工作量较大，因此使用的单位比较少。

（三）记账凭证按其包括的内容不同，可以分为单一记账凭证、分类汇总记账凭证和综合汇总记账凭证

1. 单一记账凭证。单一记账凭证是指只包括一笔会计分录的记账凭证。专用记账凭证和通用记账凭证均属于单一记账凭证。

2. 分类汇总记账凭证。分类汇总记账凭证是指分别对收款凭证、付款凭证和转账凭证定期进行汇总的记账凭证，又分别称为汇总收款凭证、汇总付款凭证和汇总转账凭证。编制汇总记账凭证的目的是为了简化总分类账的登记手续。

3. 综合汇总记账凭证。综合汇总记账凭证是指根据一定时期内所有的记账凭证加以汇总而重新编制的记账凭证。综合汇总记账凭证又称为科目汇总表或记账凭证汇总表。

三、记账凭证的基本内容与填制方法

（一）记账凭证的基本内容

记账凭证是通过对原始凭证归类整理，用来确定会计分录并据以登记账簿的一种凭证。各企业根据自身经济业务的特点，可以设置不同格式的记账凭证。但无论哪种格式，都要具备以下一些基本内容，以保证全面、准确地核算经济业务。这些基本内容包括：

1. 记账凭证的名称；
2. 填制记账凭证的日期；
3. 记账凭证的编号；
4. 经济业务的内容摘要；
5. 经济业务所涉及的会计科目及记账方向；
6. 经济业务的金额；
7. 所附原始凭证张数；
8. 制单、审核、记账、会计主管等有关人员签名或盖章。

（二）记账凭证的填制要求

为了保证会计信息的质量，会计人员在填制记账凭证时，必须符合下列要求：

1. 根据审核无误的原始凭证编制记账凭证。
2. 记账凭证必须按凭证日期顺序连续编号，不得漏号、重号、错号，一般每月重新编一次。通用记账凭证可以按日期顺序统一编号，从本月第一笔业务填制1号凭证，至本月最后一张凭证，第x号凭证为止。专用记账凭证，可采用分类统一编号，编号方法可以分别收款凭证、付款凭证和转账凭证三类编号，或者按现金收入、现金支出、银行存款收入、银行存款支出及转账五类进行编号。若一笔经济业务需要填制两张或两张以上记账凭证时，可采用分数编号法。如第9号凭证涉及的业务需编制三张记账凭证，这三张凭证编号分别为91/3号、92/3号、93/3号。
3. 摘要的填写要简明扼要。记账凭证的摘要栏应使用简明的语言，概括经济业务的主要内容，让人一目了然。通过摘要栏就可以了解经济业务的梗概，便于检查凭证记录的正确性，也便于登记账簿。
4. 科目名称及金额的填写要准确完整。会计人员应根据发生的经济业务，选择正确的会计科目编制会计分录。填写时应填明一级科目名称，设有二级科目或明细科目时，应填写清楚。一行只填一个会计科目，借方或贷方金额应与对应的科目在同一行。金额的记账方向、大小写数字必须正确，符合数字书写规定，角分位不留空白，多余的金额栏应划斜线注销。合计金额的第一位数字前要注明人民币符号（¥）。
5. 记账凭证所涉及的有关人员要按凭证传递顺序逐一签章，以明确经济责任。
6. 附件完整。除结账和更正错账的记账凭证可以不附原始凭证外，其他记账凭证必须附有原始凭证，并注明所附原始凭证的张数。
7. 涉及现金和银行存款之间相互划转的业务，以付款业务为主，只填制付款凭证。这样做的目的是为了避免重复记账。

（三）记账凭证填制的方法

1. 收款凭证。收款凭证的填制方法是：在借方科目栏填入"库存现金"或"银行存款"；

在日期栏填入编制记账凭证的日期;在凭证编号栏为该笔记账凭证编号;摘要栏填入经济业务的简要说明;贷方总账科目、明细科目栏填入引起"库存现金"、"银行存款"增加的会计事项所使用的总账科目、明细账科目;金额栏填入与会计科目对应的金额数;所附单据栏写明所附原始凭证的张数,并由有关人员依次签章;未使用的金额栏以斜线划销。

【例1】 振兴公司 2008 年 6 月 7 日收到大华公司原欠的货款 23 400 元,存入银行。根据银行进账单填制银行存款收款凭证,如表 4-10 所示。

表 4-10 收款凭证

借方科目 __银行存款__　　　2008 年 6 月 7 日　　　银收字第 12 号

摘　要	贷方总账科目	明细科目	借／贷	金　额
收到大华公司原欠货款	应收账款	大华公司		23 400
合　　　计				¥23 400

附单据 1 张

会计主管：　　　记账：　　　出纳：张忠　　　审核：　　　制单：李月

【例2】 2008 年 6 月 10 日收到采购员王明退回的差旅费 200 元。根据收据填制现金收款凭证如表 4-11 所示。

表 4-11 收款凭证

借方科目 __库存现金__　　　2008 年 6 月 10 日　　　现收字第 15 号

摘　要	贷方总账科目	明细科目	借／贷	金　额
收回多余差旅费	其它应收款	王明		200
合　　　计				¥200

附单据 1 张

会计主管：　　　记账：　　　出纳：张忠　　　审核：　　　制单：李月

2. 付款凭证。付款凭证的填制方法是:在贷方科目栏填入"库存现金"或"银行存款";在日期栏填入编制记账凭证的日期;在凭证编号栏为该笔记账凭证编号;摘要栏填入经济业务的简要说明;借方总账科目、明细科目栏填入引起"库存现金"、"银行存款"减少的会计事项所使用的总账科目、明细账科目;金额栏填入与会计科目对应的金额数;所附单据栏写明所附原始凭证的张数,并由有关人员依次签章。未使用的金额栏以斜线划销。

【例3】 2008年6月18日，职工王明出差预借差旅费1 000元，付现金。根据借款单填制现金付款凭证如表4-12所示。

表4-12　付款凭证

贷方科目　库存现金　　　2008年6月18日　　　现付字第25号

摘　要	借方总账科目	明细科目	借/贷	金　额
预支差旅费	其他应收款	王明		1 000
合　计				¥1 000

附单据1张

财务主管：　　记账：　　出纳：张忠　　审核：　　制单：李月

【例4】 振兴公司2008年6月20日，以银行存款支付产品广告费10 000元。该业务填制银行存款付款凭证如表4-13所示。

表4-13　付款凭证

贷方科目　银行存款　　　2008年6月20日　　　银付字第26号

摘　要	借方总账科目	明细科目	借/贷	金　额
支付广告费	销售费用	广告费		10 000
合　计				¥10 000

附单据2张

财务主管：　　记账：　　出纳：张忠　　审核：　　制单：李月

3. 转账凭证。转账凭证的填制方法是：在日期栏填入编制记账凭证的日期；在凭证编号栏为该笔记账凭证编号；摘要栏填入经济业务的简要说明；总账科目、明细科目栏填入经济业务所涉及的会计科目的名称，借方科目在上，贷方科目在下。会计科目的借贷方向是根据金额栏来确定的，与借方金额数在一行的会计科目即为借方科目，与贷方金额数在一行的会计科目，即为贷方科目；所附单据栏写明所附原始凭证的张数，并由有关人员依次签章。未使用的金额栏以斜线划销。

【例5】 2008年6月30日，计提固定资产折旧1 800元，其中车间计提1 000元，厂部计提800元。该业务填制转账凭证如表4-14所示。

表 4-14 转账凭证

2008年6月30日　　　　　　　　　　　　　转字第60号

摘　　要	总账科目	明细科目	√	借方金额	√	贷方金额
计提折旧	制造费用			1 000		
	管理费用			800		
	累计折旧					1 800
合　计				¥1 800		¥1 800

附单据1张

财务主管：　　　　　记账：　　　　　审核：　　　　　制单：张扬

四、记账凭证的审核

记账凭证是登记账簿的直接依据。为了保证会计信息的质量，在记账之前应由有关人员对已填制完成的记账凭证进行严格的审核。审核的主要内容有：

1. 审核记账凭证是否附有原始凭证，记录的内容是否与原始凭证的内容相符。记账凭证后的附件张数是否与填写的一致。

2. 审核记账凭证中填写的会计分录是否正确。会计科目名称、记账方向是否正确，金额是否与原始凭证金额一致。

3. 审核记账凭证所列示的各个项目是否填列齐全，有关人员是否签字或盖章。

第四节　会计凭证的传递和保管

一、会计凭证的传递

会计凭证传递是指会计凭证从取得或填制到归档保管的整个过程中，在本单位内部各有关部门和人员之间的传递程序和在各环节停留的时间。

由于每个单位所发生的经济业务是多种多样的，每种业务的经办部门和人员也各有不同，而且办理凭证手续所需要的时间也不一样。因此，每个单位对于经常发生的、需要由有关部门和人员协同处理的主要经济业务，应明确规定凭证的传递程序和传递时间。合理制定和组织会计凭证的传递，一方面可以使有关部门和人员及时了解经济业务发生和完成的情况，搞好分工协作，加速业务处理过程；另一方面还可以使经办业务的有关部门和人员之间形成一种相互牵制、相互监督的关系，以加强会计监督。

会计凭证的传递包括凭证传递的路线和传递的时间两个方面的内容。具体来讲就是从取得或填制会计凭证后，应在什么时间交给哪个部门，由谁来继续经办此项业务，直至归档保管为止。在设计会计凭证传递时间和传递程序时，应注意以下几个方面：

1. 根据不同经济业务的特点、机构设置、人员分工及管理上的要求，制定科学合理的传递程序及凭证联数。

2. 根据有关部门或经办人员办理各项经济业务的必要手续，确定会计凭证在各个环节停留的时间。时间要恰当，不宜过松或过紧。

3. 会计凭证的传递，前后环节要衔接紧密，手续齐备，以保证会计凭证安全完整。

二、会计凭证的保管

会计凭证保管是指会计凭证在登记入账后的管理、装订和归档存查。会计凭证是企业的重要经济档案和历史资料，必须妥善保管，以备日后查阅，同时便于上级或其他有关部门检查。会计凭证的保管方法和要求是：

1. 整理和装订会计凭证。会计部门在登记账簿后应每日对各种会计凭证按编号顺序进行整理，连同所附原始凭证折叠整齐，定期加上封面、封底，装订成册，并在装订处加贴封签，盖上公章，以防散失或任意拆装。封面上应写明单位名称，会计凭证名称，本册凭证起止号码和起止日期，还应加盖财会部门负责人、装订人等的印章，以明确责任。

2. 分类和编号。对装订好的凭证进行分类并编号，以方便检索。

3. 对某些重要的原始凭证，为便于日后查阅，可另行归档保管。

4. 会计凭证不得外借。因特殊原因需调阅或复制时，必须经本单位领导批准后，方可办理。

5. 对当年的会计凭证在年度终了后，可暂由会计部门保管 1 年，期满后由会计部门编造清册移交本单位档案部门负责保管。

6. 会计凭证存档后，保管期限一般为 15 年，但最少不能少于 5 年，涉及外事和其他重要的会计凭证要永久保管。保管期未满，任何人不得随意销毁会计凭证。保管期满需要销毁时，必须开列清单，按规定审批手续，报批准后才能由档案部门和会计部门共同监销。销毁前应认真清点核对，销毁后，在销毁清册上签名盖章，以示负责。

复习思考题

1. 什么是会计凭证？它有什么作用？如何分类？
2. 什么是原始凭证？如何分类？
3. 原始凭证应具备哪些基本内容？有何填制要求？其审核应注意哪些内容？
4. 什么是记账凭证？如何分类？
5. 记账凭证应具备哪些基本内容？有何填制要求？审核时应注意哪些内容？
6. 什么是会计凭证的传递？正确组织凭证传递有哪些作用？在组织凭证传递时应考虑哪些问题？

练习题

一、单项选择题

1. 下列各项目，只能作为原始凭证附件的是（　　）。
   A. 收料单 B. 请购单
   C. 领料单 D. 收据
2. 下列哪项属于汇总凭证（　　）。
   A. 累计销售凭证 B. 出库单
   C. 限额领料单　D. 工资结算汇总表
3. 原始凭证按适用范围不同分为（　　）。
   A. 专用原始凭证和通用原始凭证 B. 外来原始凭证和自制原始凭证
   C. 一次凭证和累计凭证 D. 收款凭证和付款凭证
4. 购买实物的原始凭证必须附有（　　）。
   A. 付款证明 B. 支票存根
   C. 入库单 D. 运费单据
5. 职工归还借款时，企业出纳员应（　　）。
   A. 另外开具收据 B. 退还原借款单
   C. 不必入账 D. 填制付款凭证
6. 填制记账凭证时，要求有关人员逐一签章的目的是为了（　　）。
   A. 明确经济责任 B. 手续齐全
   C. 表明凭证的传递程序 D. 互相制约
7. 记账凭证的编号期间为（　　）。
   A. 每月一次 B. 每季一次
   C. 每年一次 D. 每旬一次
8. 下列哪种凭证适用于任何经济业务（　　）。
   A. 收款凭证 B. 通用记账凭证
   C. 付款凭证 D. 借项记账凭证
9. 从银行提取现金，应填制（　　）。
   A. 现金收款凭证 B. 现金付款凭证
   C. 银行存款收款凭证 D. 银行存款付款凭证
10. 会计凭证的保管期限一般为（　　）。
    A. 5年 B. 10年
    C. 15年 D. 20年

二、多项选择题

1. 记账凭证必须具有的基本要素包括（　　）。
   A. 填制单位的名称 B. 填制凭证的日期
   C. 记账凭证的名称和编号 D. 经济业务的内容摘要

2. 发生销售退回及退还货款时，应（　　）。
   A. 填制退货发票
   B. 取得对方单位的收款收据
   C. 根据退货发票直接入账
   D. 根据收据直接入账
3. 原始凭证的审核内容包括（　　）。
   A. 真实性
   B. 准确性
   C. 及时性
   D. 完整性
4. 专用记账凭证包括（　　）。
   A. 收款凭证
   B. 付款凭证
   C. 借项记账凭证
   D. 贷项记账凭证
5. 采用单式记账凭证的优点是（　　）。
   A. 便于汇总记账
   B. 便于分工记账
   C. 填制凭证工作量小
   D. 凭证便于保管
6. 记账凭证按包括的内容不同分为（　　）。
   A. 单一记账凭证
   B. 累计记账凭证
   C. 分类汇总记账凭证
   D. 综合汇总记账凭证
7. 关于记账凭证的填制方法，下列说法正确的是（　　）。
   A. 一行只填一个会计科目
   B. 一行只填一个金额
   C. 金额栏的角分不能留空白
   D. 多余的金额栏应以斜线划销
8. 会计凭证的销毁应由（　　）共同进行。
   A. 档案部门
   B. 会计部门
   C. 人事部门
   D. 业务部门
9. 限额领料单属于（　　）。
   A. 原始凭证附件
   B. 自制原始凭证
   C. 汇总原始凭证
   D. 累计原始凭证
10. 转账凭证中不会出现（　　）科目。
    A. 应收账款
    B. 银行存款
    C. 应交税金
    D. 现金

三、判断题

1. 银行对账单不是原始凭证，但能作为原始凭证附件。（　　）
2. 原始凭证均具有法律效力。（　　）
3. 原始凭证按适用范围的不同分为一次凭证和汇总凭证。（　　）
4. 借款单属于外来原始凭证。（　　）
5. 一式几联的原始凭证应逐联开具，并注明各联的用途。（　　）
6. 职工归还借款时，可收回原借款单据。（　　）
7. 记账凭证按反映的范围分为通用记账凭证和专用记账凭证。（　　）
8. 通用记账凭证又可分为收款凭证、付款凭证和转账凭证。（　　）
9. 记账凭证应根据审核无误的原始凭证填制。（　　）
10. 采用单式记账凭证可以减少差错。（　　）

四、综合题

（一）目的　练习编制记账凭证。

（二）资料　振兴工厂 2002 年 5 月份发生下列经济业务（该企业使用专用记账凭证）

1. 1 日，从银行提取现金 500 元备用；

2. 2 日，购进原材料一批，价款 3 000 元，增值税额 510 元，材料已验收入库，以银行存款支付货款；

3. 5 日，采购员王力出差，预借差旅费 1 000 元，以现金付讫；

4. 7 日，从四海公司购进不需安装设备一台，货款总计 120 000 元，设备已投入使用，货款尚未支付；

5. 8 日，生产甲产品领用原材料 800 元；

6. 10 日，提取现金 30 000 元，以备发放工资；

7. 11 日，以现金 30 000 元支付职工工资；

8. 15 日，向丽华公司销售产品一批，价款 10 000 元，增值税额 1 700 元，货已发出，款项尚未收到；

9. 17 日，向银行借入半年期款项 50 000 元；

10. 20 日，以银行存款 120 000 元偿还前欠购设备款；

11. 23 日，采购员王力出差回来，报销差旅费 960 元，余款退回；

12. 25 日，收回丽华公司原欠购货款 11 700 元；

13. 28 日，预提借款利息 300 元；

14. 30 日，分配工人工资 30 000 元，其中生产工人工资 20 000 元，车间管理人员工资 3 000 元，厂部管理人员工资 7 000 元；

15. 30 日，计提本月固定资产折旧费 1 200 元，其中生产车间固定资产折旧费 900 元，管理部门固定资产折旧费 300 元。

（三）要求：

1. 判断上述经济业务应填制哪种记账凭证。

2. 根据上述经济业务编制记账凭证。

第五章 账　簿

第一节　会计账簿概述

一、设置和登记账簿的意义

会计凭证数量繁多，每张会计凭证只反映个别的经济业务，会计凭证所提供的会计信息分散，缺乏系统性，不便于会计信息的整理。因此，各单位都必须在会计凭证的基础上设置和登记有关的会计账簿。

账簿是指由具有一定格式的账页组成，以会计凭证为依据，全面、系统、连续地记录各项经济业务的簿册。设置和登记账簿，可以使会计凭证上分散的会计资料系统化、条理化，是编制会计报表的基础，是连接会计凭证和会计报表的中间环节，在会计核算中具有重要意义。

1. 通过账簿的设置和登记，可以记载、储存会计信息，全面、连续、系统地反映经济活动全貌。通过账簿记录，可以使企业及时掌握各项资产、负债、所有者权益的增减变动情况，了解收入的取得和费用的发生情况，为企业加强经营管理提供了依据；同时，通过账簿记录还可以监督各项实物资产的使用、保管情况。如通过对固定资产进行账簿管理，一方面可以促使企业合理使用固定资产，提高资产的使用效益；另一方面为企业各期正确计提固定资产折旧提供了依据，促进资产价值的收回，保证企业当期损益计算的正确性。又如，反映各项财产物资的账簿，可以提供各项财产物资的账存数，与实存数相互核对可以监督财产物资保管是否妥善，防止资产流失，保护企业资产的安全完整。

2. 通过账簿的设置和登记，可以分类汇总会计信息，为编制会计报表提供依据。每张会计凭证上所反映的内容只是个别的经济业务，提供的是零散的会计资料。因此，必须通过一定的方法对零散的会计资料加以汇总，并最终以会计报表的形式提供给有关各方。会计账簿就是连接会计凭证与会计报表的中间环节。账簿资料是否准确，直接关系到会计报表的质量。

3. 通过账簿的设置和登记，可以检查、校正会计信息，为考核、分析经济活动提供依据。由于账户之间存在一定的勾稽关系，账簿之间也存在一定的勾稽关系。通过账簿之间的相互核对，可以及时发现并改正会计处理过程中出现的错误，保证会计信息的准确性。同时，通过对账簿资料的分析，可以全面考核企业的财务状况与经营成果，及时发现问题、分析原因、提出改进措施，促使企业不断提高管理水平，增加经济效益。

4. 通过账簿的设置和登记，可以编报、输出会计信息。为反映一定时点的财务状况和一定时期的经营成果，应定期进行对账、结账工作，计算本期发生额及余额，并据以编制会计报表，向有关信息使用者通过会计信息。

账簿是由若干账页组成的一个整体，开设于账页上的账户则是这个整体中的个别部分。账簿与账户有着十分密切的联系，他们的关系是形式与内容的关系。账户是根据会计科目开设的，账户存在于账簿之中，账簿中的每一账页就是账户的存在形式和载体，没有账簿，账户就无法存在；然而，账簿只是一个外在形式，账户才是真实内容。账簿序时分类地记载经济业务，是在个别账户中完成的。

二、会计账簿的种类

企业会计核算中使用的账簿是多种多样的，为了便于了解、掌握和运用各种账簿，有必要对账簿进行分类。账簿通常有以下三种分类方法：

（一）账簿按其用途不同，分为序时账簿、分类账簿和备查账簿

1. 序时账簿。序时账簿是按照经济业务发生或完成的时间顺序，逐日逐笔进行登记的账簿。由于这种账簿是按每天发生的经济业务的时间先后顺序或按经济业务所编制的会计分录先后顺序进行记账的，所以又称为日记账或分录账。序时账簿按其记录的内容不同，可以分为普通序时账和特种日记账。

（1）普通序时账。普通序时账也称普通日记账，是指用来登记全部经济业务发生和完成情况的日记账。这种日记账对发生的所有经济业务，都要逐笔确定应借应贷账户的名称及其金额，编制会计分录，并逐笔登记入账。由于经济业务复杂多样，登记普通日记账要花费大量的时间和精力，既不利于分工记账，又不便于查阅，逐渐被特种日记账代替。

（2）特种日记账。特种日记账是指用来登记某类经济业务的序时账。这种序时账主要是将某类发生频繁、需要经常核对、性质相同的经济业务，按时间先后顺序逐笔登记。常用的特种日记账有现金日记账和银行存款日记账。特种日记账专门用于反映特定类别的经济业务，便于分工记账，并且可以简化核算手续，在现代企业会计核算中得到广泛的应用。

序时账作为经济业务的序时原始记录，便于查阅经济业务的发生或完成情况，可作为分类账登记的依据，也可以与分类账的有关账户核对、检查。这种账簿能防止原始凭证的散失和抽换，对会计凭证的完整性起到保护作用。

2. 分类账簿。分类账簿是对各项经济业务按照账户进行分类登记的账簿。分类账按其反映经济内容详细程度的不同，又分为总分类账和明细分类账。总分类账简称总账，是按总分类账户开设的，总括反映和监督各项资产、负债、所有者权益、收入、费用、利润等核算资料的账簿。明细分类账也称明细账，是按明细分类账户开设的，用来提供各会计要素详细核算资料的账簿。明细账是对总账的补充和进一步说明，并受总账的统驭和控制。

分类账簿可以全面反映企业的经济活动情况，监督各项资产、负债、所有者权益、收入、费用和利润的增减变动情况及其结果，是编制会计报表的重要依据。在会计工作中起着重要的作用。

分类账簿与序时账簿的作用不同。序时账簿能提供连续系统的信息，反映企业资金运动的全貌；分类账簿则是按照经营与决策的需要而设置账户、归集和汇总各类信息，反映资金运动的各种状态、形式及其构成。只有通过分类账簿，才能将各种会计数据按账户形成不同的会计信息，满足编制会计报表的需要。

3. 备查账簿。备查账簿又称辅助账簿，是对某些在日记账和分类账中未能记录或记录不全的经济业务进行补充登记的账簿。如租入固定资产备查簿，是用来登记那些以经营租赁方式租入、不属于本企业财产，不能记入本企业固定资产账户的机器设备；应收票据贴现备查簿、用来登记本企业已经贴现的应收票据，由于尚存在票据付款人到期不能支付票款而使企业承担连带责任的可能性，而这些票据已不能在企业的序时账簿或分类账簿中反映，所以要做备查登记。

与序时账簿和分类账簿相比，备查账簿只是对某些经济事项的一种补充说明，其登记既不需要有关的记账凭证，也不注重记录金额，而是注重用文字来表述某项经纪业务的发生情况。备查账簿与其他账簿之间不存在严密的依存和勾稽关系，各单位可以根据实际需要灵活设置。

(二) 账簿按其外表形式不同分为订本账、活页账和卡片账

1. 订本账。订本账是在启用前就将一定数量的并顺序编号的账页固定装订成册的账簿。一般具有统驭性和重要性的账簿，如总分类账、现金日记账、银行存款日记账，均采用订本账。此类账簿账页数量及位置固定，不能随意增减账页，可以有效地防止账页散失及随意抽换，有利于保证账簿记录的真实性。但同一账簿只能由一人登记，不便于分工记账；而且由于账页页数固定，不能根据经济业务多少增减账页，则账页过多时造成浪费，账页不足时影响账簿记录的连续性。

2. 活页账。活页账是将分散的账页装存在账夹内而不固定装订成册，可根据实际需要随时增减账页的账簿。其优点是便于分工记账，可以根据经济业务实际需要随时增减账页，使用比较灵活。缺点是如果管理不善，账页容易散失或被抽换。活页账在年终使用完毕后，须整理、归类并装订成册，交由专人妥善保管。活页账簿主要适用于各种明细分类账。

3. 卡片账。卡片账是指以格式固定、装订分散的卡片作为账页所组成的账簿。使用卡片账时，每一张卡片均需要编号，通常装在卡片箱内，以防散失。卡片账使用灵活，可以根据需要随时抽换和增添卡片，也可以跨年度使用。卡片账一般适用于不经常更换账页的明细账户，如固定资产卡片账、低值易耗品卡片账等。

(三) 账簿按所使用的账页格式不同，分为两栏式、三栏式账簿、多栏式账簿、数量金额式账簿和横线登记式账簿

1. 两栏式账簿。两栏式账簿是指只设有借方和贷方两个基本金额栏目的账簿。

2. 三栏式账簿。三栏式账簿是指由三栏式账页所组成的账簿。三栏式账页一般采用"借方"、"贷方"、"余额"三栏作为基本结构，分别用于反映某项资金的增加、减少和结余情况。三栏式账页适用于只需要进行金额核算的经济业务。总分类账、现金日记账、银行存款日记账以及"应收账款"、"应付账款"等明细账采用此形式。

3. 多栏式账簿。多栏式账簿是指由多栏式账页组成的账簿。多栏式账页包括若干金额栏，主要用于需进行分项目反映的经济业务，以详细具体地记载某一小类经济业务的活动情况，"制造费用"、"管理费用"等明细账一般采用此形式。

4. 数量金额式账簿。数量金额式账簿是指由数量金额式账页组成的账簿。其基本结构也采用"借方(收入)"、"贷方(发出)"、"余额(结存)"三栏，但在每栏下面再分别设置"数量"、"单价"、"金额"三小栏目。该种账簿适用于既需要进行金额核算又需要进行数量核算的经济业务，"原材料"、"库存商品"等明细账一般采用此形式。

5．横线登记式账簿。横线登记式账簿是指利用平行式账页将同一经济业务的若干内容在同一横行进行详细登记的账簿，主要用于需要逐笔进行结转的经济业务，如物资采购明细账就是用此种格式。

三、会计账簿的基本内容

各单位应按照国家统一会计制度的规定和经济业务的需要设置会计账簿。无论账簿是何种格式，都应具备以下基本内容：

1．封面

封面主要记载账簿的名称，如现金日记账、银行存款日记账、总分类账和各种明细分类账。

2．扉页

扉页主要列明科目索引、账簿启用和经管人员一览表。格式见表5-1所示。

表 5-1　账簿启用和经管人员一览表

账簿名称：＿＿＿＿＿　　　　　　　　　　　　单位名称：＿＿＿＿＿

账簿编号：＿＿＿＿＿　　　　　　　　　　　　账簿册书：＿＿＿＿＿

账簿页数：＿＿＿＿＿　　　　　　　　　　　　启用日期：＿＿＿＿＿

会计主管：　　　　　　　　　　　　　　　　　记账人员：

移交日期			移交人		接管日期			接管人		会计主管	
年	月	日	姓名	签章	年	月	日	姓名	签章	姓名	签章

3．账页

账页是账簿用来记录具体经济业务的载体，其格式因记录经济业务的不同也不尽相同。但基本内容应包括：

（1）账户的名称（总分类账户、二级账户或明细账户）

（2）登记账户的日期栏；

（3）凭证种类和号数栏；

（4）摘要栏（简要说明所记录经济业务的内容）；

（5）金额栏（记录经济业务引起账户发生额或余额增减变动的数额）；

（6）总页次和分户页次。

四、记账要求

（一）账簿启用要求

为了保证账簿记录的合法性和会计资料的完整性，明确记账责任，在启用会计账簿时，应遵守以下要求：

1. 填写账簿扉页上的"账簿启用登记表",写明单位名称和账簿名称、账簿页次、启用日期、会计主管人员签章等。

2. 填写扉页上的"经管人员一览表",写明记账人员姓名、职别、接管日期,如人员变动移交时还应填写移交日期,并签名盖章,以示负责。

3. 订本式账簿在启用时应写明页数和编号,不得跳页或缺号;活页账启用时应编制账户目录,并列明每户的编号及名称、页数等。

(二)账簿登记要求

登记账簿是会计核算的一项重要基础工作和中心环节,账簿登记是否正确、完整,关系到企业整个会计核算的质量。为此,必须遵循一定的技术性要求:

1. 准确完整。会计人员必须根据审核无误的会计凭证,及时完成登账工作,不得拖延、迟办。登账时,必须认真填写记账凭证的填写日期、种类、编号、经济业务内容摘要、金额和其他有关资料,做到数字准确、摘要清楚、字迹工整。每一项会计事项,一方面要记入有关的总账,另一方面要记入总账所属的明细账。

2. 注明记账符号。登记完毕后,要在记账凭证上签名或盖章,并注明已经登账的符号(如"√"),表示已经记账。

3. 书写留空。账簿中书写的文字或数字上面要留有适当的空距,不要写满格,一般应占格宽的1/2左右,以留出改错的空间。

4. 正常记账使用蓝黑墨水。为了保持账簿记录的持久性,防止涂改,登记账簿必须使用蓝黑墨水或碳素墨水书写,不得用圆珠笔(银行的复写账簿除外)或铅笔书写。

5. 特殊记账使用红墨水。

红色墨水只有在下列情况发生时才可使用:

(1)采用红字冲账法,冲销错账;

(2)在不设借贷等栏的多栏式账页中,登记减少数;

(3)在三栏式账户的余额栏前,如未印明余额的方向,在余额栏内登记负数余额的;

(4)会计制度中规定的其他用红字登记的事项。

6. 顺序连续登记。 记账时必须按页次逐页逐行连续登记,不能隔页、跳行。如若发生,不得随意涂改,应将空页、空行用红线划掉,并注明"此行空白"、"此页空白"字样,并由记账人员和会计主管人员签章。

7. 结出余额。凡需结出余额的账户,结出余额后,应在"借或贷"栏内写明"借"或"贷"字样,以表明余额的方向。没有余额的账户,应在"借或贷"栏内写"平"字,并在余额栏内用"0"表示。现金日记账和银行存款日记账必须每日结出余额。

8. 过次承前。每一账页登记完成需结转下页继续登记时,应在本页最后一行结出本页借方、贷方合计数和余额,并在摘要栏注明"过次页"。在下一页第一行摘要栏注明"承前页",并将数字过入相应位置,以保证账页之间的相互衔接。对于需要结计本月发生额的账户,结计"过次页"的本页合计数应当为自本月初起至本月末止的发生额合计数;对需要结计本年累计发生额的账户,结计"过次页"的本页合计数应当自年初起至本页末止的累计数;对于不需结计发生额的账户,可以只将本页末的余额结转次页。

9. 不得刮擦涂改。账簿记录如果发现错误,不得随意涂改,更不能刮、擦、挖、补或用改字液更正,要用规定的更正方法予以更正,并由会计人员和会计主管人员签名或盖章。

第二节 账簿的设置和登记

一、日记账的设置和登记方法

（一）普通日记账

普通日记账是用来记录全部经济业务的日记账。它对企业发生的全部经济业务序时、逐笔进行登记，因而也称会计分录簿。普通日记账的账页格式有两栏式和多栏式两种。

1. 两栏式普通日记账，是指设有借方和贷方两个金额栏的普通日记账。

两栏式普通日记账的登记方法是：在"年月日"栏和"业务号数"栏，按经济业务发生或完成的时间顺序登记，其中的"业务号数"即为"凭证编号"；"摘要"栏应简明扼要地说明经济业务的内容；"会计科目"栏登记每笔经济业务应借应贷的账户名称；"借方金额"和"贷方金额"栏登记与账户相对应的金额；对已登记入账的业务，在"过账"栏中要用"√"表示，或注明总账的页码，以免重记或漏记。

2. 多栏式普通日记账，是指在日记账中把常用的账户分设专栏，把经常重复发生的经济业务在分栏中登记，并把汇总发生额一次过入分类账的一种普通日记账。

多栏式普通日记账的登记方法是：

（1）日期、凭证号数及摘要栏的登记方法与两栏式普通日记账的登记方法相同。

（2）凡是发生涉及专栏账户的经济业务，应分别登记各专栏账户的借方和贷方。期末计算出借方、贷方发生额合计，并一次过入相应的总账账簿。

（3）凡是发生未涉及专栏账户的经济业务，应在其他栏中写明使用的账户名称及应借应贷金额。逐日逐笔过入相应的总账账簿，登账后在"过账"栏打"√"号或注明总账页数。

以两栏式普通日记账为例，其格式如表 5-2 所示。

表 5-2　两栏式普通日记账

单位：元

2008 年		凭证号数	会计科目	摘　要	借方金额	贷方金额	过账
月	日						
5	4	现付 1	其他应收款	王红借差旅费	1 000		√
			库存现金			1 000	√
	7	银付 1	材料采购	购买甲材料 100kg@50	5 000		√
			应交税费		850		√
			银行存款			5 850	√

（二）特种日记账

特种日记账是指用来登记某些特定经济业务的序时账。为了加强货币资金的管理，每个单位都应设置现金日记账和银行存款日记账，用以序时反映现金和银行存款收入的来源、支出的去向或用途，以及每日结存金额。

1. 现金日记账的结构和登记方法。现金日记账是专门用于记录企业现金收付业务的序时账簿。通常由出纳人员根据现金收款凭证、付款凭证序时、逐笔进行登记，并根据"上日余额＋本日收入－本日支出＝本日余额"的公式，逐日结出现金余额，与库存现金实有数进行核对，以检查每日现金收付是否正确。现金日记账一般采用订本式账簿，其账页格式一般为三栏式，也可采用多栏式。

三栏式现金日记账设置借方栏、贷方栏和余额栏，分别反映现金的收入、支出和结余情况。每日记账后应结算出现金余额并与库存现金实有数进行核对。三栏式现金日记账格式如表 5-3 所示。

表 5-3 现金日记账（三栏式）

年		凭证号数	摘 要	对方科目	借方	贷方	借/贷	余额
月	日							

三栏式现金日记账的登记方法：

（1）三栏式现金日记账是由出纳员根据审核无误后的现金收款凭证、现金付款凭证、银行存款付款凭证逐日逐笔地顺序登记"借方金额"和"贷方金额"，并结出余额。

（2）登记时应填明日期、凭证号数、摘要、对方科目、收入和付出的金额。

（3）对于从银行提取现金的业务，应根据银行存款付款凭证登记现金收入。

（4）每日终了将现金日记账的账面余额与库存现金的实存数额进行核对，以保证账款相符。

现金日记账也可以在"收入"、"支出"栏下分设若干个分栏，形成多栏式现金日记账。为避免对应科目过多引起的多栏式账页过长，可以分设现金收入日记账和现金支出日记账。其格式如表 5-4、5-5 所示。

表 5-4 现金收入日记账

年		凭证号	摘要	贷方科目				支出合计	结余
月	日			银行存款	主营业务收入	应收账款	收入合计		

表 5-5　现金支出日记账

年		凭证号	摘　要	借方科目					支出合计
月	日			银行存款	其他应收款	管理费用	销售费用	制造费用	—

现金收入日记账和现金支出日记账的登记要点是：现金收入要按对应科目，将金额记入有关的"贷方科目"栏内，同时加计收入合计栏；现金支出要按对应科目，将金额记入有关的"借方科目"栏内，同时加计支出合计栏；每日终了要将现金支出日记账的支出合计数登入收入日记账的"支出合计"栏，并结出余额填入余额栏。

2. 银行存款日记账的结构和登记方法

银行存款日记账是专门用于记录银行存款的存入、支出以及结存情况的账簿。通常由出纳人员根据银行存款收款凭证、付款凭证序时逐日逐笔进行登记。为了保证银行收入和支出的真实、完整，银行存款日记账采用订本式账簿。广泛使用的账页格式是三栏式，也有多栏式。

银行存款日记账与现金日记账的结构基本相同，不论是三栏式还是多栏式，均应在"对方科目"与"借方"之间增加了"结算凭证"一栏，用于登记支票号码。以三栏式银行存款日记账为例，其登记方法：

（1）三栏式银行存款日记账主要设有"借方"、"贷方"、"余额"三栏，通常由出纳员根据审核无误的银行存款收款凭证、银行存款付款凭证、现金付款凭证逐日逐笔地顺序登记"借方金额"和"贷方金额"，并结出余额。

（2）银行存款日记账，在登记时应填明日期、凭证号数、摘要、结算凭证的种类和号数、对方科目、收入和付出的金额。

（3）对于将现金存入银行的业务，应根据现金付款凭证，登记银行存款的收入。

（4）银行存款日记账余额应定期与银行对账单进行核对，以检查银行存款日记账的正确性及完整性。

二、分类账的设置和登记方法

分类账是账簿体系的主要内容，按其所反映的会计对象详细程度不同分为总分类账和明细分类账两大类。

（一）总分类账的结构和登记方法

总分类账是根据会计制度规定的统一会计科目中的一级会计科目设置的，总括反映各类经济业务情况的账簿。总分类账一般应采用订本式账簿，账页格式通常采用三栏式，此外还有"借贷对照式"和"多栏式"共三种。

三栏式总分类账的基本结构为"借方"、"贷方"、"余额"三栏，其格式如表 5-6 所示。多栏式总分类账格式如表 5-7 所示。

表 5-6　总分类账（三栏式）

科目：_____　　　　　编号（）_____　　　　　　年度

记账凭单			摘要	对方科目编号	借方	贷方	借或贷	余额
月	日	顺序号						

表 5-7　总分类账（多栏式）

年		凭证号	摘要	银行存款		管理费用		本年利润		主营业务收入		销售费用	
月	日			借方	贷方	借方	贷方	借方	贷方	借方	贷方	借方	贷方

总分类账的登记方法取决于企业采用的账务处理程序，一般有两种：（1）逐笔登记。根据记账凭证逐笔直接计入有关的总分类账。（2）汇总登记。定期将全部记账凭证先编制汇总表或汇总记账凭证，然后根据汇总表或汇总凭证中各账户的汇总数登记总分类账。

（二）明细分类账的结构和登记方法

明细分类账是根据明细分类账户设置的，详细、具体反映各类经济业务的账簿。明细分类账是总分类账的明细记录，它是按照总分类账的核算内容，按照更加详细的分类，反映某一具体类别经济业务的增减变动情况，是对总账的补充说明，它所提供的资料也是编制会计报表的重要依据。明细账一般采用活页账簿，其账簿格式有三栏式、多栏式、数量金额式和横线登记式。

1. 三栏式明细账。三栏式明细账与三栏式总账格式基本相同，只设"借方"、"贷方"和"余额"三个金额栏，这种账簿适用于只需进行金额核算的资本、债权、债务等科目。如"应收账款"、"应付账款"、"应交税费"等明细账，可采用此种格式。三栏式明细账根据有关记账凭证逐笔登记借方金额、贷方金额，并结算出余额。

2. 多栏式明细分类账

多栏式明细分类账，一般在"借方"或"贷方"栏下设立若干专栏，以便按各明细项目分项记录经济业务。该账页格式大多用于成本费用类明细账。

在实际工作中，成本费用明细账可以只按借方发生额设置若干专栏，贷方几乎无发生额或只有少数几笔发生额，可在借方有关栏内用红字登记，表示从借方发生额中冲减，；也可以在借方设置多栏的情况下，贷方设一总金额栏，再设一余额栏。这两种格式如表 5-8、5-9 所示。

表 5-8 管理费用明细账（一）

年		凭证字号	摘要	借方（项目）							
月	日			工资	福利费	办公费	折旧费	业务费	差旅费	……	合计

表 5-9 管理费用明细账（二）

年		凭证字号	摘要	借方（项目）								贷方	余额
月	日			工资	福利费	办公费	折旧费	业务费	差旅费	……	合计		

3．数量金额式明细分类账。数量金额式明细分类账在收入、发出和结存三栏的每一栏内分别设置数量、单价和金额栏。既反映经济业务发生的实物数量变化，同时又反映金额变动情况。这种账簿适用于各种财产物资，如原材料、库存商品、周转材料等存货账户的记录。库存商品明细账格式如表 5-10 所示。

表 5-10 库存商品明细分类账

类别：　　　　　　　　　　　　　　　　　　　　库存商品编号：
品名或规格：　　　　　　　　　　　　　　　　　　储备定额：
存放地点：　　　　　　　　　　　　　　　　　　　计量单位：

年		凭证字号	摘要	收入			发出			结余		
月	日			数量	单价	金额	数量	单价	金额	数量	单价	金额

数量金额式明细账应根据各种财产物资的收发凭证，如购货发票、入库单、领料单等，逐笔进行登记。这种账簿可以提供材料、库存商品等实物资产的详细资料，便于企业进行实物管理和监督。

4．横线登记式明细分类账。这种明细账实际上也是一种多栏式明细账，该明细账将同属于一笔业务的相关内容登记于同一行内，从而根据每行项目是否填制齐全来判断经济业务的发展状况，以加强业务管理。这种明细账主要适用于登记材料采购业务、应收票据和一次性领用备用金业务。对于材料采购业务，可在一行内同时记录付款和入库情况，同行内容记录齐全说明货款两清，否则就存在已付款而未到货、或已到货而未付款的情况，企业应加强对在途材料和付款结算的管理，以推动经营活动的有序进行。应收票据明细账则是在同行内记录收票和到期承兑收款情况。一次性领用备用金业务则可在同行反映领用和报销情况。

例如，某企业 2008 年 3 月发生以下差旅费领用及报销情况：8 日采购员张明出差，借支差旅费 2 000 元；15 日技术人员王山出差，借支差旅费 1500 元；18 日职工李力借款 800 元；23 日张明回来报销差旅费 2000 元；25 日李力报销 800 元。在"其他应收款——备用金"明细账中的记录如表 5-11 所示。

表 5-11　其他应收款——备用金明细账

2008年		凭证号	摘要	借方			2008年		凭证号	摘要	贷方			余额
月	日			原借	补付	合计	月	日			报销	退回	合计	
3	8	付25	张明	2000		2000	3	23	转95	报销	2000		2000	0
3	15	付55	王山	1500										
3	18	付66	李力	800		800	3	25	收85	报销	800		800	0

三、备查账的设置和登记方法

备查账簿是一种补充登记的账簿，设置的目的是为某些经济业务提供必要的补充资料。它没有固定的格式，企业可根据实际需要自行设置。如"租入固定资产登记簿"，其格式如表 5-12 所示。

表 5-12　租入固定资产登记簿

第　　页

名称及规格	租约合同号数	出租单位	租入日期	租金	使用部门		归还日期	备注
					日期	部门		

第三节　更正错账

通过设置和登记会计账簿，将分散在会计凭证上的会计信息予以连续系统起来，并为编制会计报表提供数据资料，因此，账簿记录的正确与否，决定着会计信息的真实可靠。这就要求登记会计账簿要认真仔细。然而，实际记账过程中，难免会出现各种各样的错误，如，记账凭证中会计分录编制不平衡；记账凭证中会计分录正确但登账发生错误；账簿中账户的发生额或余额计算错误；试算平衡表中项目的抄写错误，这些错误的发生都会导致发生额或余额试算不平衡。如果发生试算不平衡，应及时查找错误。

一、错账的查找方法

查找记账错误的方法一般分为全面检查和个别检查两种。

（一）全面检查

全面检查就是把一定时期的全部账目进行检查核对，按照检查程序的不同又分为正查法和反查法。

正查法也称顺查法，就是按照记账的顺序进行检查。即从当期期初的会计凭证开始检查到账簿，再从账簿检查到试算平衡表。反查法也叫逆查法，是按照与记账相反的顺序，从试算平衡表开始，检查到账簿，再从账簿检查到会计凭证。在实际工作中，大多是采用反查法。

（二）个别检查

记账过程中的错误，往往是由于会计人员在登记某项账簿过程中的粗心大意造成的，因此，错账可能只是一项而已，如果采用全面检查，会造成不必要的人力和时间的浪费，这样，可以采用个别检查的方法。

个别检查就是针对试算不平衡的差数，采用一定的技巧对账目进行抽查的方法。具体查找方法有：

1. 差数法。会计人员在记账过程中，对某项经济业务，如果只登记了借方没有登记贷方，或者只登记了贷方没有登记借方，那么试算平衡中，全部账户的借方金额合计与全部账户的贷方金额合计就会不相等，其差额就是某账户漏登记的金额数。差数法查找差错就是根据试算平衡中借贷方不平衡的差数，查找会计凭证中是否有该金额的经济业务，检查是否某账户漏登记账簿了。如果确实如此，则及时补登记入账。

2. 尾数法。如果试算不平衡的差数只发生在角、分位，则可以只对账簿中有角、分位的数据进行抽查，而不必对全部账目进行检查。

3. 除2法。如果会计人员在登记某账户时，将应该登入借方的，登到贷方去了，结果会造成全部账户借方金额合计小于全部账户贷方金额合计，且差数是该项业务金额的2倍。由此可见，当试算不平衡借、贷双方的差数是偶数时，可用这个差数除以 2，得出来的商，反回来检查一下记账凭证中是否有该金额数的业务，如果确有该金额数的业务，再检查一下该业务中，某账户登账是否登反了方向，该检查方法即为除2法。由此可见，除2法，用于查找某账户登记反了方向的错误。

4. 除9法。是指用试算不平衡的差数除以9来查找错账的方法。除9法可以用于查找：

（1）数字错位产生的差错。一是将数字写大了，如将 50 写成 500，其差数为 450，用 450 除以 9 得出的商为 50，也就是正确的数。二是将数字写小了，如将 2000 写成 200，其差数为 1800，用 1800 除以 9 得出的商为 200，也就是错误数，再扩大 10 倍即可得出正确的数字。

（2）相邻数字颠倒产生的差错。登记账簿时，由于疏忽大意，可能会将相邻的数字抄写颠倒，这种情况下试算不平衡的差数可以被9整除，如将 82 写成 28，差数为 54，54 除以 9 得出的商为 6，而 2 与 8 之间差 6，再如将 173 写成 137，差数为 36，36 除以 9 得出的商为 4，而 7 与 3 之间就差 4。

因此，当试算不平衡的差数能被9整除时，可以试探查找是否由于相邻数字颠倒或数字错位造成，根据这个差数找线索，找出来错误所在。

二、错账的更正方法

企业每天会发生大量的经济业务，会计人员进行会计处理的过程中，难免会发生错误。例如，记账凭证编制错误，按错误的凭证登记了账簿；记账凭证虽编制正确，但记账过程中出现失误，如记错金额、记错账户或方向等。当会计人员发现账簿记录错误时，应查明原因，对不同的错误采用不同的更正方法。错账更正方法有三种，包括划线更正法、红字更正法和补充登记法。

（一）划线更正法

划线更正法是指将原错误记录用红线划销，并在其上方进行更正的方法。

1. 适用范围：会计人员发现账簿记录有错误，而原记账凭证无错误的情况下采用这种办法。也就是说，有关人员在依据记账凭证登记账簿的过程中发生了笔误，包括记错金额、入错账户或登错记账方向。

2. 更正方法：先在错误的文字或数字上划一条红线（注意被划销的部分应可辨认以备参考），表示错误内容已被注销，然后将正确的文字或数字写在被注销的文字上端空白处，并由记账人员在更正处签章，以示负责。应当注意的是更正数字时，必须将错误数字全部划销，不能只划销错误的部分。例如记账时，将6 524.80元误记为5 624.80元，采用划线更正法时，应将5 624.80全部划销，然后在其上方记录6 524.80，而不能只将其中的"56"改为"65"。至于文字更正，可以只在错误的文字上划线注销，在其上方空白处填上正确的文字。

（二）红字更正法

红字更正法又称红字冲销法，是指用红字冲销或冲减原有的错误记录以调整记账错误的一种方法。红字更正法主要适用于以下两种情况：

1. 记账之后，发现原记账凭证中的会计科目名称错误，或借贷方向错误，或科目、金额同时错误而造成账簿记录错误。

更正方法是：首先用红字填制一张内容与原错误登记凭证完全相同的记账凭证，并在摘要栏注明"注销 X 月 X 日 X 号凭证的错误"，并据以入账，冲销原错误记录。然后再用蓝字重新填写一张正确的记账凭证，在摘要栏注明"补记 X 月 X 日账"，并据以登记入账。

例如，某职工出差预借差旅费1 000元，付现金。填制记账凭证时，误写为：

　　借：管理费用　　　　　　　　1 000
　　　　贷：库存现金　　　　　　　　1 000

职工借支差旅费应通过"其他应收款"科目核算。当发现记账错误时，先用红字金额编制记账凭证，并登记入账，以冲销原错误记录。

　　借：管理费用　　　　　　　　|1 000|
　　　　贷：库存现金　　　　　　　　|1 000|

　　（注：方框表示红字）

然后，用蓝字填制正确记账凭证，并登记入账。

　　借：其他应收款　　　　　　　1 000
　　　　贷：库存现金　　　　　　　　1 000

2. 记账后发现会计科目及记账方向无误，只是所记金额多于应记的正确金额，这时可以使用红字更正法。

更正方法是：将多记的金额，用红字填制一张与原错误凭证的记账方向、会计科目完全相同的记账凭证，在摘要栏注明"冲销×月×日×号凭证多记金额。"并据以用红字登记入账。

例如，生产甲产品领用材料1 000元，在填制记账凭证时，误将金额写成10 000元，并已登记入账。原会计分录为：

　　借：生产成本　　　　　　　　10 000
　　　　贷：原材料　　　　　　　　　10 000

更正时，将多记金额9 000元，用红字金额填制如下记账凭证，并登记入账，以冲销多计金额。

  借：生产成本   9 000
   贷：原材料   9 000

（注：方框表示红字）

（三）补充登记法

补充登记法是指对原会计凭证记录中少计的金额予以补充登记的一种方法。

1. 适用范围：记账以后发现记账凭证所列账户对应关系正确无误，只是所记金额少于正确金额。

2. 更正方法：将少记的金额，用蓝字金额填制一张与原记账凭证的记账方向、会计科目相同的记账凭证，在摘要栏注明"补充×月×日×号凭证少记金额"，并据以登记入账。

例如，企业本月车间固定资产应提取折旧费为 7 500 元，在填制记账凭证时，误将金额写成 5 700 元，并已登账。原会计分录为：

  借：制造费用   5 700
   贷：累计折旧   5 700

更正时，将少记金额 1 800 元，用蓝字填制如下记账凭证，并据以登记入账，以补足少计金额。

  借：制造费用   1 800
   贷：累计折旧   1 800

第四节 对账和结账

一、对账

对账即核对账目，是指会计人员对各种账簿记录进行核对的工作。在实际工作中，难免会发生各种各样的差错，如填制凭证的差错，记账或过账的差错，存货收发中的差错等。而会计核算的首要原则是客观性原则，要以实际发生的经济业务为依据，真实的反映企业的财务状况和经营成果。通过对账，可以及时发现账务处理过程中的错误，以保证账簿记录的真实性、完整性和正确性，最终为编制会计报表提供真实可靠的会计核算资料。对账是会计工作的一项重要内容。对账的主要内容包括：

（一）账证核对

账证核对就是将各种账簿记录与记账凭证及其所附原始凭证进行核对，以求账证相符，这是保证账账、账实相符的基础。主要包括：

1. 现金日记账、银行存款日记账与现金、银行存款收、付款记账凭证及所附的原始凭证相核对。

2. 明细分类账与全部记账凭证及所附原始凭证相核对。

3. 总分类账与据以记账的凭证相核对，可以是科目汇总表或分类汇总记账凭证，也可以是全部收款、付款、转账凭证。

核对内容包括会计账簿记录的时间、凭证字号、内容、金额等与记账凭证及所付原始凭证是否一致、记账方向是否一致。如果发现账证不一致的，应以记账凭证为基础调整账簿记录。

（二）账账核对

账账核对就是对本单位各种账簿之间的记录进行核对，看是否相符。由于会计账簿之间存在内部的联系与对应关系，及勾稽关系，通过账账核对可以检查、验证会计账簿记录的准确性，以便及时发现错账，予以更正。账账核对的具体内容包括：

1. 核对总分类账簿的记录。按照会计恒等式和记账规则的要求，总分类账簿的期初余额、本期发生额、和期末余额之间存在对应的平衡关系。即：

（1）总分类账全部账户的期初借方余额合计与贷方余额合计核对相符；

（2）总分类账全部账户的借方发生额合计与贷方发生额合计核对相符；

（3）总分类账全部账户的期末借方余额合计与贷方余额合计核对相符。

在实际工作中，总账的核对工作可通过编制"试算平衡表"来完成。试算平衡表的格式见第二章第三节表2-10。

2. 总分类账簿与所属明细分类账簿核对。总账各账户的期末余额应与其所属的各明细账的期末余额合计数核对相符。

3. 总分类账簿与序时账簿核对。现金日记账、银行存款日记账的本期发生额和期末余额应与总账中库存现金账户、银行存款账户的本期发生额和期末余额核对相符。

4. 明细分类账簿之间的核对。如会计部门的各种财产物资明细账的期末余额，与财产保管部门或使用部门的财产物资明细账的期末余额核对相符。

（三）账实核对

账实核对是对各种财产物资、债权债务等的账面余额与实有数额之间的核对。核对的具体内容包括：

1. 现金日记账的账面余额应与库存现金实有数逐日核对相符。

2. 银行存款日记账的余额应定期与银行对账单核对，并编制银行存款余额调节表。

3. 各种账产物资明细账的账面结存数量、金额应定期与财产物资实存数量、金额核对相符。

4. 各种债权债务明细账的账面余额应以函询方式或其他方式与有关债权债务单位的明细账记录核对相符。

二、结账

结账是指把一定时期内发生的经济业务在全部登记入账的基础上，按照规定的方法对该期内账簿记录进行小结，结算出本期发生额合计和余额，并将余额结转下期或者转入新账。企业为了反映一定时期内的财务状况和经营成果，必须按照有关规定定期结账，一般应在会计期末进行。通常，结账工作包括两部分：一是对损益类账户进行结账，并据以确定本期的利润或亏损，把经营成果在账户上揭示出来。二是对资产、负债和所有者权益账户进行结账，分别结出各总分类账户和明细分类账户的本期发生额和期末余额，并在年末将期末余额结转下年，作为下年的期初余额。

（一）结账的程序

为正确反映本期的经营成果及期末的资产、负债和所有者权益的情况，结账应按下列程序进行。

1. 检查本期经济业务是否已全部登记入账，有无错记、或漏记，若发现应及时更正、补记，不能为赶编会计报表而提前结账，把本期发生的经济业务延至下期。
2. 按照权责发生制的要求进行账项调整，以正确确定本期的应计收入和应计费用。

（1）应计收入和应计费用的调整。应计收入是指那些已在本期实现、因款项未收而未登记入账的收入。主要是本期已经发生且符合收入确认标准，但尚未收到相应款项的商品或劳务。对其调整应在确认为本期收入时，借记"应收账款"等科目，贷记"主营业务收入"等科目；待以后收妥款项时，借记"银行存款"等科目，贷记"应收账款"等科目。

应计费用是指那些已在本期发生、因款项未付而未登记入账的费用。如应付未付的借款利息，企业在本期已受益，但利息费用尚未支付，应当将其确认为本期费用，借记"管理费用"、"财务费用"等科目，贷记"应付利息"等科目；待以后支付款项时，借记"应付利息"等科目，贷记"银行存款"等科目。

（2）收入分摊和成本分摊的调整。收入分摊是指企业已经收到有关款项，但尚未完成或全部完成销售商品或提供劳务，需在期末按本期已完成的比例，分摊确认本期已实现收入的金额，并调整以前预收款项时形成的负债。在收到预收款时，借记"银行存款"等科目，贷记"预收账款"等科目；以后提供商品或劳务、确认本期收入时，进行期末账项调整，借记"预收账款"等科目，贷记"主营业务收入"等科目。

成本分摊是指企业的支出已经发生、能使若干个会计期间受益，为正确计算各个会计期间的盈亏，将这些支出在其受益的会计期间进行分配。如企业已支出，但应由本期和以后各期负担的预付账款，在支出时，借记"预付账款"等科目，贷记"银行存款"等科目；在会计期末进行账项调整时，借记"制造费用"等科目，贷记"预付账款"等科目。

3. 将损益类科目转入"本年利润"科目，结平所有的损益类科目。
4. 结算出资产、负债和所有者权益类科目的本期发生额和余额，并结转下期。

（二）结账的方法

结账工作应当根据不同的账户记录，分别采用不同的方法，一般分为月结和年结两种：

1. 对于不需要按月结计本期发生额的账户，如各种应收、应付明细账和财产物资明细账等，每次记账后，都要随时结出余额，每月最后一笔余额即为本月余额。只需在最后一笔经济业务记录之下通栏划红单线，不需要再结计一次余额。
2. 现金、银行存款日记账和需要按月结计发生额的收入、费用等明细账，每月结账时，要在最后一笔业务记录下面通栏划红单线，结出本月发生额和余额，在摘要栏内注明"本月合计"字样，在下面再划通栏红单线。其后可连续记录下月的经济业务。
3. 需要结计本年累计发生额的某些明细账，每月结账时，应在"本月合计"行下结出自年初起指本月末止的累计发生额，登记在月份发生额下面，在摘要栏内注明"本年累计"字样，并在下面通栏划红单线。12月末的"本年累计"就是全年累计发生额，全年累计发生额下通栏划红双线。
4. 总账账户平时只需结出月末余额。年度结账时，为总括反映本年全年各项资金运动情况的全貌，核对账目，要将所有总账账户结出全年发生额和年末余额，在摘要栏内注明"本年合计"字样，并在合计数下通栏划红双线，表示本年业务到此为止。
5. 年度终了结账时，有余额的账户，要将其余额结转下年，并在摘要栏注明"结转下年"

字样;在下一会计年度新建的有关会计账户的第一行余额栏内填写上年结转的余额,并在摘要栏注明"上年结转"字样。即将有余额的账户的余额直接记入新账余额栏内,不需要编制记账凭证,也不必将余额再记入本年账户的借方或贷方,使本年有余额的账户的余额变为零。因为既然是有余额的账户,其余额应当如实地在账户中加以反映,否则容易混淆有余额的账户和没有余额账户之间的区别。

三、账簿的更换和保管

（一）账簿的更换

为了保证账簿记录的连续性,在每一会计年度结束,新的会计年度开始时,应按会计制度的规定,进行账簿的更换。一般来说,总账、日记账和明细账都应更换。更换新账时,应将旧账簿各账户的余额直接记入新账簿中有关账户新账页的第一页第一行"余额"栏内,并在摘要栏注明"上年结转"或"年初余额"字样,无需编制记账凭证。年度内,如果订本账记满,需更换新账时,应办理与年初更换新账相似的手续。

对于有些财产物资、债权债务明细账,由于材料等财产物资的品种、规格繁多,债权债务的单位也比较多,如果更换新账,重抄一遍的工作量相当大,所以不必每年更换,可以跨年度使用。各种备查账簿,也都可以连续使用。

（二）账簿的保管

账簿是企业会计信息的载体,它记载着企业的重要会计资料,必须妥善保管,不得丢失和任意销毁。因此,应建立相应的管理制度。

1. 各种账簿要分工明确、指定专人负责保管。
2. 非经管人员未经领导和会计负责人的批准,不能随意查阅会计账簿。
3. 会计账簿不能随意携带外出,如需携带,必须经单位领导及会计主管人员批准,并由经管人员负责或会计主管人员指定专人负责。
4. 为保证账簿的安全完整和防止任意涂改、毁坏账簿等问题的出现,会计账簿不能随意交他人保管。
5. 年终更换新账后,对旧账应整理装订。整理工作主要包括:检查应归档的旧账是否齐全,各种账簿应办的会计手续是否完备,手续不全的应补办。
6. 更换下来的旧账,经整理后装订成册。装订时,活页账一般按账户分类装订成册,某些账页较少的账户,可以将各账户合并装订成册,但账页格式不同的账簿不得装订在一起。装订后,将装订线封口,由装订人、会计主管在封口处签章。
7. 更换下来的旧账,经整理装订后应编制目录,填制移交清单,移交档案部门妥善保管。各种账簿同会计凭证、会计报表一样,都是重要的经济资料和经济档案,必须妥善保管。

复习思考题

1. 什么是会计账簿?有何作用?如何分类?
2. 什么是日记账?什么是分类账?
3. 什么是总分类账簿?什么是明细分类账簿?两者关系如何?

4. 明细分类账簿的格式有哪几种？各适用于哪些明细分类核算？
5. 如何查找错账？
6. 更正错账有几种方法？各适用于什么情况？
7. 什么是对账？为什么要对账？对账包括哪些内容？
8. 什么是结账？如何结账？

练习题

一、单项选择题

1. "应付账款"明细账的账页格式一般采用（　　）。
　　A. 数量金额式　　　　　　　　B. 多栏式
　　C. 订本式　　　　　　　　　　D. 三栏式
2. 多栏式明细账格式一般适用于（　　）。
　　A. 债权、债务类账户　　　　　B. 财产、物资类账户
　　C. 费用成本类和收入成果类账户　D. 货币资产类账户
3. "原材料"明细账的账页格式一般采用（　　）。
　　A. 数量金额式　　　　　　　　B. 横线登记式
　　C. 三栏式　　　　　　　　　　D. 多栏式
4. "在途物资"明细账的账页格式一般采用（　　）。
　　A. 数量金额式　　　　　　　　B. 横线登记式
　　C. 三栏式　　　　　　　　　　D. 多栏式
5. 会计人员在填制记账凭证时，将750元错记为570元，并且已登记入账，月末结账时发现此笔错账，更正时应采用的便捷方法是（　　）。
　　A. 划线更正法　　　　　　　　B. 红字更正法
　　C. 补充登记法
6. 如果发现记账凭证所用的科目正确，只是所填金额大于应填金额，并已登记入账，应采用（　　）。
　　A. 划线更正法　　　　　　　　B. 红字更正法
　　C. 补充登记法
7. 三栏式明细账应根据（　　）登记。
　　A. 有关记账凭证逐笔　　　　　B. 财产物资收发凭证逐笔
　　C. 有关凭证汇总　　　　　　　D. 转账凭证逐笔
8. 现金日记账必须采用（　　）。
　　A. 订本账　　　　　　　　　　B. 活页账
　　C. 多栏式　　　　　　　　　　D. 卡片式
9. 设置和登记会计账簿是（　　）的基础。
　　A. 记录会计账簿　　　　　　　B. 编制记账凭证
　　C. 披露会计信息　　　　　　　D. 编制会计报表

10. 记账时每行的文字和数字应占（　　）。
   A. 三分之二格　　　　　　　　B. 四分之三格
   C. 二分之一格　　　　　　　　D. 五分之三格
11. 下列各项中，属于账实核对的是（　　）。
   A. 企业银行存款日记账与银行对账单核对
   B. 总分类账与所属明细分类账核对
   C. 会计部门的财产物资明细账与财产物资保管部门的有关明细账相核对
   D. 总分类账与日记账核对
12. 日记账的最大特点是（　　）。
   A. 按现金和银行存款设置账户
   B. 可以提供现金和银行存款的每日发生额
   C. 可以提供现金和银行存款每日的动态和静态资料
   D. 随时逐笔顺序登记并逐日结出余额
13. 在登记账簿过程中，如不慎出现跳行情况，正确的处理方法是（　　）
   A. 将空行用红线对角划掉，并由记账人员签章
   B. 将整页撕掉或抽去，重新登记
   C. 将发现跳行情况后发生的第一笔业务补记在空行上
   D. 利用空行，汇总空行以上所记录的经济业务的累计发生额
14. 对需要结计本年累计发生额的账户，在各账页最后一行结计"过次页"时，"本页合计数"的金额应当为（　　）。
   A. 0
   B. 自本月初起至本页末止的发生额合计数
   C. 本页末的余额
   D. 自本年初起至本页末止的发生额合计数
15. 以"差数除以2"来查找错账的方法简称"除2法"，适用于查找（　　）的错误。
   A. 将数字写小了（如200写为20）
   B. 将邻数颠倒了（如将12写为21）
   C. 某个借方金额错记入贷方
   D. 只登记了会计分录的借方，漏记贷方

二、多项选择题

1. 必须采用订本式账簿的有（　　）。
   A. 原材料明细账　　　　　　　B. 现金日记账
   C. 银行存款日记账　　　　　　D. 总分类账
2. 企业的各种明细账可以依据下列（　　）进行登记。
   A. 原始凭证　　　　　　　　　B. 收款凭证
   C. 付款凭证　　　　　　　　　D. 转账凭证
3. "红字更正法"适用于（　　）。
   A. 记账前，发现记账凭证上的文字或数字有误
   B. 记账后，发现原记账凭证上应借、应贷科目填错

C. 记账后，发现原记账凭证上所填金额小于应填金额
D. 记账后，发现原记账凭证上所填金额大于应填金额
4. 下列错误中，可以通过试算平衡发现的有（　　）。
　　A. 借方发生额大于贷方发生额　　　　B. 应借应贷科目颠倒
　　C. 借方余额小于贷方余额　　　　　　D. 漏记一项经济业务
5. 下列错账，适用于除9法查找的包括（　　）。
　　A. 将9000元错写成900元　　　　　　B. 将500元错写成5000元
　　C. 将1800元错写成8100元　　　　　D. 角、分位出现错误
6. 对账的主要内容有（　　）。
　　A. 账簿资料的内外核对　　　　　　　B. 账证核对
　　C. 账账核对　　　　　　　　　　　　D. 账实核对
7. 三栏式明细账适用于（　　）。
　　A. "应收账款"明细账　　　　　　　　B. "生产成本"明细账
　　C. "应付账款"明细账　　　　　　　　D. "制造费用"明细账
8. 会计账簿按用途分类，主要有（　　）。
　　A. 序时账簿　　　　　　　　　　　　B. 卡片账簿
　　C. 分类账簿　　　　　　　　　　　　D. 备查账簿
9. 普通日记账的格式一般有（　　）。
　　A. 两栏式　　　　　　　　　　　　　B. 三栏式
　　C. 多栏式　　　　　　　　　　　　　D. 数量金额式
10. 年终结账时，下列做法正确的有（　　）。
　　A. 将所有总账账户结出全年发生额和年末余额，在摘要栏注明"本年合计"字样
　　B. 在本年合计数下通栏划单红线
　　C. 有余额的账户，要将其余额结转下年，并在摘要栏注明"结转下年"字样
　　D. 将有余额的账户的余额，通过编制记账凭证的方式，过入新账余额栏内
11. 下列做法中，不符合登记账簿要求的有（　　）。
　　A. 将某项经济业务登记入账后在记账凭证中作记账符号"√"
　　B. 账簿书写时不写满格，文字和数字占格距的三分之一
　　C. 如有跳行在空行处注明"此行空白"，并由相关人员签章
　　D. 对没有余额的账户，在"借或贷"栏内写"借"字或"贷"字
12. 设置和登记会计账簿是重要的会计核算基础工作，其意义在于通过账簿可以（　　）。
　　A. 记载、储存会计信息　　　　　　　B. 分类、汇总会计信息
　　C. 检查、校正会计信息　　　　　　　D. 编表、输出会计信息

三、判断题
1. 总账只进行金额核算，提供价值指标，不提供实物指标；而明细账有的只提供价值指标，有的既提供价值指标，又提供实物指标。（　　）
2. 多栏式明细账格式适用于有关费用、成本和收入、成果类账户。（　　）
3. 会计人员根据记账凭证登账时，误将2000元记为200元，更正这种错误应采用红字更正法。（　　）

4. 在会计核算中，红笔一般只在划线、改错、冲账和表示负数金额时使用。（　　）

5. 备查账是对其他账簿记录的一种补充，可为某些经济业务的内容提供必要的参考资料。（　　）

6. 备查账簿的登账依据、账簿格式和登记方法与序时账簿、分类账簿不相同。（　　）

7. 为保证账款相符，现金日记账的账面余额应每天与库存现金实存数核对。（　　）

8. 总账期末余额与所属明细分类账期末余额相等。（　　）

9. 记账时，如果不慎发生"隔页"、"跳行"的情况，应在空页或空行处用红线划销，注明"此行空白"、"此页空白"字样。（　　）

10. 一般来说，每年年终结账后，总账、日记账和多数明细账都应该进行更换。但对于发生额很少的总账、部分财产物资明细账和债权、债务明细账，可以跨年度使用而不必更换新账。（　　）

四、综合题

习题一

（一）目的　练习序时账簿、明细账簿的登记方法。

（二）资料　北方公司2008年8月份发生有关材料采购的会计事项如下：

1. 5日，从大华工厂购入甲材料500吨，单价108.5元，货款54 250元，增值税额9 222.50元，材料已收到，货款尚未支付；

2. 8日，以银行存款支付购入甲材料的运杂费750元；

3. 10日，甲材料验收入库，结转上述甲材料的采购成本；

4. 15日，由于生产需要，购入不需安装机器设备一台，价款总计117 000元，设备已投入使用，货款以一张三个月期商业承兑汇票支付。

5. 16日，以银行存款偿还大华工厂账款63 472.50元；

6. 18日，厂部购买办公用品300元，以现金支付；

7. 20日，生产车间领用甲材料300吨，单价110元，用于生产A产品；

8. 20日，从银行提取现金40 000元，以备发放工资；

9. 20日，以现金40 000元，支付工人工资；

10. 25日，A产品完工入库1 000件，单位成本98元；

11. 26日，销售A产品800件，单价180元，增值税额24 480元，货已发出，款项已收存入银行；

12. 30日，计提固定资产折旧费5 000元，其中生产车间计提3 500元，管理部门计提1 500元；

13. 31日，计提本月短期借款的利息500元；

14. 31日，月末分配应付工资40 000元，其中生产A产品工人工资32 000元，车间管理人员工资3 000元，厂部管理人员工资5 000元；

15. 31日，结转已销A产品成本78 400元；

（三）要求

1. 根据上述资料编制会计分录。

2. 根据上述业务，登记"现金日记账"、"银行存款日记账"、"原材料"明细账和"管理费用"明细账。

现金日记账

08年		凭证号数	摘要	对方科目	借方	贷方	借/贷	余额
月	日							
8	1		期初余额				借	1500

银行存款日记账

08年		凭证号数	摘要	对方科目	借方	贷方	借/贷	余额
月	日							
8	1		期初余额				借	150000

原材料明细分类账

品名或规格： 　　　　　　　　　　　　　　　　　　　　　　　　计量单位：

08年		凭证字号	摘要	收入			发出			结余		
月	日			数量	单价	金额	数量	单价	金额	数量	单价	金额
8	1		期初余额							30	110	3300

管理费用明细账

年		凭证字号	摘要	借方（项目）								贷方	余额
月	日			工资	福利费	办公费	折旧费	业务费	差旅费	……	合计		

习题二

（一）目的　练习错账的更正。

（二）资料　南方工厂在6月份发生的经济业务，已编制记账凭证，并已登记入账。

6月25日检查时，发现下列几笔业务有错误：

1. 5日，购进材料2 000元，已验收入库，货款未付。原会计分录如下：
   借：原材料　　　　　　　　　20 000
   　　贷：应付账款　　　　　　　　　20 000

2. 8日，开出转账支票4 000元，归还银行短期借款。原会计分录如下：
   借：银行存款　　　　　　　　4 000
   　　贷：短期借款　　　　　　　　　4 000

3. 10日，车间领用材料9 200元，原会计分录如下：
   借：生产成本　　　　　　　　2 900
   　　贷：原材料　　　　　　　　　　2 900

4. 15日，以现金购入办公用品20元。原会计分录如下：
   借：制造费用　　　　　　　　　20
   　　贷：应付账款　　　　　　　　　　20

5. 20日，售出产成品一批，计售价3 600元。货款未收。原会计分录如下：
   借：银行存款　　　　　　　　6 300
   　　贷：主营业务收入　　　　　　　6 300

6. 23日，结转售出产品的成本为3 400元。原会计分录如下：
   借：主营业务成本　　　　　　4 300
   　　贷：库存商品　　　　　　　　　4 300

（三）要求　以正确的方法更正错账。

第六章 财产清查

第一节 财产清查的意义与种类

在实际会计工作中各种原因都会导致账实不一致。为了确保会计核算资料的客观、真实、准确，保证财产物资的安全完整，一方面要建立健全企业的岗位责任制，另一方面要建立财产清查制度，对企业各项财产、债权进行细致清查、核对。《中华人民共和国会计法》第十七条明确规定："各单位应当定期将会计账簿记录与实物、款项及有关资料相互核对，保证会计账簿记录与实物及款项的实有数额相符，会计账簿记录与会计凭证的有关内容相符、会计账簿之间相对应的记录相符、会计账簿记录与会计报表的有关内容相符。"

财产清查就是通过对实物、现金的实地盘点和对银行存款、往来款项的查对，来确定各项财产物资、货币资金、往来款项的实存数，并查明实存数与账存数是否一致相符的一种专门方法。

一、财产清查的意义

财产清查是会计工作的一个重要环节，是会计核算方法之一，它对于加强和改善企业经营管理、正确进行会计核算、维护财经纪律、发挥会计的监督职能都具有重要意义。

（一）保证账实相符，确保会计资料真实可靠

通过财产清查，查明各项财产物资的实际结存数，与其账面结存数进行核对，确定账实是否相符，若不相符，计算确定其差异，按会计核算规定的手续及时调整账面记录，以做到账实相符。这样，才可以保证会计报表的各项数据真实可靠。

（二）保护财产物资的安全完整

通过财产清查，及时查明各项财产物资是否完整无缺，有无毁损、短缺、变质等情况，保管是否妥当，便于及时改进，消除隐患，保证物资完好无损。

（三）挖掘财产物资的潜力，提高资金使用效率

通过财产清查，在掌握各项财产物资实有数的同时，查明其储备和利用情况，对储备不足的物资应及时进货，以保证供给；对超储积压物资和闲置物资及时处理，减少损失浪费，同时采取有利措施，充分挖掘现有财产物资的潜力，发挥其最佳使用效能，提高资金利用率。

（四）建立健全财产物资管理的规章制度

通过财产清查，可以及时发现各种财产物资在收入、发出、领退各环节存在的问题和薄弱环节，有针对性的改进管理办法，建立健全管理制度和内部控制制度，明确经济责任，防

患于未然,提高财产物资管理水平,保证物流管理质量。

(五)维护财经纪律,执行结算制度

通过财产清查,可以查清债权债务的结算情况,查明应交国家的各种税费是否及时,足额上交,发现是否有化公为私、营私舞弊的行为。通过清查,促使企业严格遵守财经纪律、法规,认真执行结算制度,做到资金及时偿还和收回。

二、财产清查的种类

(一)按清查对象和范围分类,可分为全面清查和局部清查

1. 全面清查,全面清查是对本单位所有的货币资金、实物资产和债权债务进行全面彻底的清查、盘点和核对。就一般企业而言,全面清查包括下列内容:

(1)实物资产,如固定资产、原材料、库存商品、工程物资等;

(2)库存现金、银行存款及各种有价证券;

(3)在途材料、在途商品、委托加工物资等;

(4)应收、应付、预收、预付等各种往来结算款项。

全面清查内容全面,范围广泛,能彻底清查企业所有财产物资,但清查工作需投入人力多,发生费用较高,占用时间较长,通常在以下情况时采用:

(1)年终决算之前,为保证年终决算的跨期信息的真实准确,需要进行全面清查;

(2)单位合并、撤销、改变隶属关系或采取新的经营方式时,需要进行全面清查;

(3)中外合资、国内联营及股份制改制时,需要进行全面清查;

(4)按国家要求开展资产评估、清产核资时,需要进行全面清查;

(5)单位主要负责人调离工作岗位时,需要进行全面清查。

2. 局部清查,是根据管理需要或依据有关规定对企业的部分财产物资、债权债务进行的盘点与核对。相对而言,局部清查内容少、时间短、需要的人力少、费用低。因此,可以对各种财产物资按其性质和保管存放地点的不同,分别进行局部的经常性的清查。

一般情况下,对于流动性较强的材料物资,如原材料、库存商品等,除年度清查外,年内还要轮流盘点或重复抽查;对各种贵重物资,至少每月盘点一次;对于银行存款和银行借款,每月同银行核对一次;对于库存现金,每日终了应由出纳员自行盘点;对于债权债务等往来款项,每年至少与对方单位核对一至二次。

(二)按清查时间分类,可分为定期清查和不定期清查

1. 定期清查是根据企业财务管理制度的规定,按照预先计划安排的时间进行的清查。定期清查的目的着重于核实企业财产物资实存数与账存数是否一致,以保证会计信息的真实可靠。定期清查一般是在月末、季末、年末结账之前进行。定期清查根据需要可以是局部清查,也可以是全面清查。

2. 不定期清查是事先并未规定具体清查时间,而是根据实际需要所进行的临时性清查。其目的在于查明情况,分清责任。一般在下列情况发生时需要进行不定期清查:

(1)更换财产物资保管员,对其保管的有关财产物资进行清查,以分清经济责任;

(2)更换现金出纳时,对其保管的现金进行清查,以明确经济责任;

(3)根据上级主管部门的要求,进行临时性的清产核资、资产重组、企业并购以及改变隶属关系时,对本单位的财产物资进行清查,以摸清家底;

（4）发生自然灾害或意外损失时，对受灾害和受损失的有关财产物资进行清查，以查明损失情况；

（5）上级主管部门、财政、税务、审计等部门。对本单位会计工作进行临时性检查时，按照检查的要求和范围进行的清查，以确保会计资料的真实性。

（三）按清查执行单位分类，可分为内部清查和外部清查

1. 内部清查是由企业自行组织清查工作小组进行的财产清查工作。

2. 外部清查是由上级主管部门、审计机关、司法部门或注册会计师根据国家的有关规定或实际需要对企业进行的财产清查。如注册会计师对企业的会计报表进行审计，审计、司法机关在对企业进行检查、监督时进行的清查工作。

第二节 财产物资的盘存制度

财产物资的盘存制度就是确定财产物资实际结存数量的核算方法，即规定各种财产物资的收入、发出、结存在账簿中的记录方法，包括永续盘存制和实地盘存制两种制度。

一、永续盘存制

永续盘存制又称为账面盘存制，是以账簿记录为依据来确定财产物资结存数量的方法。采用永续盘存制要求设置详细的财产物资（存货）明细账，逐笔、逐日连续登记存货的收入数、发出数并随时计算结存数的一种方法。采用这一方法的同时，仍需定期或不定期进行实地盘点（即财产清查），查明各种财产物资实存数，通过账存、实存的分析比较，确定盘盈或盘亏数额，调整账面记录，以保证账实相符。

永续盘存制的优点是，有利于加强对财产物资的管理，通过存货明细账的记录，可以随时了解各种财产物资的收入、发出及结存情况，并从数量和金额两个方面进行控制和监督。缺点是财产物资明细分类核算工作量较大，需要投入较多的人力和时间。但是，与实地盘存制比较，永续盘存制在控制和保护财产物资安全方面，在为经营管理及时提供信息方面都具有明显优越性。所以，一般企业都采用永续盘存制核算存货。

二、实地盘存制

实地盘存制又称定期盘存制，是指会计期末通过对财产物资进行实地盘点，确定期末结存数量，并据以倒算出本期存货耗用成本或销售成本的一种方法。该方法用于工业企业时，又称"以存计耗制"；用于商业企业时，又称"以存计销制"或"盘存计销制"。

该方法的具体做法是：财产物资明细账平时只登记财产物资的收入数，不登记财产物资发出数，期末通过实地盘点，确定期末的结存数量，并作为账面结存数量，计算结存金额，然后倒挤本期发出数量及金额，并分别补登记入账，完成账簿记录，使账实相符。其计算公式为：

本期发出数量＝期初结存数量＋本期购入数量－期末结存数量

实地盘存制的优点是，由于平时对发出和结存的财产物资不作记录，简化了会计核算工作，减少了核算工作量。其缺点是不能随时通过账簿记录反映财产物资的发出和结存动态；

发出存货成本和销售存货成本的计算不够准确；难以利用账簿记录加强财产物资的管理。

因此，实地盘存制度一般只适用于定期结转成本的、价值低、数量不稳定、损耗大的财产物资（如燃料、油料、鲜活商品等）。

第三节 财产清查的组织和方法

一、财产清查前的准备工作

财产清查是一项时间紧、涉及面广、工作量大、细致而又复杂的工作。为了保证财产清查工作的顺利进行，在进行清查前，必须做好充分的准备工作。

（一）建立财产清查小组，指定清查人员

清查单位应成立由总会计师或主管领导为组长的财产清查领导小组，成员应包括财产保管人员、生产技术人员、设备管理人员、行政管理人员及会计等各有关部门的人员。

（二）拟定财产清查方案，确定财产清查的技术方法

财产清查之前，拟定的清查方案包括确定清查对象的范围，规定清查时间和进度，明确清查步骤和具体方法。清查的技术方法，应视清查对象不同而相应确定采用实地盘点法、测量计算法、估计法等。

（三）提供真实可靠的账簿资料

财产清查之前，会计人员应将当期发生的经济业务全部登记完毕，并结出余额，通过核对账目，做到账证相符、账账相符，为财产清查提供真实可靠的账面资料。

（四）做好其他必要的准备工作

1. 准备好被清查财产物资的实物，将各种物资摆放整齐，编号贴签。
2. 准备好必要的度量衡量器具。
3. 准备好各种表册、记录用具，以便登记清查结果。

二、财产清查的一般方法

企业的各项财产物资由于其形态、体积、重量、存放地点、存放方式及数量不同，为了查明财产清查对象的实有数额，完成清查的任务，应了解和掌握财产清查的各种具体方法。

（一）实地盘点法

实地盘点法就是对财产在存放地点采用点数、量尺、过磅等方法计量其数量。此种方法适用于能直接查清数量的财产，如对库存现金的清点，对机器设备的清查等。

（二）抽样盘点法

抽样盘点法是对某些价值小、数量多、不便逐一点数的财产，采取从其总体或总量中抽取少量样品，确定样品的数量，然后再计算其总体数量的方法。抽样盘点法又分为随机抽样、机械抽样、分层抽样等具体方法。

随机抽样就是从样本总体单位中抽取部分单位进行盘点，以其结果推算总体的有关指标的一种抽样方法。

机械抽样也称系统抽样，就是总体单位按一定的顺序排列，根据总体单位数和样本单位

数,算出抽取间隔,再按此间隔抽取样本单位的抽样方法。

分层抽样也称类型抽样,就是总体中各单位按某一标志分成若干类,从各类抽取若干清查单位的抽样方法。

(三) 测量计算法

测量计算法是对某些储存量大、存放比较有规则但不便逐一点数的财产物资采用的一种清查方法。如清查储油罐中的油。

(四) 估计法

估计法就是对某些重量大、堆放不规则或无法确定其准确数量的财产物资估计其数量的一种清查方法。它又可分为经验估计和比较估计。

经验估计法就是由有经验的人员根据自己多年的实际经验,通过对实物进行观察,而得出数据的一种方法。

比较估计法就是根据清查的对象,先找出一种同类标准物体作为比较,然后确定其价值或数量的一种方法。

(五) 技术推算法

技术推算法就是根据已有资料推算其结果的一种方法,即针对大量成堆、难以逐一清点的物品,按照一定标准或数学方法推算出实存数量的一种方法。例如,散装化肥、饲料、矿砂等,可以先推算其总体积,再测算其重量和单位体积,然后再换算成总重量。技术推算法实际是估计法和测量计算法的结合。

(六) 对账单法

对账单法就是将账簿记录与对方开出的对账单进行核对,或根据本单位账簿记录给对方开出对账单,供其与之核对。这种方法常用于清查银行存款和往来款项。

(七) 查询法

查询法就是采取发函或派人前往对方企业当面查核询问的一种方法。此种方法适用于债权债务、款项拖欠等业务的清查。

三、实物资产的具体清查

实物资产清查是指对具有实物形态的各种财产物资的清查,主要包括固定资产、材料、在产品、库存商品、半成品等。对不同的实物确定数量时,可根据具体情况分别采用不同的方法,如实地盘点法、技术推算法、抽样盘点法。

(一) 实物资产清查的要求

1. 为保证账簿记录的准确无误,截至清查日,所有有关实物的收发凭证都要全部入账,结出总账和各明细账的结存数额并认真进行核对。

2. 在实物存放地点准备好各种必要的度量衡量器具,并进行详细的检查,以保证计量的准确性。

3. 为明确经济责任,在清查时,实物保管人员必须在场,并参加盘点工作。

(二) 实物资产的盘点

盘点实物,工作量较大,盘点时要求分清层次,先重点,后一般,将固定资产、材料、库存商品等逐项查清。实际清查过程中,既不能重盘又不能漏盘,既要注重数量又要注重质量。实物盘点可分三个步骤进行:

第一步：盘点实物，根据实物特点，采取相应的方法。

1. 盘点固定资产时，对于生产用房、非生产用房、其他建筑物等要逐一清查，简易用房要按固定资产标准检查是否符合固定资产条件；对于机器设备、运输设备、传导设备、电力设备等要逐一清查，并注意有无内部转移实物而财会账簿未反映，设备不完好，生产报废遗弃未办手续，不符合固定资产标准等问题。

2. 盘点材料时，应分材料类别逐一盘点，对包装完整的材料可根据有关凭证和包装上所注明的数量进行核对；对于零散的材料，可采用过数、计量、过磅、度量等方式确定其数量。清查时要注意材料的数量和质量，检查有无名不符实、霉烂变质、品种串号等问题。

3. 清查库存商品、半成品、在产品时，除注意其数量外，还要注意其配套性、完工程度、质量等问题。

第二步：填写"财产物资盘存单"。

"财产物资盘存单"是记录实地盘点结果的书面文件，也是反映盘点日财产物资实有数的原始依据。其格式如表 6-1 所示。

表 6-1　财产物资盘存单

财产类别：
存放地点：　　　　　　　　　　　年　月　日　　　　　　　　编号：

编号	名称	计量单位	数量	单价	金额	备注

盘点人员：　　　　　　　　　　　　　　　　　　　　　保管人员：

盘存单一式三份，一份由盘点人员留存备查，一份交实物保管人员保存，一份交财会部门以便与账簿记录核对。盘点后，参加清查工作的人员和实物保管人员均应在"财产物资盘存单"上签名，以明确经济责任。

第三步：编制"实存账存对比表"。

为了核对清查结果，财会部门应根据"财产物资盘存单"及有关账簿资料编制"实存账存对比表"，以确定实存数与账存数的差异，并作为调整账簿记录的原始凭证。"实存账存对比表"的格式如表 6-2 所示。

表 6-2　实存账存对比表

财产类别：　　　　　　　　　　　年　月　日
编　号：

编号	名称	计量单位	单价	实际盘存		账面盘存		盘盈		盘亏		备注
				数量	金额	数量	金额	数量	金额	数量	金额	

四、货币资金的具体清查

货币资金包括库存现金和银行存款,清查货币资金时,要求收款、付款、结存都应符合制度规定。

(一)库存现金的清查

库存现金的清查主要采用实地盘点法进行的,通过盘点确定库存现金的实存数,然后与现金日记账的账面余额进行核对,以查明账实是否相符及长款或短款情况。清查现金时出纳人员必须在场。

现金清查工作分为四步进行:

1. 清点库存现金实有数,填于"库存现金盘点报告表"中;其格式如表6-3所示。
2. 将现金日记账余额也填于"库存现金盘点报告表"中,并在表中计算确定盘盈或盘亏。
3. 检查开支是否符合财经纪律,有无白条抵库、超核定限额、未经批准坐支现金等现象,出现此类现象应及时纠正。
4. 根据"库存现金盘点报告表"的盘点结果,调整账簿记录。

表6-3 库存现金盘点报告表

年 月 日

实存金额	账存金额	对比结果		备注
		长款	短款	

盘点人(签章):　　　　　　　　　　　　出纳员(签章):

(二)银行存款的清查

与实物资产、库存现金清查所使用的方法不同,银行存款的清查主要是将开户银行转来的对账单与本单位的银行存款日记账进行核对,以查明账实是否相符。

在实际工作中,企业收到银行对账单后,应将银行存款日记账上的每笔业务与银行对账单逐笔核对,核对时常常会出现银行对账单余额与本单位银行存款日记账余额不一致的情况。当出现双方账面余额不相等时,有两种可能:一是一方或双方账簿记录有误,应及时查清更正;二是发生未达账项。

所谓未达账项,是指企业与银行之间,由于凭证传递时间上的不一致,造成一方已经入账,而另一方尚未入账的款项。具体有四种情况:

1. 企业已收款入账而银行尚未收款入账的款项,如企业送存银行的转账支票,银行尚未收妥入账。
2. 企业已付款入账而银行尚未付款入账的款项,如企业开出支票,持票人尚未到银行兑取。
3. 银行已收款入账而企业尚未收款入账的款项,如采用委托收款方式银行已收到货款,企业尚未收到有关凭证。
4. 银行已付款入账而企业尚未付款入账的款项,如银行已从企业存款账户扣除借款利息,企业尚未接到付息通知。

在核对银行账目的过程中，如发现未达账项，企业应编制"银行存款余额调节表"。

银行存款余额调节表的编制方法是：以银行存款日记账余额加上银行已收企业未收的款项，减去银行已付企业未付的款项；以银行对账单余额加上企业已收银行未收的款项，减去企业已付银行未付的款项。若双方的调整后余额相等，一般说明双方账面记录无误。如果调整后的双方余额不等，说明账面记录有差错，需要进一步核对账目，查找原因，加以更正。

例如，2007年12月31日某企业银行存款日记账余额为75 000元，银行对账单余额为73 900元，经逐笔核对，发现未达账项如下：

1. 12月30日企业销售产品，收到转账支票2 000元，送存银行，银行尚未收到款项；
2. 12月30日企业开出转账支票支付水电费9 300元，持票人未到银行兑取；
3. 12月31日银行收到企业委托代收的某公司购货款1 000元，企业未收到收款通知。
4. 12月31日银行已扣掉企业应付的借款利息9 400元，企业尚未收到付息通知。

上述例题中有4笔未达账项：

第1笔：企业收到转账支票增加了企业银行存款日记账金额，而银行尚未收到款项，未记入对账单金额，该笔款项属于企业已收、银行未收。

第2笔：企业开出转账支票，即已减少银行存款日记账金额，由于持票人尚未兑取，银行并未减少此笔款项，该笔款项属于企业已付、银行未付。

第3笔：银行收到企业委托收取的款项，即已增加银行对账单余额，而企业因尚未收到收账通知并未入账，该笔款项属于银行已收、企业未收。

第4笔：银行扣掉企业应付的借款利息，即已减少银行对账单余额，而企业尚未收到付息通知并未入账，该笔款项属于银行已付、企业未付。

根据上述资料编制的"银行存款余额调节表"如表6-4所示。

表6-4　银行存款余额调节表

2007年12月31日　　　　　　　　　　　　　单位：元

项目	金额	项目	金额
企业银行存款日记账余额	75 000	银行对账单余额	73 900
加：银行已收，企业未收	1 000	加：企业已收，银行未收	2 000
减：银行已付，企业未付	9 400	减：企业已付，银行未付	9 300
调节后的存款余额	66 600	调节后的存款余额	66 600

调节后的存款余额表明企业可动用的银行存款实有数。需要说明的是，编制"银行存款余额调节表"只是用于核对账目，不能作为调整账面记录的原始凭证。对于银行已入账，企业尚未入账的未达账项，应待有关凭证到达后，再进行账务处理。

（三）往来款项的清查

往来款项主要包括各种应收账款、应付账款、预收账款、预付账款、其他应收款和其他应付款。往来款项的清查采用同对方单位或个人核对账目的方法。

1．清查要求。企业的往来款项情况往往比较复杂，为准确清查往来款项，应注意以下要求：

(1)企业的往来款项必须逐笔登记清楚,以便提供可靠的账簿记录资料。
(2)根据不同款项的特点,采用不同的清查方法。
(3)清查往来款项时,不仅要查明应收应付的余额,还要查明发生额及发生的原因,以便加强管理。
(4)在清查中发生的坏账损失要求认真按制度规定处理,财会部门不可擅自销账。

2.编制往来款项清查结果报告表。在清查往来款项时,首先检查本单位各种往来款项的记录是否完整、准确,确定无误后,再编制"往来款项对账单",通过电函、信函或派人送交等方式,请对方予以核对。"往来款项对账单"一般一式两联,一份由对方保存,一份作为回单联,由对方核对并将对账结果注明后盖章退回,表示已核对;如果发现数额不符,则在回单联上注明不符情况,或另抄对账单退回,以便进一步核对。

对清查结果应编制"往来款项清查结果报告表",其格式如表6-5所示。

表 6-5 往来款项清查结果报告表

种类:　　　　　　　　　　年　月　日　　　　　　　　　　单位:元

明细账户	清查结果		差异额及原因说明	
	本企业账面金额	对方账面金额	差异额	差异原因说明

制表:

需要说明的是,企业会计人员编制的"往来款项清查结果报告表"不能作为调整账面记录的原始凭证,对于无法收回的应收账款,应报请批准后,才可予以转销。

第四节　财产清查结果的处理

一、财产清查结果的处理要求

对财产清查的结果,应按照国家的有关的法规、制度为依据,严肃认真的进行处理。

(一)认真分析、查明账实不符的原因和性质,按规定采用相应的处理方法

通过清查发现的账实不符,需查明原因,明确经济责任,提出处理意见。按照审批权限和程序报请批准后予以处理。一般情况下,因个人工作失误造成的损失,应由个人负责赔偿;因经营管理不善造成的损失,计入管理费用;因自然灾害造成的损失,可列入营业外支出。

(二)积极处理多余积压物资和清理长期拖欠的债权债务

对清查过程中发现的超储积压物资,除本单位内部设法利用、改制、代用外,应积极组织推销,做到物尽其用,以提高资金的周转率和财产物资的使用效率。对长期拖欠不清的债权债务,指定专人负责查明原因,积极主动与对方单位协商解决。

(三)总结经验教训,建立健全财产管理制度

财产清查以后，针对发现的问题，应认真加以总结、分析，查明原因，确定经济责任，制定改进工作的具体措施，进一步健全相应的财产物资管理制度，特别是岗位责任制和内部控制制度，以提高经营管理水平，保护企业财产物资的安全与完整。

（四）根据清查结果，及时调整账簿记录，做到账实相符

对于财产清查中发现的盘盈与盘亏，应首先调整账面记录，做到账实相符，再上报主管领导，按照批准的意见进行转销。

二、财产清查结果的账务处理

为了对财产清查结果进行相应的账务处理，应设置和运用"待处理财产损溢"账户，该账户专门核算已经发生待批准转销的财产物资的损溢。该账户属于资产类账户，借方登记待处理的盘亏或毁损的财产物资金额，贷方登记待处理盘盈的财产物资金额。根据管理机构批准意见结转时，盘亏或毁损金额从该账户贷方转销，盘盈金额从该账户借方转销。转销完毕，该账户应无余额。

为了具体反映盘盈、盘亏财产物资的性质，在该账户下设置"待处理流动资产损溢"和"待处理非流动资产损溢"两个明细账户。现举例说明各种财产物资清查结果的账务处理。

（一）库存现金长短款的处理

【例1】 企业在清查中发现库存现金短缺60元。

分析：现金短缺应先调整账面余额，使账实相符；再查明原因，进行转销。编制会计分录为：

　　　　借：待处理财产损溢——待处理流动资产损溢　　60
　　　　　　贷：库存现金　　　　　　　　　　　　　　　　60

【例2】 经查，上述现金短缺属于出纳员责任，按照企业制度规定，应由其赔偿50%，另外50%经批准转入"管理费用"。

分析：有责任人的赔款，在未收到赔款前，应先记入"其他应收款—XX责任人"账户。待收到款项后再冲回。编制会计分录为：

　　　　借：其他应收款——出纳员xxx　　　　　　　　30
　　　　　　管理费用　　　　　　　　　　　　　　　30
　　　　　　贷：待处理财产损溢——待处理流动资产损溢　60

【例3】 收到出纳员的赔款30元。

分析：收到赔款，增加现金的账面余额，同时减少其他应收款。编制会计分录为：

　　　　借：库存现金　　　　　　　　　　　　　　　　30
　　　　　　贷：其他应收款——出纳员xxx　　　　　　　30

【例4】 现金清查中，发现库存现金比账面余额多出50元。

分析：现金长款应先调整账面余额，使账实相符；再查明原因，进行转销。编制会计分录为：

　　　　借：库存现金　　　　　　　　　　　　　　　　50
　　　　　　贷：待处理财产损溢——待处理流动资产损溢　50

【例5】 经反复核查，上述现金长款原因不明，经批准转作"营业外收入"处理。

　　　　借：待处理财产损溢——待处理流动资产损溢　　50

　　　　贷：营业外收入　　　　　　　　　　　　　　　　　50

（二）存货盘盈、盘亏的处理

　　存货发生盘盈、盘亏，先调整存货账面记录，同时将盘盈（或盘亏）的存货成本暂计入"待处理财产损溢"账户贷（或借）方，使其账实相符。若属于收发计量或核算上的误差造成的盘盈，经批准，冲减"管理费用"。对于盘亏或毁损的存货，应视其原因不同进行不同的处理：（1）属于定额内的正常损耗，经批准转作"管理费用"。（2）属于超定额损耗及毁损，能确定过失人，应由过失人赔偿；属于保险责任范围的，应向保险公司索赔；应收赔偿记入"其他应收款"，扣除赔偿及残值后的净损失，计入"管理费用"。（3）属于自然灾害或意外造成的存货损毁，扣除保险赔偿和残值后，计入"营业外支出"。

【例6】　某企业财产清查，发现盘盈甲材料2 000元，经查明是由于收发计量上的误差所致。

　　批准前，先调账，应编制会计分录为：
　　　　借：原材料——甲材料　　　　　　　　　　　　2 000
　　　　　　贷：待处理财产损溢——待处理流动资产损溢　　2 000
　　批准后，再结转，应编制会计分录为：
　　　　借：待处理财产损溢——待处理流动资产损溢　　2 000
　　　　　　贷：管理费用　　　　　　　　　　　　　　2 000

【例7】　某企业盘亏乙材料3 000元，经查是由于过失人原因造成材料毁损，应由其赔偿2 000元，毁损材料估价入库，价值200元。

1. 根据盘亏数，先调账，编制会计分录为：
　　　　借：待处理财产损溢——待处理流动资产损溢　　3 000
　　　　　　贷：原材料——乙材料　　　　　　　　　　3 000
2. 批准后，确认应由过失人赔偿的部分，编制会计分录为：
　　　　借：其他应收款——×××　　　　　　　　　　2 000
　　　　　　贷：待处理财产损溢——待处理流动资产损溢　　2 000
3. 残料验收入库，编制会计分录为：
　　　　借：原材料　　　　　　　　　　　　　　　　　200
　　　　　　贷：待处理财产损溢——待处理流动资产损溢　　200
4. 结转净损失，编制会计分录为：
　　　　借：管理费用　　　　　　　　　　　　　　　　800
　　　　　　贷：待处理财产损溢——待处理流动资产损溢　　800

【例8】　某企业由于非常灾害毁损材料30 000元。经核实，保险公司同意赔偿21 000元。

分析：毁损材料首先调整账面余额，经批准后其净损失记入营业外支出。

1. 调整账面余额，编制会计分录为：
　　　　借：待处理财产损溢——待处理流动资产损溢　　30 000
　　　　　　贷：原材料　　　　　　　　　　　　　　　30 000
2. 确认应收保险赔偿额，编制会计分录为：
　　　　借：其他应收款——保险公司　　　　　　　　　21 000

　　　　贷：待处理财产损溢——待处理流动资产损溢　　　21 000
　　3. 经批准将净损失转作营业外支出，编制会计分录为：
　　　　借：营业外支出——非常损失　　　　　　　　　9 000
　　　　　贷：待处理财产损溢——待处理流动资产损溢　　9 000
　（三）固定资产盘盈、盘亏的处理
　　固定资产盘盈（或盘亏），首先调整"固定资产"及"累计折旧"账户，使账实相符，并将盘盈（或盘亏）的固定资产净值暂记"待处理财产损溢"账户，待批准后，再转到"营业外收入"（或"营业外支出"）账户。
　　【例9】　企业在财产清查中，发现账外设备一台，该设备的市价为20 000元，估计折旧6 000元。
　　1. 批准前，先调账，按盘盈固定资产的市价减去估计折旧后的净值入账，编制会计分录为：
　　　　借：固定资产　　　　　　　　　　　　　　　　14 000
　　　　　贷：待处理财产损溢——待处理非流动资产损溢　14 000
　　2. 批准后，再转账，编制会计分录为：
　　　　借：待处理财产损溢——待处理非流动资产损溢　14 000
　　　　　贷：营业外收入　　　　　　　　　　　　　　14 000
　　【例10】　企业在财产清查中，发现盘亏机床一台，账面原值30 000元，已提折旧18 000元。
　　1. 批准前，先调账，将盘亏的固定资产的账面价值注销，编制会计分录为：
　　　　借：待处理财产损溢——待处理非流动资产损溢　12 000
　　　　　　累计折旧　　　　　　　　　　　　　　　　18 000
　　　　　贷：固定资产　　　　　　　　　　　　　　　30 000
　　2. 经批准后转销，编制会计分录为：
　　　　借：营业外支出　　　　　　　　　　　　　　　12 000
　　　　　贷：待处理财产损溢——待处理非流动资产损溢　12 000
　（四）往来款项清查结果的处理
　　【例11】　企业在财产清查中，取得证据表明确实无法收回W公司的应收账款5 000元。
　　分析：对于企业无法收回的应收账款，符合坏账确认条件的，应作为坏账损失，予以转销。在采用备抵法核算坏账损失的情况下，应冲减已提取的坏账准备。编制会计分录为：
　　　　借：坏账准备　　　　　　　　　　　　　　　　5 000
　　　　　贷：应收账款——XX企业　　　　　　　　　　5 000
　　【例12】　企业在财产清查中，查明应付H单位的货款800元，因该单位已撤销确实无法支付。
　　分析：对于企业确实无法支付的应付账款，按照《企业会计准则》的规定，转入"营业外收入"。编制会计分录为：
　　　　借：应付账款——H单位　　　　　　　　　　　800
　　　　　贷：营业外收入　　　　　　　　　　　　　　800

复习思考题

1. 什么是财产清查？财产清查有何意义？
2. 财产清查如何分类？各种清查方法适用于何种情况？
3. 什么是未达账项？如何编制银行存款余额调节表？
4. 财产清查采用的具体方法有哪些？

练习题

一、单项选择题

1. 财产物资的盘存制度是（ ）。
   A．权责发生制　　　　　　　　　　B．收付实现制
   C．永续盘存制、实地盘存制　　　　D．应计制、现金制
2. 财产物资的盘盈是指（ ）。
   A．账存数大于实存数　　　　　　　B．实存数大于账存数
   C．由于记账差错多记的金额　　　　D．由于记账差错少记的金额
3. 企业银行存款日记账与银行对账单的核对，属于（ ）。
   A．账实核对　　　　　　　　　　　B．账证核对
   C．账账核对　　　　　　　　　　　D．账表核对
4. 在记账无误的情况下，银行对账单金额与企业银行存款日记账余额不一致是因（ ）。
   A．应付账款造成的　　　　　　　　B．未达账项造成的
   C．坏账损失造成的　　　　　　　　D．应收账款造成的
5. 采用实地盘存制，平时对财产物资（ ）。
   A．只登记收入数，不登记发出数　　B．只登记发出数，不登记收入数
   C．先登记收入数，后登记发出数　　D．先登记发出数，后登记收入数
6. 财产清查属于（ ）。
   A．会计核算方法　　　　　　　　　B．会计检查方法
   C．会计分析方法　　　　　　　　　D．会计控制方法
7. 银行存款的清查应采用（ ）。
   A．实地盘点法　　　　　　　　　　B．估计法
   C．对账单法　　　　　　　　　　　D．查询法
8. 对于往来款项的清查应采用（ ）。
   A．估计法　　　　　　　　　　　　B．查询法
   C．推算法　　　　　　　　　　　　D．实地盘点法
9. 财产盘亏或盘盈后（ ）。
   A．一般不需作账务处理

B. 可直接作为损失或收益处理

C. 须按规定在批准前和批准后分别作相关处理

D. 可由会计人员随意处理

10. "待处理财产损溢"账户期末（　　）。

A. 应无余额　　　　　　　　　　B. 可以有余额

C. 有无余额应视批准情况而定　　D. 有时有余额，有时无余额

11. 某企业仓库失火，为查明损失立即进行盘点，该清查按清查的对象划分，应属于（　　）。

A. 不定期清查　　　　　　　　　B. 定期清查

C. 局部清查　　　　　　　　　　D. 全面清查

12. 某企业银行存款日记账余额为 164 049 元，银行对账单余额为 180 917 元，本期的未达账项有：企业未将收到的金额为 4 000 元的支票送存银行；企业开出的转账支票 18 968 元，持票人未办理兑取；银行代收的应收账款 2 000 元，企业尚未收到单据；银行代付的水电费 100 元，企业尚未接到付款通知。编制"银行存款余额调节表"时，调节后的银行存款余额应为（　　）。

A. 165 949　　　　　　　　　　B. 149 081

C. 164 049　　　　　　　　　　D. 179 017

13. 企业进行存货清查时，对于盘盈、盘亏的存货报经批准后进行会计处理时，不会涉及（　　）科目。

A. 营业外支出　　　　　　　　　B. 销售费用

C. 其他应收款　　　　　　　　　D. 管理费用

二、多项选择题

1. 与外单位核对账目的方法适用于（　　）。

A. 现金的清查　　　　　　　　　B. 银行存款的清查

C. 往来款项的清查　　　　　　　D. 材料的清查

2. 全面清查，一般是在（　　）时进行的。

A. 年终　　　　　　　　　　　　B. 月终

C. 单位撤销、合并或改变隶属关系　D. 一次性清产核资

3. 不定期清查，一般在（　　）时进行。

A. 财产保管员变动　　　　　　　B. 自然灾害造成部分财产损失

C. 部分财产霉变　　　　　　　　D. 企业财产被盗

4. 月末企业银行存款日记账与银行对账单不一致，造成企业账面存款余额大于银行对账单存款余额的原因有（　　）。

A. 企业已收款入账，而银行尚未入账

B. 企业已付款入账，而银行尚未入账

C. 银行已收款入账，而企业尚未入账

D. 银行已付款入账，而企业尚未入账

5. 财产的盘存制度有（　　）。

A. 永续盘存制　　　　　　　　　B. 收付实现制

C. 权责发生制　　　　　　　　　　D. 实地盘存制
6. 以下需进行全面财产清查的有（　　）。
　　A. 在年终决算前　　　　　　　　B. 单位合并，改变隶属关系
　　C. 单位清产核资　　　　　　　　D. 中外合资、国内企业联营
7. 财产清查的方法包括（　　）。
　　A. 实地盘点法　　　　　　　　　B. 对账单法
　　C. 查询法　　　　　　　　　　　D. 估计法
8. 银行存款未达账项包括（　　）。
　　A. 企业已收款入账而银行尚未收款入账
　　B. 企业已付款入账而银行尚未付款入账
　　C. 银行已收款入账而企业尚未收款入账
　　D. 银行已付款入账而企业尚未付款入账
9. "待处理财产损溢"科目借方应登记（　　）。
　　A. 盘亏材料的价值　　　　　　　B. 盘盈固定资产的净值
　　C. 盘亏固定资产的净值　　　　　D. 盘盈材料经批准结转的金额
10. 进行局部财产清查时，正确的做法是（　　）。
　　A. 现金每月清点一次
　　B. 银行存款每月至少同银行核对一次
　　C. 贵重物品每月盘点一次
　　D. 债权债务每年至少核对一至二次
11. 在财产清查中，对货币资金清查后，应编制（　　）。
　　A. 实物清查结果报告表　　　　　B. 银行存款余额调节表
　　C. 库存现金盘点报告表　　　　　D. 往来款项清查结果报告表

三、判断题

1. 对现金进行清查时，由于出纳人员是当事人，所以不需出纳人员在场。（　　）
2. 企业对固定资产盘亏的数额，经批准后应由"待处理财产损溢"科目转入"营业外支出"科目。（　　）
3. 未达账项是造成企业银行存款日记账与银行对账单余额不等的唯一原因。（　　）
4. 月末企业银行存款的实有余额为银行对账单余额加上企业已收、银行未收款项，减去企业已付、银行未付的款项。（　　）
5. 在采用"永续盘存制"下，还需要再对各项财产物资进行实地盘点。（　　）
6. 从财产清查的对象和范围看，年终决算前对企业财产物资所进行的清查一般属于全面清查。（　　）

四、综合题

习题一

（一）目的　练习库存现金的清查。
（二）资料　北方公司2007年10月份库存现金盘点情况如下：
1. 5日，盘点库存现金，发现短缺125元；
2. 经查，上述现金短缺系出纳员责任，应由其赔偿；

3. 7日，收到出纳员赔款 125 元；

4. 17日，盘点库存现金，发现实际比账面多出 50 元；

5. 经反复核查，上述现金长款原因不明，经批准转作营业外收入处理。

（三）要求　根据上述经济业务编制会计分录。

习题二

（一）目的　练习银行存款的清查。

（二）资料　北方公司 2007 年 10 月 25 日，收到开户银行对账单，对账单余额 599 042 元，而企业银行存款日记账余额为 624 831 元，经逐笔核对，发现未达账项如下：

1. 10 月 24 日，企业销售产品，收到转账支票 20 000 元，送存银行，银行尚未收到该笔款项；

2. 10 月 24 日，企业开出转账支票支付水电费 9 300 元，银行尚未划转该笔款项；

3. 10 月 24 日，银行收到企业委托代收的某公司购货款 5 000 元，已存入企业账户，企业尚未收到收款通知；

4. 10 月 25 日，银行已扣掉企业应付的借款利息 20 089 元，企业尚未收到付息通知。

（三）要求　编制银行存款余额调节表。

习题三

（一）目的　练习存货的清查。

（二）资料　北方公司 2007 年 10 月 31 日，盘点库存商品，发现以下情况：

1. 发现盘盈 A 材料 3 000 元，盘亏 B 材料 5 000 元，盘亏 C 材料 20 000 元；

2. 经查明 A 材料盘盈是由于收发计量上的误差所致，经批准冲减管理费用；

3. 经查，B 材料盘亏是因保管员管理不善而造成的材料毁损，应由过失人赔偿 1 000 元，毁损残料价值 200 元已入库，经批准予以转销；

4. C 材料盘亏是由于非常灾害造成的材料毁损，经协商，保险公司同意赔偿 15 000 元；

5. 收到保险公司赔款 15 000 元；

6. 发现账外设备一台，该设备的市价为 28 000 元，估计折旧 6 000 元；

7. 经批准，转销上述盘盈固定资产。

8. 发现盘亏磨床一台，账面原值 56 000 元，已提折旧 30 000 元；

9. 上述设备盘亏，经批准转作营业外支出。

（三）要求：（1）根据上述经济业务编制会计会录；

　　　　　　（2）说明本次财产清查对本月利润的影响。

第七章 账务处理程序

第一节 账务处理程序概述

一、账务处理程序的涵义

在实际会计工作中,设置会计科目、填制会计凭证、登记账簿以及编制会计报表等会计核算方法,并不是单独运行、孤立存在的,而是以一定形式相互结合在一起,并由多名会计人员相互配合、相互协作共同完成,由此就涉及到账务处理程序问题。会计凭证的取得和填制是会计工作的始点,也是登记账簿的依据,而会计凭证种类的选择、格式的设置是由办理的经济业务和登记账簿的要求所决定的。账簿对会计凭证记录的零散的经济业务,连续、系统地进行了记录,同时又为编制会计报表提供了资料。账簿种类的选择、账页格式的选择及记录的内容,是由日常会计工作分工、管理和编制会计报表的要求决定的。会计报表的种类、格式和项目是由政府宏观经济管理和会计报表使用者的要求所决定的。由此可见,会计凭证、账簿、报表的种类、格式和内容,取决于会计工作的安排和经济管理的要求。

账务处理程序也称会计核算组织程序或会计核算形式,是指会计凭证、会计账簿、会计报表以一定的形式相互结合的方式,包括会计凭证和账簿的种类、格式,会计凭证与会计账簿及会计报表之间的联系方法,即从取得填制和审核原始凭证开始,到编制记账凭证、登记日记账、明细分类账和总分类账,最后编制会计报表等一系列工作的程序和方法。

二、账务处理程序的意义

建立科学合理的账务处理程序,对于加强各种会计核算方法之间的有效衔接与配合,规范会计工作,提高会计核算工作质量和效率,准确、及时地提供高质量的会计信息,充分发挥会计在经济管理中的作用,都具有重要意义。

1. 有利于提高会计核算工作质量,为经济管理提供所需的会计信息。采用适当的账务处理程序,可以使企业的日常会计核算工作按规定的程序有条不紊地进行,有助于会计人员的分工协作,加强岗位责任制以明确责任,健全内部控制制度,使会计核算能正确反映实际情况,及时提供会计信息,提高会计信息的真实性、完整性。

2. 有利于规范会计核算组织工作,使会计工作有条不紊地进行。会计核算工作是需要会计人员之间的密切配合,企业选择科学合理的账务处理程序,使得会计机构和会计人员在进行会计核算过程中有序可循,按照不同的责任分工,有条不紊地处理好各个环节的会计核算工作。

3. 有利于节约核算费用,提高会计工作效率。使用合理的账务处理程序,不仅可以减少会计凭证、账簿的使用数量,节约费用支出,还可以简化会计核算手续,避免多余环节,减少重复劳动,提高会计工作效率。

4. 有利于加强会计监督,提高企业管理水平。选用科学合理的账务处理程序,对改善企业经营管理产生积极影响。一方面,由于能正确及时进行信息反馈和内部控制,可以加强对企业经济活动及其结果的反映、监督、计划、控制预测及决策。另一方面,对会计工作进行合理分工,使会计人员能有更多的时间和精力进行实际调查,加强会计监督,最大限度的预防和杜绝各种错误的发生,提高会计质量,提高会计工作管理水平。

三、账务处理程序设计的基本要求

由于各企业单位的经营规模大小不同、业务性质不同、会计人员分工不同、管理要求各异,则对账务处理程序的要求也不完全一样。因此,企业应结合自身实际情况,在选择账务处理程序时,应考虑以下几个方面的要求:

1. 应从本单位的实际情况出发,必须与本企业的经济性质、经济管理的特点、组织规模大小,经济业务的繁简程度及记账分工的特点相适应。

2. 应以保证会计信息质量为立足点,能够准确、及时、完整地提供经济管理所需要的各种信息,以满足本单位和其他各方使用会计信息的需要。

3. 在保证会计核算工作质量的前提下,尽量简化核算手续,节约人力、物力和财力,提高会计工作的效率,降低会计核算工作成本。

4. 应在有利于会计机构、会计人员的分工和协作的同时,明确各会计人员工作岗位的职责,以建立健全会计工作岗位责任制。

四、账务处理程序的种类

由于会计凭证、账簿、会计报表之间的结合方式不同,在实际工作中便形成了各种不同的账务处理程序。各种账务处理程序之间有许多共同点,也存在着差异,其根本区别就是总分类账的登记依据和方法不同。

目前,我国实际会计工作中常用的账务处理程序主要有:

1. 记账凭证账务处理程序;
2. 汇总记账凭证账务处理程序;
3. 科目汇总表账务处理程序。

第二节 记账凭证账务处理程序

一、记账凭证账务处理程序的特点

记账凭证账务处理程序是指对发生的经济业务事项,都要根据原始凭证或汇总原始凭证编制记账凭证,然后直接根据记账凭证逐笔登记总分类账的一种账务处理程序。其特点是:

直接根据记账凭证逐笔登记总分类账。记账凭证账务处理程序是最基本的账务处理程序，其他账务处理程序都是在此基础上根据经营管理的要求，延伸发展而形成的。

二、记账凭证与账簿的设置及格式

在记账凭证账务处理程序下，记账凭证可以采用收款凭证、付款凭证和转账凭证三种，也可以采用通用记账凭证。对账簿而言，需设置现金日记账、银行存款日记账、总分类账和明细分类账。其中现金日记账、银行存款日记账和总分类账一般采用三栏式；明细分类账根据实际需要可分别采用三栏式、数量金额式或多栏式。

三、记账凭证账务处理程序的基本步骤

1. 根据原始凭证或原始凭证汇总表，编制收款凭证、付款凭证和转账凭证等记账凭证；
2. 根据收款凭证、付款凭证登记现金日记账和银行存款日记账；
3. 根据原始凭证、原始凭证汇总表和记账凭证登记各种明细分类账；
4. 根据各种记账凭证逐笔登记总分类账；
5. 期末，将现金日记账、银行存款日记账及各种明细分类账分别与总分类账核对；
6. 根据总分类账和明细分类账的资料，编制会计报表。

记账凭证账务处理程序如图7-1所示。

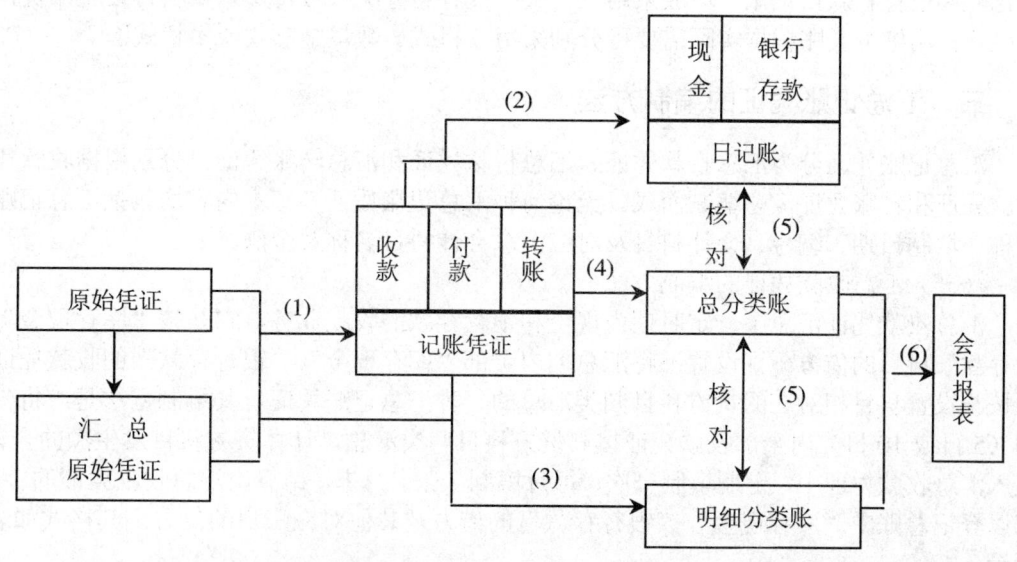

图 7-1 记账凭证账务处理程序

四、记账凭证账务处理程序的优缺点及适用范围

采用记账凭证账务处理程序的优点是：记账凭证无须汇总，直接逐笔登记总账，简单明晰，易于理解掌握，而且总分类账可以较详细地反映经济业务的发生情况，便于查对账目。其缺点是：根据记账凭证逐笔登记总分类账，使登记总分类账的工作量较大，尤其对于经济业务较多，记账凭证多的企业，登记总分类账的工作过于繁重。因此，记账凭证账务处理程序一般适用于经营规模较小、业务量较少、记账凭证数量不多的企业单位。

第三节　汇总记账凭证账务处理程序

一、汇总记账凭证账务处理程序的特点

汇总记账凭证账务处理程序是指对发生的经济业务事项，先根据原始凭证或汇总原始凭证编制记账凭证，定期把记账凭证按收款凭证、付款凭证和转账凭证分别归类汇总编制汇总收款凭证、汇总付款凭证和汇总转账凭证，再根据汇总记账凭证登记总分类账的一种账务处理程序。这种账务处理形式是在记账凭证账务处理程序基础上发展起来的。与记账凭证账务处理程序相比，汇总记账凭证账务处理程序的特点是：定期根据记账凭证分类编制汇总收款凭证、汇总付款凭证、汇总转账凭证，再根据汇总记账凭证登记总分类账。

二、记账凭证和账簿的设置及格式

在汇总记账凭证账务处理程序下，记账凭证要设置两套，除设置收款凭证、付款凭证和转账凭证外，还应设置汇总收款凭证、汇总付款凭证和汇总转账凭证。账簿体系设置与记账凭证账务处理程序相同，设有现金日记账、银行存款日记账、总分类账和明细分类账。现金日记账和银行存款日记账，一般采用三栏式；设置总分类账按每一总账科目设置账页，采用三栏式；明细分类账根据实际需要可分别采用三栏式、数量金额式或多栏式。

三、汇总记账凭证的编制方法

汇总记账凭证分为汇总收款凭证、汇总付款凭证和汇总转账凭证，分别根据收款凭证、付款凭证和转账凭证汇总编制而成。无论何种汇总记账凭证其基本内容均包括汇总记账凭证名称、填制日期、编号、会计科目及对应汇总会计科目名称及金额。

（一）汇总收款凭证的编制方法

汇总收款凭证汇总了一定时期内现金和银行存款的收款业务，它是按"库存现金"、"银行存款"科目的借方分别设置，将汇总期内全部"库存现金"、"银行存款"的收款凭证，分别按与设置科目相对应的贷方科目归类汇总的一种汇总记账凭证。其编制方法是：将一定时期（5日或10日）内全部收款凭证按其贷方科目归类汇总，计算贷方科目发生额的合计数，填入汇总收款凭证中，定期填制一次，每月填制一张。月末，结算出汇总收款凭证的合计数，据以登记总账中"库存现金"、"银行存款"的借方及其他对应账户的贷方。其格式如表 7-1 所示。

（二）汇总付款凭证的编制方法

汇总付款凭证汇总了一定时期内现金和银行存款的付款业务，它是按"库存现金"、"银行存款"科目的贷方分别设置，将汇总期内全部"库存现金"、"银行存款"的付款凭证，分别按与设置科目相对应的借方科目归类汇总的一种汇总记账凭证。其编制方法是：将一定时期（5日或10日）内全部付款凭证按其借方科目归类汇总，计算借方科目发生额的合计数，填入汇总付款凭证中，定期填制一次，每月编制一张。月末，结算出汇总付款凭证的合计数，据以登记总账中"库存现金"、"银行存款"的贷方及其他对应账户的借方。其格式如表 7-2 所示。

表 7-1 汇总收款凭证

借方科目：银行存款（或库存现金）　　2007 年 6 月　　编号：2

贷方科目	金额				总账页数	
	1 日至 10 日 凭证号 1～20	11 日至 20 日 凭证号 21～40	21 日至 30 日 凭证号 41～70	合计	借方	贷方
应收账款	40 000	20 000		60 000	略	略
预收账款	5 000		3 000	8 000		
主营业务收入	30 000	50 000	15 000	95 000		
合　计	75 000	70 000	18 000	163 000		

表 7-2 汇总付款凭证

贷方科目：库存现金（或银行存款）　　2007 年 6 月　　编号：3

借方科目	金额				总账页数	
	1 日至 10 日 凭证号 1～40	11 日至 20 日 凭证号 41～70	21 至 30 日 凭证号 71～100	合计	借方	贷方
管理费用	1 500	3 500	200	5 200	略	略
财务费用	500	400	500	1 400		
销售费用		8 500		8 500		
合　计	2 000	12 400	700	15 100		

（三）汇总转账凭证的编制方法

汇总转账凭证是按每一科目的贷方分别设置，定期（5 日或 10 日）将汇总期内的全部转账凭证，按与该设置科目相对应的借方科目归类汇总，计算借方科目发生额的合计数，填入汇总转账凭证中，定期填制一次，每月编制一张。月末，结算出汇总转账凭证的合计数，据以分别登记总分类账相关账户的借方和相对应账户的贷方。

汇总转账凭证的格式如表 7-3 所示。

表 7-3 汇总转账凭证

贷方科目：应付账款　　2007 年 6 月　　编号：4

借方科目	金额				总账页数	
	1 日至 10 日 凭证号 1～25	11 日至 20 日 凭证号 26～53	21 日至 30 日 凭证号 54～80	合计	借方	贷方
原材料	60 000	10 000	5 000	75 000	略	略
委托加工物资	50 000		40 000	90 000		
固定资产		240 000		240 000		
合　计	110 000	250 000	45 000	405 000		

由于汇总转账凭证是按每一科目的贷方分别设置，归类汇总相对应的借方科目，因此，在汇总记账凭证账务处理程序下，为了便于编制汇总转账凭证，平时编制记账凭证时，只能填制一借一贷和多借一贷的转账凭证，不能填制一借多贷和多借多贷的转账凭证。

四、汇总记账凭证账务处理程序的基本步骤

1. 根据原始凭证或原始凭证汇总表，编制收款凭证、付款凭证和转账凭证等记账凭证；

2. 根据收款凭证、付款凭证登记现金日记账和银行存款日记账；
3. 根据原始凭证、汇总原始凭证和记账凭证登记各种明细分类账；
4. 根据一定时期记账凭证汇总编制汇总收款凭证、汇总付款凭证和汇总转账凭证；
5. 根据定期编制的汇总记账凭证登记总分类账；
6. 期末，将现金日记账、银行存款日记账及各种明细分类账分别与总分类账核对；
7. 根据总分类账和明细分类账的资料，编制会计报表。

汇总记账凭证账务处理程序如图 7-2 所示。

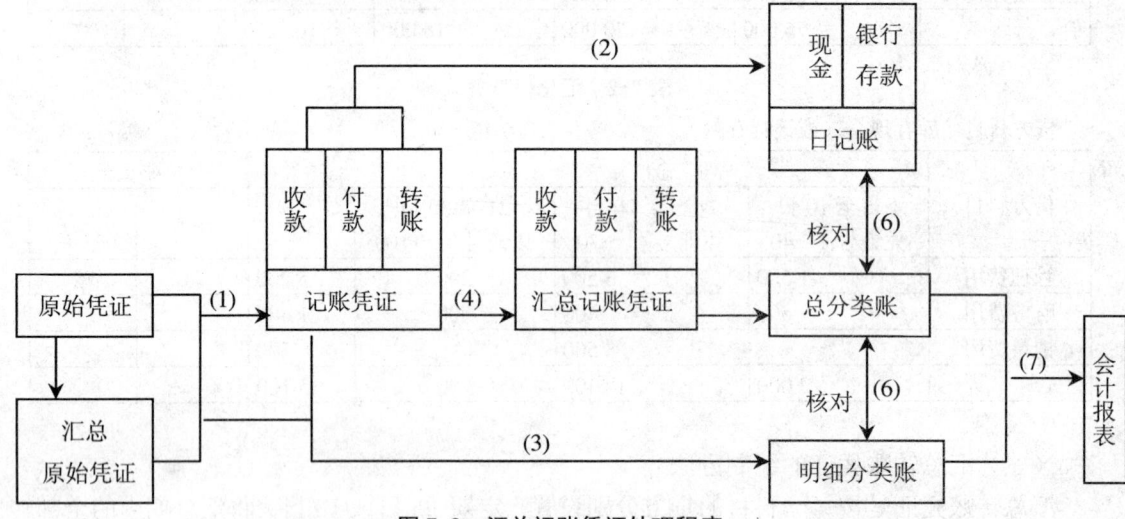

图 7-2 汇总记账凭证处理程序

五、汇总记账凭证账务处理程序的优缺点及适用范围

采用汇总记账凭证账务处理程序的优点是：定期将记账凭证上的有关数据汇总编制汇总记账凭证，月末再汇总后一次性记入总分类账，大大减轻了登记总分类账的工作量，同时汇总记账凭证又是按照会计科目的对应关系汇总编制的，清晰地反映了各科目的对应关系及经济业务的来龙去脉，便于查对账目。其缺点是：汇总记账凭证编制的工作比较复杂，工作量较大，尤其汇总转账凭证是按每一科目贷方编制，按与其相对应的借方科目归类汇总，而不是按经济业务的性质归类汇总，不利于日常核算工作的合理分工。

汇总记账凭证账务处理程序一般适用生产经营规模较大、经济业务量较多，且收付款业务繁多而转账业务少的单位。

第四节 科目汇总表账务处理程序

一、科目汇总表账务处理程序的特点

科目汇总表账务处理程序又称记账凭证汇总表账务处理程序，是指对发生的经济业务事项，先根据原始凭证或汇总原始凭证编制记账凭证，根据记账凭证定期编制科目汇总表，再

根据科目汇总表登记总分类账的一种账务处理程序。这种账务处理程序也是在记账凭证账务处理程序基础上发展起来的。与记账凭证账务处理程序相比，其特点是：根据所有记账凭证定期编制科目汇总表，再根据科目汇总表登记总分类账，即登记总分类账的依据是科目汇总表。

二、记账凭证和账簿的设置及格式

在科目汇总表账务处理程序下，记账凭证除可设置收款凭证、付款凭证和转账凭证，或通用记账凭证外，还应设置一张科目汇总表。会计账簿的设置包括现金日记账、银行存款日记账、总分类账和明细分类账。现金日记账和银行存款日记账，一般采用三栏式；总分类账按每一总账科目设置账页，采用三栏式；明细分类账根据实际需要可分别采用三栏式、数量金额式或多栏式。

三、科目汇总表的编制方法

科目汇总表的编制方法一般有两种，一种是全部汇总，即先将一定时期内全部记账凭证，按相同会计科目进行归类，分别汇总每个会计科目本期借方发生额合计数和本期贷方发生额合计数，并将其填列到科目汇总表的相应栏目内。按照借贷记账法发生额试算平衡的原理，在科目汇总表内，全部科目的借方发生额合计数，与全部科目的贷方发生额合计数必定相等，由此进行了试算平衡，检查借贷双方合计数是否相等。平衡无误，再根据科目汇总表登记总分类账。另一种是分类汇总，即将一定时期内全部的收款凭证、付款凭证、转账凭证分别汇总，编制成三张科目汇总表，并据以登记总分类账。

编制科目汇总表的时间视业务量大小而定，一般可以每 10 天、15 天或每月汇总一次。科目汇总表的格式如表 7-4 所示。

实际工作中，科目汇总表可以采用不同的格式。但是，任何格式的科目汇总表，都只能反映每个科目的本期借方、贷方发生额，而不能反映各账户之间的对应关系。

表 7-4 科目汇总表

2007 年 6 月 1 日至 10 日

会计科目	账页	本期发生额		记账凭证起讫号
		借　方	贷　方	
库存现金	略	1 000	800	略
银行存款		20 000	21 000	
主营业务收入			25 000	
管理费用		800		
……		……	……	
合　　计		1 300 000	1 300 000	

四、科目汇总表账务处理程序的基本步骤

1. 根据原始凭证或原始凭证汇总表，编制收款凭证、付款凭证和转账凭证等记账凭证；

2. 根据收款凭证、付款凭证登记现金日记账和银行存款日记账；
3. 根据原始凭证、原始凭证汇总表和记账凭证登记各种明细分类账；
4. 根据全部记账凭证定期编制科目汇总表；
5. 根据科目汇总表登记总分类账；
6. 期末，将现金日记账、银行存款日记账及各种明细分类账同总分类账进行核对；
7. 根据总分类账和明细分类账的资料，编制会计报表。

科目汇总表账务处理程序如图 7-3 所示。

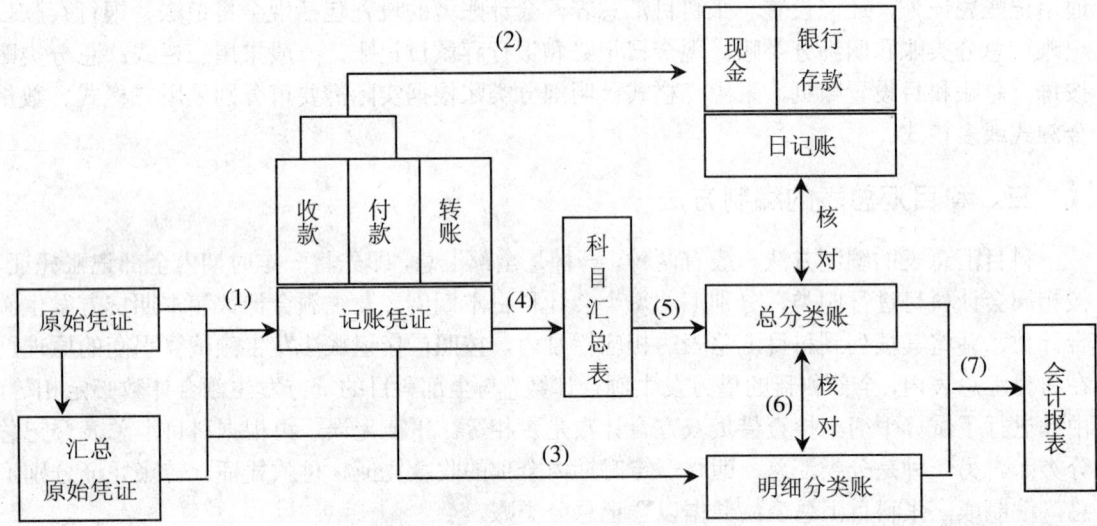

图 7-3　科目汇总表账务处理程序

五、科目汇总表账务处理程序的优缺点及适用范围

科目汇总表账务处理程序的优点是：由于总分类账是根据科目汇总表登记的，大大减轻了登记总分类账的工作量，而且在登记总分类账之前编制科目汇总表，起到了试算平衡的作用，保证了总分类账登记的正确性；且简单易懂，方便易学。其缺点是：科目汇总表不能反映各账户相互之间的对应关系，不利于反映和分析经济业务的来龙去脉，不利于账目的核对和检查。

科目汇总表账务处理程序一般适用于经营规模较大，经济业务量较多，且转账业务较多的单位。

复习思考题

1. 什么是账务处理程序？有何作用？
2. 怎样科学合理的组织一个企业的账务处理程序？
3. 会计工作中主要有哪几种账务处理程序？各种账务处理程序的根本区别是什么？
4. 什么是科目汇总表账务处理程序？其特点是什么？

5. 汇总记账凭证账务处理程序中有几种汇总记账凭证？它们是如何编制的？
6. 简述科目汇总表账务处理程序的优缺点及适用范围。
7. 简述记账凭证账务处理程序的优缺点及适用范围。

练习题

一、单项选择题

1. 根据记账凭证逐笔登记总分类账是（　　）账务处理程序的主要特点。
   A．汇总记账凭证　　　　　　　　B．科目汇总表
   C．多栏式日记账　　　　　　　　D．记账凭证
2. （　　）账务处理程序是最基本的一种账务处理程序。
   A．汇总记账凭证　　　　　　　　B．多栏式日记账
   C．记账凭证　　　　　　　　　　D．科目汇总表
3. （　　）账务处理程序适用于货币收付业务较多、转账业务较少的单位。
   A．记账凭证　　　　　　　　　　B．科目汇总表
   C．汇总记账凭证　　　　　　　　D．日记总账
4. 各种账务处理程序的主要区别是（　　）。
   A．登记明细分类账的依据不同　　B．总账的格式不同
   C．登记总分类账的依据和方法不同　D．编制会计报表的依据不同
5. 会计报表是根据（　　）资料编制的。
   A．日记账、总账和明细账　　　　B．日记账和明细分类账
   C．日记账和总分类账　　　　　　D．明细分类账和总分类账
6. 科目汇总表账务处理程序与汇总记账凭证账务处理程序的共同优点是（　　）。
   A．能够反映会计账户的对应关系　B．减少了登记总账工作量
   C．能够进行发生额的试算平衡　　D．能够较详细地反映全部经济业务
7. 在汇总记账凭证账务处理程序下，为了便于编制汇总转账凭证，平时编制记账凭证时，不能编制（　　）转账凭证。
   A．一借一贷　　　　　　　　　　B．一借多贷
   C．一贷多借　　　　　　　　　　D．多借多贷

二、多项选择题

1. 在科目汇总表账务处理程序下，记账凭证是用来（　　）的依据。
   A．登记现金日记账　　　　　　　B．登记银行存款日记账
   C．登记明细分类账　　　　　　　D．登记总分类账
2. 在各种账务处理程序下，总分类账分别可以根据（　　）进行登记。
   A．记账凭证　　　　　　　　　　B．原始凭证汇总表
   C．汇总记账凭证　　　　　　　　D．转账凭证
3. 在各种账务处理程序下，银行存款日记账不可以根据（　　）登记。
   A．原始凭证　　　　　　　　　　B．收款凭证
   C．记账凭证　　　　　　　　　　D．科目汇总表

4. 在汇总记账凭证账务处理程序下，平时编制记账凭证时可以填制（　　）的转账凭证。
   A．一借一贷　　　　　　　　　　　B．一借多贷
   C．一贷多借　　　　　　　　　　　D．多借多贷
5. （　　）账务处理程序，适用于规模大、业务量多的单位。
   A．记账凭证　　　　　　　　　　　B．科目汇总表
   C．汇总记账凭证　　　　　　　　　D．日记总账
6. 依据记账凭证，按有关科目贷方设置，按借方科目归类汇总编制的有（　　）。
   A．汇总收款凭证　　　　　　　　　B．汇总付款凭证
   C．汇总转账凭证　　　　　　　　　D．科目汇总表
7. 在各种账务处理程序下，明细分类账可以根据（　　）登记。
   A．原始凭证　　　　　　　　　　　B．原始凭证汇总表
   C．记账凭证　　　　　　　　　　　D．科目汇总表

三、判断题

1. 汇总记账凭证账务处理程序便于了解账户之间的对应关系。（　　）
2. 采用汇总记账凭证会计处理程序，可以减少登记总分类账的工作量，但不便于了解账户之间的对应关系。（　　）
3. 记账凭证账务处理程序是最基本的账务处理程序。（　　）
4. 科目汇总表可以全面反映账户之间的对应关系。（　　）
5. 采用科目汇总表账务处理程序，虽然可以减少登记总分类账的工作量，但不便于了解账户之间的对应关系。（　　）

四、综合题

（一）目的　练习各种账务处理程序。

（二）资料　北方公司2007年9月各账户期初余额及9月份发生的会计事项如下：

科　目　余　额　表

2007年9月1日　　　　　　　　　　　　　　　　　　单位：元

科目名称	借方余额	科目名称	贷方余额
库存现金	2 000	坏账准备	1 800
银行存款	811 445	累计折旧	170 000
应收票据	46 000	短期借款	50 000
应收账款	600 000	应付票据	100 000
其他应收款	5 000	应付账款	863 800
在途物资	275 000	应付职工薪酬	80 000
原材料	45 000	应交税费	105 344
库存商品	212 400	其他应付款	7 216
生产成本	56 000	应付利息	8 000
长期股权投资	250 000	实收资本	3 000 000
固定资产	1 401 000	盈余公积	135 685
在建工程	498 000	利润分配	73 700
无形资产	540 000	本年利润	146 300
合　计	4 741 845	合　计	4 741 845

1. 1日，从银行提取现金1 000元备用；
2. 2日，购进原材料一批，价款30 000元，增值税额5 100元，材料已验收入库，以银行存款支付货款；
3. 5日，购买办公用品2 000元，以现金付讫，全部归管理部门用；
4. 7日，从四海公司购进不需安装设备一台，货款总计120 000元，设备已投入使用，货款尚未支付；
5. 8日，生产甲产品领用原材料80 000元；
6. 9日，以银行存款支付原欠光明公司账款200 000元；
7. 10日，提取现金300 000元，以备发放工资；
8. 11日，以现金300 000元支付职工工资；
9. 15日，向兴业公司销售甲产品一批，价款600 000，增值税额102 000元，货已发出，款项尚未收到；
10. 16日，以银行存款支付广告费50 000元；
11. 19日，收到达华公司欠款150 000元；
12. 20日，以银行存款支付税费105 344元；
13. 25日，收回兴业公司原欠购货款702 000元，送存银行；
14. 28日，计提本月应负担的短期借款利息400元；
15. 28日，采购员王力出差回来，报销差旅费1 960元（原预支2 000元），余款退回；
16. 30日，分配本月工资费用300 000元，其中生产工人工资200 000元，车间管理人员工资30 000元，厂部管理人员工资70 000元；
17. 30日，计提本月固定资产折旧费12 000元，其中生产车间固定资产折旧费9 000元，管理部门固定资产折旧费3 000元；
20. 30日，月末结转制造费用，本期为生产甲产品共发生制造费用39 000元；
21. 30日，结转完工甲产品的成本371 200元；
22. 30日，结转本月已销甲产品成本1 493 000元；
23. 30日，结算本期应负担的城市维护建设税6 783元，教育费附加2 907元；
24. 30日，结转本月主营业务收入600 000元；
25. 30日，结转本月各项成本、费用、税金；
26. 30日，计算本期利润总额，并按25%的税率计算结转应交所得税。

（三）要求

1. 设置有关的总账、现金日记账、银行存款日记账，并登记期初余额。
2. 根据上述会计事项编制记账凭证。
3. 分别采用下列账务处理程序登记总账、现金日记账及银行存款日记账：
（1）采用记账凭证账务处理程序；
（2）采用汇总记账凭证账务处理程序；
（3）采用科目汇总表账务处理程序。
4. 根据对账要求核对有关总账、日记账余额。

第八章 财务会计报告

企业在日常会计核算工作中，通过编制会计凭证，登记各种账簿，已将所发生的各项经济业务按照一定的会计程序，进行了全面、连续、分类、汇总的记录和计算。但是，这些日常核算资料比较分散，过于具体，不能集中、概括地反映企业的财务状况与经营成果。因此，企业除了进行日常会计核算外，还必须定期编制财务会计报告。

第一节 财务会计报告概述

一、财务会计报告的涵义及构成

所谓财务会计报告，是指企业应对外提供的反映企业某一特定日期财务状况和某一会计期间经营成果、现金流量等会计信息的文件。财务会计报告包括会计报表及其附注和其他应当在财务会计报告中披露的相关信息和资料。其中，会计报表是财务会计报告的主体与核心，包括资产负债表、利润表、现金流量表、所有者权益（或股东权益）变动表等报表；会计报表附注是指为便于会计报表使用者理解会计报表的内容而对会计报表的编制基础、编制依据、编制原则和方法及主要项目等所作的解释。

二、财务会计报告的意义

根据《企业会计准则》的要求，企业应当编制财务会计报告，将分散于会计账簿中的会计信息形成一个有机结合的信息系统，以满足企业现有和潜在投资者、债权人、政府有关部门、企业管理当局及其他使用者对会计信息的需求，帮助他们对企业财务状况和经营成果进行合理的评价，以便作出正确决策，并由此改善企业外部有关方面的经济决策环境和加强企业内部经营管理。

具体地说，企业的投资者，包括现有的和潜在的投资者，出于对自身利益的考虑，需要了解企业的各种财务信息，如企业的盈利情况、资本结构和利润分配情况等等，企业通过编报财务会计报告，为其提供详简适度的会计信息，以便于他们分析投资风险，判断未来的投资收益，作出正确的投资决策；企业的债权人，需要利用企业的财务会计报告，分析企业的获利能力和偿债能力及其资金流转情况，进而评判企业的资信状况，以便确定其所提供的资金是否安全，能否按期收回，决定是否对企业继续提供资金；财政、税务、工商行政管理等政府有关部门，为了加强宏观经济管理，利用各单位提供的财务会计报告资料进行汇总分析，了解和掌握各部门、各地区经济计划（预算）完成情况，有助于加强国民经济的宏观调控和管理，并促使企业遵守国家有关财经政策、法规和制度，如财税部门通过会计报表，可以检查、分析企业各项税费上缴情况，有无偷漏税现象；企业的管理者通过企业的财务会计报告了解企业的财务状况、经营业绩、资源分布、权益结构、偿债能力等情况，以便进一步改善经营管理，创造出更好的经济效益。

三、财务会计报告的编制要求

会计报表是财务会计报告的主体与核心，会计报表编制质量的优劣，直接决定着财务会计报告的真实可靠性和相关性。为确保会计信息使用者能够获得对决策有用的信息，企业会计准则规定，企业的会计报表应当根据记录完整、审核无误的账簿记录和其他有关资料编制，做到真实可靠、相关可比、全面完整、编报及时和便于理解。

（一）真实可靠

会计报表必须如实地反映企业的财务状况、经营成果和现金流动情况，使会计报表各项目的数据建立在真实可靠的基础上。因此，会计报表编制者必须根据核实无误的账簿记录和其他资料为依据编制，不得以任何方式弄虚作假。如果会计报表所提供的信息不真实或者可靠性差，则不仅不能发挥会计报表的应有作用，而且还会由于错误的信息，导致报表使用者做出错误的评价、判断，甚至做出错误的决策。

（二）相关可比

企业会计报表所提供的财务会计信息必须与报表使用者进行决策所需要的信息相关，并且要求会计报表项目的数据应当口径一致，相互可比，便于报表使用者在不同企业之间，以及同一企业前后各期之间进行比较。因此，企业对外报送的会计报表要按统一的格式编制。

（三）全面完整

会计报表应当全面反映企业生产经营活动的全貌，全面反映企业财务状况和经营成果，以满足会计报表使用者对会计信息多方面的需要。为保证会计报表的全面完整，企业在编制会计报表时，凡是国家要求编报的会计报表，必须按照有关准则、制度规定的种类、格式和内容填写。特别是对于企业某些重要的事项，应当按照要求在会计报表附注中说明，不得漏编漏报、漏填漏列。

（四）编报及时

企业会计报表所提供的资料，具有很强的时效性。只有及时编制和报送会计报表，才能为会计信息使用者提供决策所需的信息资料。否则，便失去其应有的价值。因此，企业要按照规定期限或报表使用者的要求，如期编制和报送会计报表。如月份报表一般应在月份终了后3至6天内报出。

（五）便于理解

企业对外提供的会计报表是为广大会计报表使用者提供企业过去和现在的有关资料，为企业目前或潜在的投资者和债权人提供决策所需的会计信息，因此，企业编制的会计报表应清晰明了。如果提供的会计报表晦涩难懂，不易于理解，使用者就不能据以作出准确的判断，企业提供的会计报表也会毫无用处。

四、会计报表的种类

会计报表可以根据实际需要，按照不同的标准进行分类。

(一)会计报表按照反映的经济内容分类

1. 财务状况报表

财务状况报表是总括反映企业在某一特定日期或一定时期财务状况的会计报表。一般包括资产负债表和现金流量表。资产负债表反映的是企业在某一特定时日的财务状况,是静态报表;现金流量表则揭示的是企业一定会计期间财务状况的变动情况,是动态报表。

2. 经营成果报表

经营成果报表是总括反映企业在一定时期利润的形成与分配等情况的会计报表。一般包括利润表和所有者权益变动表。利润表反映企业在一定期间的经营成果情况;所有者权益变动表是反映企业所有者权益的变动情况及利润分配的过程。

(二)会计报表按照编制的时间分类

企业会计准则规定,财务会计报告分为年度、半年度、季度和月度,其中,半年度、季度和月度财务会计报告又称为中期财务会计报告。相应地,会计报表也分为年度会计报表和中期会计报表。

1. 年度会计报表

年度会计报表简称年报,是指企业每年年度终了编报的会计报表,通常称为决算报表,主要有资产负债表、利润表、现金流量表和所有者权益变动表。

2. 中期会计报表

中期会计报表指企业于年度中期末、季末和月末编报的会计报表,主要有资产负债表和利润表。

(三)会计报表按照报送的对象分类

会计报表按照报送的对象分类,可以分为内部报表和对外报表。

1. 内部报表

内部报表是指为满足企业内部经营管理的需要而报送企业内部职能部门和决策人的会计报表。是用于企业自身经营管理,只向单位内部经营管理者提供而不对外公布的会计报表。这种报表不需要规定统一的格式,企业可以根据实际管理需要设计和编制内部会计报表。如产品成本表、制造费用明细表、管理费用明细表等。

2. 对外报表

对外会计报表是指为满足企业外部投资者、债权人和政府有关部门了解企业财务状况、经营成果和现金流量的需要而定期对外提供和发布的会计报表。按照企业会计准则,企业对外提供的会计报表包括:资产负债表、利润表、现金流量表及其他有关附表。

(四)会计报表按照编制单位分类

会计报表按照编制单位不同,可分为基层会计报表和汇总会计报表。

基层会计报表是由各个独立核算的基层单位在自身会计核算基础上编制的反映自身状况的会计报表。汇总会计报表是由上级主管部门根据所属单位编制的基层会计报表,加上本身报表汇总而编制的会计报表。汇总报表一般是按上下级的所属关系,逐级进行汇总。

(五)会计报表按照编报主体分类

会计报表按照编报主体不同,可分为个别会计报表和合并会计报表。

个别会计报表是由企业在自身会计核算的基础上,对会计账簿记录进行加工整理而编制的财务会计报表,反映的是企业自身的财务状况、经营成果和现金流量等情况。合并会计报表是以母、子公司组成的企业集团为会计主体，根据母公司及所属子公司的个别会计报表，采用一定的方法，由母公司编制的综合反映企业集团财务状况、经营成果和现金流量等情况的报表。

五、财务会计报告编制前的工作

为使财务会计报告符合编制要求，在编制前应做好如下准备工作：

1. 检查当期发生的经济业务是否已全部入账。
2. 调整有关账簿记录。按权责发生制要求，将应计收入、应计费用、递延收入、递延费用正确归属于不同会计期间，编制调整会计分录并及时登入有关账簿。
3. 对账。对于各种账簿记录在编表前应进行相互核对，做到账证相符和账账相符。对单位的各项财产物资、债权债务进行清查盘点和核对，以保证账实相符。
4. 结账。全部经济业务登记入账后，应按照规定的结账日进行结账，计算并结出各账户的本期发生额和期末余额，为编制财务会计报告提供直接数据。

企业应当依照有关法律、行政法规和《企业会计准则》规定的结账日进行结账，不得提前或者延迟。年度结账日为公历年度每年的12月31日；半年度、季度、月度结账日分别为公历年度每半年、每季、每月的最后一天。

鉴于本书只是介绍最基础的会计理论知识，故本章仅就财务报告体系的核心，即会计报表部分予以介绍。

第二节 资产负债表

一、资产负债表的概念及作用

资产负债表是反映企业在某一特定日期财务状况的会计报表，它是根据"资产＝负债＋所有者权益"这一会计恒等式，按照一定的分类标准和顺序，把企业一定日期的资产、负债和所有者权益各项目进行适当分类、汇总、排列后编制而成的。它表明企业在该特定日期所拥有或控制的经济资源、所承担的现有义务和所有者对净资产的要求权。编制资产负债表的作用在于：

1. 通过编制资产负债表，可以反映企业所拥有的各种经济资源（即资产）及其分布情况。通过报表中资产项目，可以掌握企业拥有的总资产数额，资产的流动程度，以此，可以分析企业的当前财务实力，了解企业偿还债务的能力。
2. 通过编制资产负债表，可以反映企业某一日期的负债总额及其构成，分析企业目前及未来需要偿还的债务数额，由此了解掌握企业的偿债能力和支付能力。
3. 通过编制资产负债表，可以反映企业所有者在企业资产总额中所占有的份额，揭示投资者在企业持有的权益，以及所有者权益的构成情况，了解企业的财务实力和未来发展能力。

总之，通过资产负债表，可以使报表使用者全面了解企业的财务状况，分析企业的债务偿还能力，为未来的经济决策提供参考信息。

二、资产负债表的格式及内容

资产负债表在形式上,分为表头、表身、表尾三个部分。表头主要包括资产负债表的名称、编制单位、编制日期和金额单位;表身包括资产、负债和所有者权益各项目金额;表尾主要包括附注资料等。

资产负债表的格式有账户式和报告式两种。报告式资产负债表是将资产、负债、所有者权益项目采用垂直分列的形式进行反映。根据我国《企业会计准则》的规定,我国资产负债表采用账户式结构。即资产负债表分为左方和右方,左方列示企业拥有或控制的全部资产各项目,右方列示企业的各项负债和所有者权益各项目,左右两边直接体现"资产=负债+所有者权益"这一会计恒等式,报表左方的资产总计与报表右方的负债及所有者权益总计的平衡关系一目了然。

资产负债表左方列示的资产项目,分为流动资产、非流动资产的类别加以反映,并按资产流动性大小顺序排列,流动性大的排在前面,如,货币资金、应收账款;流动性小的排在后,如,固定资产、无形资产。资产负债表的右方列示的负债和所有者权益项目,负债按其偿还的先后顺序排列,先流动负债后非流动负债;所有者权益项目按实收资本、资本公积、盈余公积和未分配利润等顺序进行列示。这种分类排列,不仅能清晰的反映项目的对应关系,而且便于提供财务状况的重要资料。

根据《企业会计准则第 30 号—财务报表列报》的相关解释规定,我国一般企业资产负债表基本格式如表 8-1 所示:

表 8-1 资产负债表

会企 01 表

编制单位: ＿＿＿年＿＿月＿＿日　　　　　　　　　　单位:元

资　产	期末余额	年初余额	负债及所有者权益	期末余额	年初余额
流动资产:			流动负债:		
货币资金			短期借款		
交易性金融资产			交易性金融负债		
应收票据			应付票据		
应收账款			应付账款		
预付款项			预收款项		
应收利息			应付职工薪酬		
应收股利			应交税费		
其他应收款			应付利息		
存货			应付股利		
一年内到期的非流动资产			其他应付款		
其他流动资产			一年内到期的非流动负债		
流动资产合计			其他流动负债		
非流动资产:			流动负债合计		
可供出售金融资产			非流动负债:		
持有至到期投资			长期借款		

续表

资　　产	期末余额	年初余额	负债及所有者权益	期末余额	年初余额
长期应收款			应付债券		
长期股权投资			长期应付款		
投资性房地产			专项应付款		
固定资产			预计负债		
在建工程			递延所得税负债		
工程物资			其他非流动负债		
固定资产清理			非流动负债合计		
生产性生物资产			负债合计		
油气资产			所有者权益:		
无形资产			实收资本（或股本）		
开发支出			资本公积		
商誉			减：库存股		
长期待摊费用			盈余公积		
递延所得税资产			未分配利润		
其他非流动资产			所有者权益合计		
非流动资产合计					
资产总计			负债和所有者权益总计		

三、资产负债表的编制方法

根据规定，会计报表应采取前后期对比的方式编制，所以，资产负债表由"期末余额"和"年初余额"两个栏目组成。资产负债表的"年初余额"栏各项目数字，应根据上年末资产负债表"期末余额"栏内所列数字填列。若上期的项目分类和内容与本期不一致的，应当将上期数按本期项目和内容，调整有关数字，填入报表中的"年初余额"栏内。

资产负债表是反映企业在某一特定日期财务状况的报表，是一种静态报表，所以在填制"期末余额"栏时，应根据总分类账户和明细分类账户的余额分析填列。其数据的来源可以通过以下几种方式取得。

（一）根据总分类账户余额直接填列

在编制资产负债表时，很多项目都可以根据相应总分类账户期末余额直接填列，这些项目有：交易性金融资产、应收票据、应收利息、应收股利、固定资产清理、长期待摊费用、递延所得税资产、短期借款、交易性金融负债、应付票据、应付职工薪酬、应交税费、应付利息、应付股利、其他应付款、递延所得税负债、实收资本（或股本）、资本公积、盈余公积等项目。

（二）根据若干总分类账户余额计算填列

资产负债表某些项目需要根据若干个总分类账户的期末余额计算填列，如：

1."货币资金"项目，应根据"库存现金"、"银行存款"和"其他货币资金"账户的期末余额合计填列。

2."存货"项目，应根据"在途物资"（或"材料采购"）、"原材料"、"周转材料"、"委托加工物资"、"库存商品"、"材料成本差异"、"生产成本"等账户的期末余额合计填列。需要注意的是,如果存货按规定计提了"存货跌价准备",还需要减去"存货跌价准备"账户期末余额,即按扣减后的净额填列。

3. "未分配利润"项目,反映企业尚未分配的利润。在编制中期会计报表时,该项目根据"本年利润"和"利润分配"账户的期末余额计算填列;如果编制年度会计报表,该项目应直接根据"利润分配——未分配利润"账户余额填列。

(三)根据有关明细分类账户余额计算填列

资产负债表有些项目不能根据总分类账户期末余额分析填列,而需要根据有关总分类账户所属的明细分类账户的期末余额计算填列。常用项目填列具体方法如下:

1. "应收账款"项目,根据"应收账款"和"预收账款"所属明细账户的借方余额之和填列。如果应收账款按规定计提了坏账准备,还需减去"坏账准备"账户中有关应收账款计提的坏账准备,即按扣减后的净额填列。

2. "预付款项"项目,根据"预付账款"和"应付账款"所属明细账户的借方余额之和填列。

3. "应付账款"项目,根据"应付账款"和"预付账款"所属明细账户的贷方余额之和填列。

4. "预收款项"项目,根据"预收账款"和"应收账款"所属明细账户的贷方余额之和填列。

【例1】 某企业当期应收、预收账款总账、明细账余额如下所示。

总账

科目	金额	借或贷
应收账款	350 000	借
预收账款	20 000	贷

应收账款明细账

科目	金额	借或贷
甲企业	300 000	借
乙企业	100 000	借
丙企业	50 000	贷
合计	350 000	借

预收账款明细账

科目	金额	借或贷
A企业	22 500	贷
B企业	2 500	借
合计	20 000	贷

"应收账款"项目=应收账款明细账户借方余额+预收账款明细账户借方余额
=300 000+100 000+2 500
=402 500(元)

"预收账款"项目=应收账款明细账户贷方余额+预收账款明细账户贷方余额
=50 000+22 500
=72 500(元)

【例2】 某企业当期应付、预付账款总账、明细账余额如下所示。

<table>
<tr><th colspan="3">总　账</th></tr>
<tr><th>科目</th><th>金额</th><th>借或贷</th></tr>
<tr><td>应付账款</td><td>80 000</td><td>贷</td></tr>
<tr><td>预付账款</td><td>5 500</td><td>借</td></tr>
</table>

<table>
<tr><th colspan="3">预付账款明细账</th></tr>
<tr><th>科目</th><th>金额</th><th>借或贷</th></tr>
<tr><td>C 企业</td><td>10 000</td><td>借</td></tr>
<tr><td>D 企业</td><td>4 500</td><td>贷</td></tr>
<tr><td>合　计</td><td>5 500</td><td>借</td></tr>
</table>

<table>
<tr><th colspan="3">应付账款明细账</th></tr>
<tr><th>科目</th><th>金额</th><th>借或贷</th></tr>
<tr><td>丁企业</td><td>55 000</td><td>贷</td></tr>
<tr><td>戊企业</td><td>38 000</td><td>贷</td></tr>
<tr><td>庚企业</td><td>13 000</td><td>借</td></tr>
<tr><td>合　计</td><td>80 000</td><td>贷</td></tr>
</table>

"预付账款"项目＝应付账款明细账户借方余额＋预付账款明细账户借方余额
　　　　　　　＝13 000＋10 000
　　　　　　　＝23 000（元）

"应付账款"项目＝应付账款明细账户贷方余额＋预付账款明细账户贷方余额
　　　　　　　＝55 000＋38 000＋4 500
　　　　　　　＝97 500（元）

（四）根据总分类账户和明细分类账户余额分析计算填列

资产负债表上有些项目需要根据总分类账户和明细分类账户期末余额分析计算填列。例如，

"长期应收款"项目，根据"长期应收款"账户的期末余额减去"未实现融资收益"账户余额，再减去所属相关明细账户中将于一年内（含 1 年）到期的部分填列；"长期借款"项目，应根据"长期借款"账户的期末余额扣除其所属明细账户中将于 1 年内（含 1 年）到期的部分后的金额填列；"应付债券"项目，应根据"应付债券"账户的期末余额扣除其所属明细账户中将于 1 年内（含 1 年）到期的部分后的金额填列。

（五）根据账户余额减去其备抵项目后的净额填列

资产负债表中有些项目在按上述方法计算出余额后，还需要扣除其备抵账户余额，即按扣减后的净额填列，除上述的"应收账款"、"存货"项目外，还有：

1."其他应收款"项目，应根据"其他应收款"账户期末余额减去"坏账准备"账户中有关其他应收款计提的坏账准备期末余额后的金额填列；

2."长期股权投资"项目，根据"长期股权投资"账户期末余额减去"长期股权投资减值准备"账户余额后的金额填列；

3."固定资产"项目，根据"固定资产"账户的期末余额减去"累计折旧"和"固定资产减值准备"账户余额后的金额填列；

4."在建工程"项目，根据"在建工程"账户的期末余额减去"在建工程减值准备"账户余额后的金额填列；

5."无形资产"项目，根据"无形资产"账户的期末余额减去"累计摊销"和"无形资产减值准备"账户后的金额填列。

需要说明的是：企业根据实际需要增设的会计科目，期末若有余额，填列在表中相应类别的"其他"项目中。如，"待处理财产损溢——待处理流动资产损溢"及"待摊费用"若有

余额,填制到"其他流动资产"项目中;"待处理财产损溢——待处理非流动资产损溢" 若有余额,填制到"其他非流动资产"项目中。

四、资产负债表编制举例

【例 3】 鸿兴公司 2007 年 10 月 31 日的科目余额如表 8-2 所示。

表 8-2 科目余额表

2007 年 10 月 31 日　　　　　　　　　　单位:元

科目名称	借方余额	科目名称	贷方余额
库存现金	2 300	短期借款	100 000
银行存款	866 130	应付票据	50 000
其他货币资金	7 500	应付账款	936 000
交易性金融资产	60 000	其他应付款	50 000
应收票据	64 000	应付职工薪酬	182 000
应收账款	580 000	应交税费	207 030
预付账款	100 000	应付股利	42 210
其他应收款	10 000	应付利息	5 000
原材料	449 250	长期借款	1 140 000
周转材料	60 200	其中:一年内到期的长期负债	600 000
库存商品	1 417 750	实收资本	5 000 000
长期股权投资	280 000	资本公积	200 000
固定资产	3 461 000	盈余公积	131 480
工程物资	160 000	利润分配(未分配利润)	194 500
在建工程	378 000		
无形资产	450 000		
本年利润	9 990	坏账准备	2900
生产成本	75 000	累计折旧	190 000
合　计	8 431 120	合　计	8 431 120

根据上述资料,在编制资产负债表时,应注意以下项目的填列:

1. "货币资金"项目金额=2 300+866 130+7 500=875 930(元)
2. "应收账款"项目金额=580 000-2 900=577 100(元)
3. "存货"项目金额=449 250+60 200+1 417 750+75 000=2 002 200(元)
4. "固定资产"项目金额=3 461 000-190 000=3 271 000(元)
5. "长期借款"项目金额=1 140 000-600 000=540 000(元)
6. "未分配利润"项目金额=194 500-9 990=184 510(元)

资产负债表其他项目的数额可根据总账余额直接填列。

根据以上资料编制的鸿兴公司 2007 年 10 月 31 日的资产负债表见表 8-3 所示。

表 8-3　资产负债表

会企 01 表

编制单位：鸿兴公司　　　2007 年 10 月 31 日　　　单位：元

资　产	期末余额	年初余额	负债及所有者权益	期末余额	年初余额
流动资产：		略	流动负债：		略
货币资金	875 930		短期借款	100 000	
交易性金融资产	60 000		交易性金融负债		
应收票据	64 000		应付票据	50 000	
应收账款	577 100		应付账款	936 000	
预付款项	100 000		预收款项		
应收利息			应付职工薪酬	182 000	
应收股利			应交税费	207 030	
其他应收款	10 000		应付利息	5 000	
存货	2 002 200		应付股利	42 210	
一年内到期的非流动资产			其他应付款	50 000	
其他流动资产			一年内到期的非流动负债	600 000	
流动资产合计	3 689 230		其他流动负债		
非流动资产：			流动负债合计	2 172 240	
可供出售金融资产			非流动负债：		
持有至到期投资			长期借款	540 000	
长期应收款			应付债券		
长期股权投资	280 000		长期应付款		
投资性房地产			专项应付款		
固定资产	3 271 000		预计负债		
在建工程	378 000		递延所得税负债		
工程物资	160 000		其他非流动负债		
固定资产清理			非流动负债合计	540 000	
生产性生物资产			负债合计	2 712 240	
油气资产			所有者权益：		
无形资产	450 000		实收资本（或股本）	5 000 000	
开发支出			资本公积	200 000	
商誉			减：库存股		
长期待摊费用			盈余公积	131 480	
递延所得税资产			未分配利润	184 510	
其他非流动资产			所有者权益合计	5 515 990	
非流动资产合计	4 539 000				
资产总计	8 228 230		负债和所有者权益总计	8 228 230	

第三节 利润表

利润表又称损益表，是反映企业在一定会计期间的经营成果的会计报表。它是根据"收入－费用＝利润"这一等式，把一定期间的收入与其同一会计期间相关的成本费用进行配比，计算出企业一定时期实现的净利润，或发生的净亏损。利润表也是企业对外报送的主要会计报表之一。

一、利润表的意义

利润表是根据权责发生制的原则把一定期间的收入与同一会计期间相关的成本费用进行配比，计算出企业一定时期的净利润。通过利润表中列示的收入、成本费用及利润的实现和构成情况，可以综合反映企业的利润实现过程，确定企业一定期间的经营成果，正确评价企业的经营业绩，揭示企业在成本费用管理中存在的问题，进一步改善经营管理，提高盈利能力。通过利润表的信息，可以对企业的盈利能力进行综合分析，了解企业的获利能力，分析、评价企业利用现有经济资源的能力；并据以预测未来的发展趋势。通过利润表提供的不同时期的比较数字，可以分析企业的获利能力和未来发展趋势和潜力，了解投资者投入资本的保值增值情况，便于投资者做出正确的投资决策。

二、利润表的格式及内容

利润表是以"收入－费用＝利润"这一公式为理论基础，将收入、费用、利润三大要素分别列示，反映出企业利润的形成过程。

利润表在形式上，分为表头、表身两个部分。表头包括：报表名称、编制时间、计量单位等；表身反映报告期间的各项收支及利润指标。

利润表的格式有多步式和单步式两种。根据《企业会计准则第 30 号—财务报表列报》的相关解释规定，我国企业的利润表采用多步式，一般企业利润表基本格式如表 8-4 所示：

表 8-4 利润表

会企 02 表

编制单位：　　　　　　　　　　　　　　年　　月　　　　　　　　　　　　　单位：元

项　　目	本期金额	上期金额
一、营业收入		
减：营业成本		
营业税金及附加		
销售费用		
管理费用		
财务费用		
资产减值损失		
加：公允价值变动收益（损失以"－"号填列）		
投资收益（损失以"－"号填列）		

续表

项　　目	本期金额	上期金额
其中：对联营企业和合营企业的投资收益		
二、营业利润（亏损以"－"填列）		
加：营业外收入		
减：营业外支出		
其中：非流动资产处置损失		
三、利润总额（亏损总额以"－"号填列）		
减：所得税费用		
四、净利润（净亏损以"－"号填列）		
五、每股收益：		
（一）基本每股收益		
（二）稀释每股收益		

利润表的主要编制步骤和内容如下：

第一步，计算确定营业利润。即以营业收入减去营业成本、营业税金及附加、销售费用、管理费用、财务费用、资产减值损失，加上公允价值变动收益（减去公允价值变动损失）和投资收益（减去投资损失）。其中，营业收入是由主营业务收入和其他业务收入组成；营业成本是由主营业务成本和其他业务成本组成。

第二步，计算确定利润总额。即以营业利润加上营业外收入，减去营业外支出。

第三步，计算确定净利润。即以利润总额减去所得税费用。

第四步，计算基本每股收益和稀释每股收益这两项指标。

三、利润表的编制方法

按照前后期对比的要求，利润表由"本期金额"和"上期金额"两个栏目组成。其填制方法如下：

1. 利润表中"本期金额"栏，反映各项目的本期实际发生数，除"基本每股收益"和"稀释每股收益"项目外，各项目应根据损益类各账户的本期发生额分析填列。如，营业收入是由主营业务收入加上其他业务收入之和填列；营业成本是由主营业务成本加上其他业务成本之合填列；财务费用的发生额若在贷方，以"－"号列示。

2. 利润表的"上期金额"栏各项目数字，应根据上年该期利润表的"本期金额"栏内所列数字填列。

【例4】　鸿兴公司2007年度损益类各账户本年累计发生额如表8-5所示。

表8-5　损益类账户本年累计数

单位：元

科目名称	借方发生额	贷方发生额
主营业务收入		1 450 000
主营业务成本	850 000	
营业税金及附加	3 000	

续表

科目名称	借方发生额	贷方发生额
销售费用	50 000	
管理费用	168 000	
财务费用	33 000	
资产减值损失	5 000	
投资收益		37 500
营业外收入		47 900
营业外支出	31 400	
所得税费用	98 750	

根据以上资料，编制鸿兴公司 2007 年度利润表如表 8-6 所示。

表 8-6　利润表

会企 02 表

编制单位：鸿兴公司　　　　　　2007 年度　　　　　　单位：元

项　　目	本期金额	上期金额
一、营业收入	1 450 000	略
减：营业成本	850 000	
营业税金及附加	3 000	
销售费用	50 000	
管理费用	168 000	
财务费用	33 000	
资产减值损失	5 000	
加：公允价值变动收益（损失以"—"号填列）		
投资收益（损失以"—"号填列）	37 500	
二、营业利润（亏损以"—"填列）	378 500	
加：营业外收入	47 900	
减：营业外支出	31 400	
其中：非流动资产处置损失		
三、利润总额（亏损总额以"—"号填列）	395 000	
减：所得税费用	98 750	
四、净利润（净亏损以"—"号填列）	296 250	
五、每股收益：		
（一）基本每股收益		
（二）稀释每股收益		

第四节 现金流量表

现金流量表是指反映企业在一定会计期间的现金和现金等价物流入和流出的会计报表。其中现金是指企业库存现金以及可以随时用于支付的存款;现金等价物是指企业持有的期限短(一般是指从购买日起 3 个月内到期)、流动性强、易于转换为已知金额现金、价值变动风险很小的投资。

一、现金流量表的作用

众所周知,现金流是衡量企业质量的一个重要指标,企业的现金流转情况在很大程度上影响着企业的发展,而资产负债表和利润表是在权责发生制下编制而成的,分别反映企业某一特定日期财务状况和一定时期经营成果,虽然利润表能够说明筹资活动和投资活动的损益,但却不能说明筹资活动和投资活动产生或运用了多少现金;虽然可以通过前后各期资产负债表的比较反映企业财务状况的变动,但却不能说明其变动的过程和原因,而现金流量表的编制可以弥补上述不足,它为报表使用人提供企业一定会计期间内现金和现金等价物流入和流出的信息,以便于报表使用人了解和评价企业获取现金和现金等价物的能力,并据以预测企业在未来会计期间产生净现金流量的能力、企业偿还债务及支付企业所有者的投资报酬的能力等,为报表使用人的决策服务。

二、现金流量表的编制基础

根据《企业会计准则第 31 号——现金流量表》规定:现金流量表是以现金为基础编制的。这里所称"现金"是广义的现金概念,它是指企业库存现金、可以随时用于支付的存款以及现金等价物。具体包括:

(一)库存现金。库存现金是指企业持有可随时用于支付的现金,与会计核算中"库存现金"账户所包括的内容一致。

(二)银行存款。银行存款是指企业存入金融企业,可以随时用于支付的存款。如果存在金融企业的存款不能随时用于支付,则不能作为现金流量表中的现金。

(三)其他货币资金。其他货币资金是指企业存在金融企业有特定用途的资金,如外埠存款、银行汇票存款等。与银行存款项目一样,如果其他货币资金不能随时用于支付,也不能作为现金流量表中的现金。

(四)现金等价物。现金等价物是指企业持有的期限短、流动性强、易于转换为已知金额现金、价值变动风险很小的投资。现金等价物虽然不是现金,但因其支付能力与现金差别不大,所以可视为现金。现金等价物通常指购买的在 3 个月或更短时间内即到期或即可转换为现金的短期债券投资。权益性投资变现的金额通常不确定,因而不属于现金等价物。

三、现金流量表的内容

现金流量表反映的是企业现金和现金等价物的流入、流出及净额情况,也就是反映企业的现金流量情况。企业一定时期内现金流入和流出是由各种因素产生的,净额是流入减流出后的余额。现金流量表首先应对企业现金流量的来源和用途进行合理的分类。《企业会计准则第 31 号——现金流量表》将现金流量分为三类，即：经营活动现金流量、投资活动现金流量、筹资活动现金流量。

（一）经营活动现金流量

经营活动是指企业投资活动和筹资活动以外的所有交易和事项。经营活动的现金流入主要包括：销售商品、提供劳务收到的现金；收到的税费返还；收到其他与经营活动有关的现金等。经营活动的现金流出主要包括：购买商品、接受劳务支付的现金；支付给职工以及为职工支付的现金；支付的各项税费；支付其他与经营活动有关的现金等。

（二）投资活动现金流量

投资活动是指企业长期资产的购建和不包括在现金等价物范围内的投资及其处置活动。投资活动的现金流入主要包括：收回投资收到的现金；取得投资收益收到的现金；处置固定资产、无形资产和其他长期资产收回的现金净额；收到其他与投资活动有关的现金等。投资活动的现金流出主要包括：购建固定资产、无形资产和其他长期资产支付的现金；投资支付的现金；取得子公司及其他营业单位支付的现金净额；支付其他与投资活动有关的现金等。

（三）筹资活动现金流量

筹资活动是指导致企业资本及债务规模和构成发生变化的活动。筹资活动的现金流入主要包括：吸收投资收到的现金；取得借款收到的现金；收到其他与筹资活动有关的现金等。筹资活动的现金流出主要包括：偿还债务支付的现金；分配股利、利润或偿付利息支付的现金；支付其他与筹资活动有关的现金等。

四、现金流量表的格式

我国对现金流量表格式分别一般企业、商业银行、保险公司、证券公司等企业类型予以规定，企业应分根据自身经营活动的性质，确定本企业适用的现金流量表格式。但不论是何种企业类型的现金流量表均需反映经营活动产生的现金流量、投资活动产生的现金流量、筹资活动产生的现金流量、汇率变动对现金及现金等价物的影响等内容。

根据《企业会计准则第 31 号—现金流量表》的相关解释规定，我国一般企业现金流量表基本格式如表 8-7 所示：

表 8-7 现金流量表

会企 03 表

编制单位：　　　　　　　　　　　　年　　月　　　　　　　　　　　　单位：元

项　　目	本期金额	上期金额
一、经营活动产生的现金流量：		
销售商品、提供劳务收到的现金		
收到的税费返还		
收到其他与经营活动有关的现金		
经营活动现金流入小计		
购买商品、接受劳务支付的现金		
支付给职工以及为职工支付的现金		
支付的各项税费		

续表

项目	本期金额	上期金额
支付其他与经营活动有关的现金		
经营活动现金流出小计		
经营活动产生的现金流量净额		
二、投资活动产生的现金流量：		
收回投资收到的现金		
取得投资收益收到的现金		
处置固定资产、无形资产和其他长期资产收回的现金净额		
处置子公司及其他营业单位收到的现金净额		
收到其他与投资活动有关的现金		
投资活动现金流入小计		
购建固定资产、无形资产和其他长期资产支付的现金		
投资支付的现金		
取得子公司及其他营业单位支付的现金净额		
支付其他与投资活动有关的现金		
投资活动现金流出小计		
投资活动产生的现金流量净额		
三、筹资活动产生的现金流量：		
吸收投资收到的现金		
取得借款收到的现金		
收到其他与筹资活动有关的现金		
筹资活动现金流入小计		
偿还债务支付的现金		
分配股利、利润或偿付利息支付的现金		
支付其他与筹资活动有关的现金		
筹资活动现金流出小计		
筹资活动产生的现金流量净额		
四、汇率变动对现金及现金等价物的影响		
五、现金及现金等价物净增加额		
加：期初现金及现金等价物余额		
六、期末现金及现金等价物余额		

根据《企业会计准则第 31 号——现金流量表》规定，企业除编制现金流量表正表外，还必须列示现金流量表附注，以全面披露企业现金流量状况。现金流量表补充资料主要披露将净利润调节为经营活动现金流量的信息、不涉及当期现金收支但影响企业财务状况或在未来可能影响企业现金流量的重大投资和筹资活动信息以及现金及现金等价物净变动情况的信息。基本格式如表 8-8 所示。

表 8-8

补充资料	本期金额	上期金额
1. 将净利润调节为经营活动现金流量：		
净利润		
加：资产减值准备		
固定资产折旧、油气资产折耗、生产性生物资产折旧		
无形资产摊销		
长期待摊费用摊销		
处置固定资产、无形资产和其他长期资产的损失（收益以"－"号填列）		
固定资产报废损失（收益以"－"号填列）		
公允价值变动损失（收益以"－"号填列）		
财务费用（收益以"－"号填列）		
投资损失（收益以"－"号填列）		
递延所得税资产减少（增加以"－"号填列）		
递延所得税负债增加（减少以"－"号填列）		
存货的减少（增加以"－"号填列）		
经营性应收项目的减少（增加以"－"号填列）		
经营性应付项目的增加（减少以"－"号填列）		
其他		
经营活动产生的现金流量净额		
2. 不涉及现金收支的重大投资和筹资活动：		
债务转为资本		
一年内到期的可转换公司债券		
融资租入固定资产		
3. 现金及现金等价物净变动情况：		
现金的期末余额		
减：现金的期余额		
加：现金等价物的期末余额		
减：现金等价物的期初余额		
现金及现金等价物净增加额		

四、现金流量表的编制方法

在编制现金流量表时，企业可以根据业务量的大小及复杂程度，采用工作底稿法、T 型账户法或直接根据有关科目的记录分析填列，本书不再详述。

复习思考题

1. 会计报表有何意义？编制会计报表的基本要求是什么？
2. 资产负债表可以提供哪些会计信息？
3. 简述资产负债表的结构和内容。
4. 资产负债表中各项目"期末余额"的具体填列方法有哪几种？
5. 什么是利润表？通过利润表可以了解哪些会计信息？
6. 我国要求企业编制利润表采用哪种结构？其内容是什么？
7. 简述利润表中"本月金额"栏各项目的填制方法。
8. 现金流量表中的现金是指什么？
9. 现金流量表将现金流量分为哪几类？各类现金流量包括的内容是什么？

练习题

一、单项选择题

1. 资产负债表是反映企业在（　　）财务状况的会计报表。
   A. 某一特定时期　　　　　　　　B. 某一特定会计期间
   C. 一定时期　　　　　　　　　　D. 某一特定时点

2. 根据"资产＝负债＋所有者权益"这一平衡公式填列的会计报表是（　　）。
   A. 所有者权益变动表　　　　　　B. 利润表
   C. 资产负债表　　　　　　　　　D. 现金流量表

3. 根据"收入－费用＝利润"填列的会计报表是（　　）。
   A. 利润表　　　　　　　　　　　B. 所有者权益变动表
   C. 现金流量表　　　　　　　　　D. 资产负债表

4. 现金流量表是综合反映企业（　　）现金和现金等价物流入和流出的会计报表。
   A. 月末　　　　　　　　　　　　B. 年末
   C. 季末　　　　　　　　　　　　D. 一定会计期间

5. 年末，企业"长期借款"账户余额 1 056 800 元，其中有 300 000 元将于下一年度到期偿还，则资产负债表中"长期借款"项目填列的金额为（　　）元。
   A. 1 056 800　　　　　　　　　　B. 300 000
   C. 1 356 800　　　　　　　　　　D. 756 800

6. 现金流量表的编制基础是（　　）。
   A. 营运资金　　　　　　　　　　B. 现金
   C. 会计恒等式　　　　　　　　　D. 权责发生制原则

7. 流动性最强的资产是（　　）。
   A. 现金　　　　　　　　　　　　B. 银行存款

C．其他货币资金 　　　　　　　　D．交易性金融资产
8．不会影响现金流量的项目是（　　　）。
　　A．销售货物，货款尚未收取 　　B．以现金购买办公用品
　　C．从银行借入款项 　　　　　　D．接受投资人投入货币资金
9．资产负债表中的资产项目，是按其（　　　）顺序排列的。
　　A．业务量的多少 　　　　　　　B．记账时间的先后
　　C．金额的大小 　　　　　　　　D．流动性
10．下列关于资产负债表填列方法的叙述，正确的是（　　　）。
　　A．都可以按照账户的期末余额直接填列
　　B．应根据有关账户的发生额填列
　　C．有的项目可以直接根据账户的期末余额填列，有的项目需要根据有关账户期末余额进行计算后填列
　　D．都必须对账户的发生额进行分析计算后才能填列
11．编制利润表主要是根据（　　　）。
　　A．损益类各账户的本期发生额
　　B．损益类各账户的期末余额
　　C．资产、负债及所有者权益类各账户的本期发生额
　　D．资产、负债及所有者权益类各账户的期末余额
12．"预付账款"账户期末如果出现贷方余额，这一余额在资产负债表中应在（　　　）反映。
　　A．"预付账款"项目以"－"数表示 　　B．"预收账款"项目以"＋"数表示
　　C．"应付账款"项目以"＋"数表示 　　D．"应收账款"项目以"－"数表示

二、多项选择题

1．会计报表按编报时间不同，可分为（　　　）。
　　A．半年度报表 　　　　　　　　B．月度报表
　　C．季度报表 　　　　　　　　　D．年度报表
2．资产负债表的左方结构中包括（　　　）等项目。
　　A．流动负债和非流动负债 　　　B．流动资产和固定资产
　　C．所有者权益 　　　　　　　　D．长期股权投资和无形资产
3．下列哪些会计报表属于动态会计报表（　　　）。
　　A．资产负债表 　　　　　　　　B．利润表
　　C．现金流量表 　　　　　　　　D．所有权益变动表
4．资产负债表中，根据若干总账账户期末余额计算填列的项目有（　　　）。
　　A．货币资金 　　　　　　　　　B．存货
　　C．应付债券 　　　　　　　　　D．长期借款
5．下列税费中，可以计入利润表"营业税金及附加"项目的有（　　　）。
　　A．消费税 　　　　　　　　　　B．增值税
　　C．城市维护建设税 　　　　　　D．教育费附加
6．下列（　　　）是会计报表的使用者。
　　A．所有者 　　　　　　　　　　B．债权人

C. 债务人　　　　　　　　　　　　D. 工商、财政、税务部门
7. 资产负债表属于（　　）。
   A. 静态会计报表　　　　　　　　B. 动态会计报表
   C. 对外会计报表　　　　　　　　D. 时点会计报表
8. 利润表属于（　　）。
   A. 静态会计报表　　　　　　　　B. 动态会计报表
   C. 对外会计报表　　　　　　　　D. 时期会计报表
9. 下列哪些项目属于会计报表编报的一般要求（　　）。
   A. 真实可靠　　　　　　　　　　B. 编报及时
   C. 内容完整　　　　　　　　　　D. 便于理解
10. 下列哪些项目可根据总账余额直接填列（　　）。
    A. 应收账款　　　　　　　　　　B. 应付职工薪酬
    C. 实收资本　　　　　　　　　　D. 存货
11. 下列会计账户的期末余额，应当列入资产负债表"存货"项目的有（　　）。
    A. 委托加工物资　　　　　　　　B. 在途物资
    C. 低值易耗品　　　　　　　　　D. 生产成本
12. 下列资产负债表各项目中，属于流动负债的有（　　）。
    A. 预收账款　　　　　　　　　　B. 预付账款
    C. 其他应付款　　　　　　　　　D. 一年内到期的长期借款
13. 下列各项中，影响利润表中营业利润的项目有（　　）。
    A. 已售产品成本　　　　　　　　B. 材料销售收入
    C. 出售固定资产净收益　　　　　D. 收到赔款

三、判断题

1. 所有者权益各项目是按变现速度的快慢排列的。（　　）
2. 资产负债表和利润表均有报告式和账户式两种格式。（　　）
3. 企业财务会计报告即指资产负债表、利润表、现金流量表及相关附表。（　　）
4. 资产负债表是反映企业一定时期财务状况的报表。（　　）
5. 现金流量表是对资产负债表和利润表的补充说明。（　　）
6. 编制利润表主要是根据损益类各账户的期末余额。（　　）
7. 资产负债表、利润表、现金流量表均是企业必须对外报送的会计报表。（　　）
8. "应收账款"明细账户如有贷方余额，在填列资产负债表时，应并入"预付账款"项目中反映。（　　）
9. 资产负债表上，"存货"项目中应包含"生产成本"账户的余额。（　　）
10. 编制利润表的意义在于可以反映企业的偿债能力。（　　）

四、综合题

习题一

（一）目的　练习资产负债表的编制。

（二）资料　北方公司 2007 年 7 月 31 日有关账户余额资料如下：

2007 年 7 月 31 日　　　　　　　　　　　　　　　　　单位：元

账户名称	借方余额	账户名称	贷方余额
库存现金	4 240	坏账准备	450
银行存款	154 490	累计折旧	168 000
其他货币资金	30 000	短期借款	120 000
应收账款	150 000	应付账款	105 000
原材料	189 000	应交税费	3 400
库存商品	27 000	应付股利	10 000
生产成本	56 000	应付利息	560
其他应收款	4 500	实收资本	600 000
长期股权投资	80 000	资本公积	50 000
固定资产	345 700	盈余公积	40 000
无形资产	65 430	利润分配	2 990
长期待摊费用	890	本年利润	6 850
合　计	1 107 250	合　计	1 107 250

（三）要求　根据上述资料编制北方公司 2007 年 7 月 31 日的资产负债表。

习题二

（一）目的　练习利润表的编制。

（二）资料　万达公司 2007 年 8 月有关损益类账户的发生额如下：

2007 年 8 月份　　　　　　　　　　　　　　　　　单位：元

账户名称	借方发生额	账户名称	贷方发生额
主营业务成本	892 546	主营业务收入	1 235 490
营业税金及附加	98 000	其他业务收入	51 800
销售费用	92 000	投资收益	260 000
管理费用	85 800	营业外收入	74 000
财务费用	12 000		
其他业务成本	37 900		
营业外支出	49 000		
所得税费用	116 834.52		

（三）要求　根据上述资料编制万达公司 2007 年 8 月份的利润表。

习题三

（一）目的　练习综合经济业务和编制资产负债表和利润表。

（二）资料　利华公司 2007 年 12 月 1 日有关账户余额资料如下：

2007年12月1日　　　　　　　　　　　　　　　　单位：元

账户名称	借方余额	账户名称	贷方余额
库存现金	1 200	累计折旧	48 000
银行存款	169 800	短期借款	80 000
应收账款	250 000	应付账款	72 150
其他应收款	3 000	应付利息	3 000
原材料	93 000	长期借款	200 000
库存商品	8 000	（其中：一年内到期的）	120 000
生产成本	66 000	实收资本	500 000
可供出售金融资产	9 800	资本公积	100 000
长期股权投资	100 000	盈余公积	40 000
固定资产	387 700	本年利润	71 600
无形资产	65 000	利润分配	38 750
合　　计	1 153 500	合　　计	1 153 500

利华公司 2007 年 12 月份发生以下经济业务：

1. 收到 H 公司偿还的货款 50 000 元，存入银行。
2. 为建造固定资产，向银行借款 500 000 元，期限 3 年，款已存入银行账户。
3. 车间生产产品领用材料 40 000 元，车间一般性耗用材料 2 000 元。
4. 向光明工厂销售甲产品，价款 100 000 元，增值税税率 17%，收到面值为 117 000 元的商业汇票一张。
5. 从银行取现金 50 000 元，发放职工工资。
6. 用银行存款支付产品广告费 3 000 元。
7. 用银行存款购入需安装设备一台，发票注明价款 70 000 元，增值税 11 900 元，另用现金支付运费 800 元，用银行存款支付安装成本 7 300 元，设备安装完毕，达到可使用状态。
8. 用银行存款支付借款利息 4 500 元，其中已计提 3 000 元，本月应负担 1 500 元。
9. 职工报销差旅费 1 400 元。（原借款 2 000 元，余款尚未退回）
10. 计提固定资产折旧 6 800 元，其中车间计提 5 200 元，行政部门计提 1 600 元。
11. 分配工资费用，生产工人工资 30 000 元，车间管理人员工资 6 000 元，行政管理人员工资 14 000 元。
12. 计算并结转本月的制造费用。
13. 产品部分完工，验收入库，结转其生产成本 96 200 元。
14. 结转本月销售成本 57 500 元。
15. 盘亏一台设备，账面原值 35 000 元，已提折旧 34 000 元；经批准予以转销。
16. 将本月损益类各账户发生额结转本年利润。
17. 计算并结转本期所得税费用。（无纳税调整项目，所得税税率为 25%）
18. 将"本年利润"账户的年末余额结转利润分配。
19. 按本年实现净利润的 10% 提取法定盈余公积。

20. 决定向投资者分配利润 100 000 元。
21. 结转"利润分配"各明细账户。

要求：①根据以上资料，编制相关会计分录；
②编制利华公司 2007 年 12 月的利润表；（上期金额略）
③编制利华公司 2007 年度资产负债表。（年初余额略）

第九章 实验实训

在企业财务会计实务中,为使会计核算工作按照会计准则的要求有条不紊的地正常进行,以取得企业经营管理所需要的会计信息。企业必须采取特定的方法,对日常发生的各项经济业务按一定的程序进行有效的加工和处理,这些程序按一定步骤有前后顺序,有规律地进行,且各步骤之间密切联系,形成会计资料的基本流程。日常会计核算程序包括:一是在经济业务发生或完成时取得或填制原始凭证;二是对原始凭证按会计法律、法规的要求进行审核;三是根据审核无误的原始凭证编制记账凭证;四是根据记账凭证登记现金日记账、银行存款日记账;五是根据原始凭证和记账凭证登记各明细分类账;六是期末调账、结账并对本期发生的经济业务编制试算平衡表;七是根据记账凭证或汇总记账凭证或科目汇总表登记总分类账;八是根据明细分类账和总分类账的记录编制会计报表。

一、实验实训目的

通过实验使学生了解各种不同经济业务应取得或填制的原始凭证,熟悉原始凭证的基本内容及部分原始凭证的填制方法;掌握记账凭证的填制方法;掌握三栏式现金日记账、三栏式银行存款日记账的登账方式;熟悉部分明细账的登账方法;掌握科目汇总表的编制及总分类账户的登账方法;初步掌握资产负债表、利润表的编制原理和方法。

二、实验资料

(一)华力公司是增值税一般纳税企业,主要生产并销售甲、乙两种产品。记账凭证选用收款凭证、付款凭证、转账凭证等专用记账凭证;日记账及总分类账均采用三栏式账簿,会计核算采用科目汇总表账务处理程序。

(二)华力公司 2007 年 12 月 1 日有关账户期初余额资料如下表:

账户名称	借方金额	账户名称	贷方金额
库存现金	4 364	短期借款	40 000
银行存款	42 826	应付账款	50 700
应收账款	152 100	其中:联华公司	11 700
其中:红星工厂	70 200	天纺集团	39 000
光明公司	81 900	应付职工薪酬	82 000
其他应收款	6 400	应交税费	18 590
原材料	56 800	应付利息	1 360
其中:A 材料(360kg)	28 800	实收资本	500 000

续表

账户名称	借方金额	账户名称	贷方金额
B材料（700kg）	28 000	盈余公积	26 000
库存商品	126 300	本年利润	115 940
其中：甲产品	53 180	利润分配	40 800
乙产品	73 120		
固定资产	628 600	累计折旧	142 000
合　计	1 017 390	合　计	1 017 390

（三）华力公司2007年12月份发生经济业务如下：

1. 2日，取得银行借款一笔80 000元，转入银行存款账户，期限6个月。

2. 3日，购买A材料500公斤，单价80元/公斤（不含税），取得增值税专用发票注明增值税6 800元，用转账支票支付料款，材料已到达，并验收入库。

3. 5日，销售甲产品600件，单价100元/件（不含税），增值税率17%，收到转账支票一张，填写进账单，存入银行。

4. 6日，职工王强出差，预借差旅费3 000元，付现金。

5. 8日，车间生产甲产品领用A材料300公斤，单价80元，领用B材料400公斤，单价40元。

6. 8日，用银行存款交纳上月欠交税金9 350元，其中增值税8 500元、城建税595元、教育费附加255元。

7. 9日，向光明公司销售乙产品1 000件，单价80元（不含税），增值税税率17%，开出增值税专用发票，货款尚未收到。

8. 10日，用银行存款支付原欠天纺集团货款23 400元。

9. 12日，开出现金支票，从银行取现金50 000元，备发工资。

10. 12日，用现金发放职工工资50 000元。

11. 13日，向联华公司购买B材料1 000公斤，单价38元（不含税），增值税率17%，货款尚未支付，另用银行存款支付运费2 000元，材料到达验收入库。

12. 14日，车间生产乙产品领用B材料750公斤，单价40元；车间一般性消耗领用A材料20公斤，计1 600元，领用B材料60元，计2 400元；企业行政管理部门领用A材料12.5公斤，计1 000元。

13. 16日，签发转账支票，用以预付明年办公用房房租16 800元。

14. 17日，收到转账支票一张，系红星工厂原欠货款35 100元，填进账单送存银行。

15. 18日，王强出差回来，报销差旅费2 250元，余款750元退回。

16. 20日，用银行存款支付产品广告费5 200元。

17. 23日，签发现金支票，从银行取现金2 000元备用。

18. 24日，用现金购买办公用品500元，全部归管理部门使用。

19. 25日，报销行政管理人员交通费366元，业务招待费400元，付现金。

20. 26日，签发转账支票，支付本月水费5 750元，其中车间负担3 600元，行政管理部门负担2 150元。

21. 27日，收到光明公司原欠货款70 200元，存入银行。
22. 31日，分配本月工资费用，其中生产工人工资30 000元，车间管理人员工资8 000元，企业行政管理人员工资12 000元。生产工人工资按甲、乙产品的工时比例进行分配。（其中：甲产品生产工时3 000小时，乙产品生产工时2 000小时）
23. 31日，以银行存款支付职工福利7000元，其中生产工人福利4200元，车间管理人员福利1120元，企业行政管理人员福利1680元。（生产工人的福利按甲、乙产品的工资比例进行分配。）
24. 31日，计提应由本月负担的短期借款利息1 300元。
25. 31日，计提本月固定资产折旧5 880元，其中生产车间计提3 780元，行政管理部门计提2 100元。
26. 31日，将制造费用按甲、乙两种产品的生产工时比例分配结转。
27. 31日，当月生产甲、乙产品全部完工，其中甲产品1 000件，乙产品1 000件，并已验收入库，结转其生产成本。
28. 31日，计算结转本月售出的甲、乙产品的销售成本。（甲产品单位成本70元，乙产品单位成本50元）。
29. 31日，结转本月按应交纳增值税计算的应交城建税737.80元,应交教育费附加316.20元。
30. 将本月收入结转本年利润。
31. 将本月成本、税金、费用结转本年利润。
32. 按本月实现的利润计算应交所得税费用，并将所得税费用结转"本年利润"。（所得税率税率为25%）
33. 将"本年利润"账户累计余额（即全年净利润）结转利润分配。
34. 按全年实现净利润的10%，提取法定盈余公积金。
35. 向投资者分配利润100 000元。
36. 将利润分配各明细账户结转未分配利润账户，并结算出"未分配利润"的累计余额。

三、实验要求

（一）练习部分原始凭证的填写。
1. 填写5日销售甲产品业务涉及支票送存银行的进账单。
2. 填写6日王强出差借款单。
3. 填写12日从银行取现金的现金支票。
4. 填写王强出差回来，退回余款的收款收据。
5. 编制制造费用分配表。
（二）将华力公司12月份发生的经济业务编制记账凭证，并编号。
（三）根据编制的记账凭证分别登记现金日记账、银行存款日记账、原材料明细账、应收账款明细账。
（四）根据编制的记账凭证填写科目汇总表，并进行试算平衡。
（五）根据科目汇总表登记待摊费用、应交税费总分类账，并结出各账户期末余额。
（六）编制利润表和资产负债表。

四、有关附件

（一）原始凭证

中国工商银行 进帐单（收帐通知） ①

年　月　日　　　第　号

付款人	全称		收款人	全称	
	帐号			帐号	
	开户银行			开户银行	

人民币（大写）		千 百 十 万 千 百 十 元 角 分
用途		
票据张数	票据种类	

单位主管　　会计　　复核　　记帐　　　　　收款人开户银行盖章

此联是收款人开户银行交给收款人的收帐通知

借　款　单

资金性质＿＿＿＿＿＿＿＿　　　　　　　　　　　年　月　日

借款单位：
借款理由：
借款数额：人民币（大写）　　　　　　　　¥
本单位负责人意见　　　　　　借款人（签章）
领导意见	会计主管人员核批：	付款记录： 　年　月　日以第　号 支票或现金支出凭单给付

现　金　支　票　　　Ⅶ Ⅴ 2356

出票日期（大写）　　年　月　日　　付款行名称：

收款人：　　　　　　　　　　　出票人账号：

人民币（大写）	千 百 十 万 千 百 十 元 角 分

用途＿＿＿＿＿　　　　　　科目（借）＿＿＿＿＿
上列款项请从　　　　　　　对方科目（贷）＿＿＿＿＿
我账户内支付　　　　　　　付讫日期　年　月　日
出票人签章　　　　　　　　出纳　　　复核　　　记账
　　　　　　　　　　　　　贴对号单处　　　Ⅶ Ⅴ 24568137

本支票付款期十天

收 据

NO 5138411

年　月　日

单位名称	
摘　要	
金　额	大写　　　　　　　　　　￥

负责　　　　会计　　　　　出纳　　　　　经手人

二 收 据

制 造 费 用 分 配 表

年　月　日

借方科目		生产工时	制造费用
总账科目	明细科目		（分配率　　　）
合　　计			

制表：　　　　　　　　　　　　　　　记账：

（二）记账凭证

收 款 凭 证

借方
科目_____

年　月　日　　　　　　　　　字第　　号

摘　要	贷方总账科目	明细科目	借/贷	金　额
合　计				

附单据　　　张

会计主管：　　记账：　　出纳：　　审核：　　制单：

<table>
<tr><td colspan="5">借方
科目_____　　　　　　**收 款 凭 证**
　　　　　　　　　　　　　　年　月　日　　　　　　　字第　号</td></tr>
<tr><td>摘　要</td><td>贷方总账科目</td><td>明细科目</td><td>借/贷</td><td>金　额</td></tr>
<tr><td></td><td></td><td></td><td></td><td></td></tr>
<tr><td></td><td></td><td></td><td></td><td></td></tr>
<tr><td></td><td></td><td></td><td></td><td></td></tr>
<tr><td></td><td></td><td></td><td></td><td></td></tr>
<tr><td></td><td></td><td></td><td></td><td></td></tr>
<tr><td>合　计</td><td></td><td></td><td></td><td></td></tr>
</table>

附单据　　张

会计主管：　　　记账：　　　出纳：　　　审核：　　　制单：

<table>
<tr><td colspan="5">借方
科目_____　　　　　　**收 款 凭 证**
　　　　　　　　　　　　　　年　月　日　　　　　　　字第　号</td></tr>
<tr><td>摘　要</td><td>贷方总账科目</td><td>明细科目</td><td>借/贷</td><td>金　额</td></tr>
<tr><td></td><td></td><td></td><td></td><td></td></tr>
<tr><td></td><td></td><td></td><td></td><td></td></tr>
<tr><td></td><td></td><td></td><td></td><td></td></tr>
<tr><td></td><td></td><td></td><td></td><td></td></tr>
<tr><td></td><td></td><td></td><td></td><td></td></tr>
<tr><td>合　计</td><td></td><td></td><td></td><td></td></tr>
</table>

附单据　　张

会计主管：　　　记账：　　　出纳：　　　审核：　　　制单：

<table>
<tr><td colspan="5">借方
科目_____　　　　　　**收 款 凭 证**
　　　　　　　　　　　　　　年　月　日　　　　　　　字第　号</td></tr>
<tr><td>摘　要</td><td>贷方总账科目</td><td>明细科目</td><td>借/贷</td><td>金　额</td></tr>
<tr><td></td><td></td><td></td><td></td><td></td></tr>
<tr><td></td><td></td><td></td><td></td><td></td></tr>
<tr><td></td><td></td><td></td><td></td><td></td></tr>
<tr><td></td><td></td><td></td><td></td><td></td></tr>
<tr><td></td><td></td><td></td><td></td><td></td></tr>
<tr><td>合　计</td><td></td><td></td><td></td><td></td></tr>
</table>

附单据　　张

会计主管：　　　记账：　　　出纳：　　　审核：　　　制单：

借方 　　　　　　　　**收 款 凭 证**
科目_____　　　　　年　月　日　　　　　　字第　号

摘　要	贷方总账科目	明细科目	借/贷	金　额	
					附单据
					张
合　计					

会计主管：　　　　记账：　　　　出纳：　　　　审核：　　　　制单：

贷方 　　　　　　　　**付 款 凭 证**
科目_____　　　　　年　月　日　　　　　　字第　号

摘　要	借方总账科目	明细科目	借/贷	金　额	
					附单据
					张
合　计					

会计主管：　　　　记账：　　　　出纳：　　　　审核：　　　　制单：

贷方 　　　　　　　　**付 款 凭 证**
科目_____　　　　　年　月　日　　　　　　字第　号

摘　要	借方总账科目	明细科目	借/贷	金　额	
					附单据
					张
合　计					

会计主管：　　　　记账：　　　　出纳：　　　　审核：　　　　制单：

贷方　　　　　　　　　　　**付 款 凭 证**
科目＿＿＿＿＿＿　　　　　　年　月　日　　　　　　　字第　号

摘　要	借方总账科目	明细科目	借/贷	金　额	
					附单据
					张
合　计					

会计主管：　　　　记账：　　　　出纳：　　　　审核：　　　　制单：

贷方　　　　　　　　　　　**付 款 凭 证**
科目＿＿＿＿＿＿　　　　　　年　月　日　　　　　　　字第　号

摘　要	借方总账科目	明细科目	借/贷	金　额	
					附单据
					张
合　计					

会计主管：　　　　记账：　　　　出纳：　　　　审核：　　　　制单：

贷方　　　　　　　　　　　**付 款 凭 证**
科目＿＿＿＿＿＿　　　　　　年　月　日　　　　　　　字第　号

摘　要	借方总账科目	明细科目	借/贷	金　额	
					附单据
					张
合　计					

会计主管：　　　　记账：　　　　出纳：　　　　审核：　　　　制单：

贷方　　　　　　　　　**付 款 凭 证**
科目_____　　　　　年　月　日　　　　　字第　号

摘　要	借方总账科目	明细科目	借/贷	金　额	附单据
					张
合　计					

会计主管：　　　　记账：　　　　出纳：　　　　审核：　　　　制单：

贷方　　　　　　　　　**付 款 凭 证**
科目_____　　　　　年　月　日　　　　　字第　号

摘　要	借方总账科目	明细科目	借/贷	金　额	附单据
					张
合　计					

会计主管：　　　　记账：　　　　出纳：　　　　审核：　　　　制单：

贷方　　　　　　　　　**付 款 凭 证**
科目_____　　　　　年　月　日　　　　　字第　号

摘　要	借方总账科目	明细科目	借/贷	金　额	附单据
					张
合　计					

会计主管：　　　　记账：　　　　出纳：　　　　审核：　　　　制单：

贷方　　　　　　　　　　　付 款 凭 证
科目＿＿＿＿＿＿　　　　　　年　月　日　　　　　　字第　号

摘　要	借方总账科目	明细科目	借/贷	金　额	
					附单据
					张
合　计					

会计主管：　　　记账：　　　出纳：　　　审核：　　　制单：

贷方　　　　　　　　　　　付 款 凭 证
科目＿＿＿＿＿＿　　　　　　年　月　日　　　　　　字第　号

摘　要	借方总账科目	明细科目	借/贷	金　额	
					附单据
					张
合　计					

会计主管：　　　记账：　　　出纳：　　　审核：　　　制单：

贷方　　　　　　　　　　　付 款 凭 证
科目＿＿＿＿＿＿　　　　　　年　月　日　　　　　　字第　号

摘　要	借方总账科目	明细科目	借/贷	金　额	
					附单据
					张
合　计					

会计主管：　　　记账：　　　出纳：　　　审核：　　　制单：

贷方　　　　　　　　　　付 款 凭 证
科目＿＿＿＿＿　　　　　年　月　日　　　　　　字第　号

摘　要	借方总账科目	明细科目	借/贷	金　额
合　计				

附单据　　　张

会计主管：　　　记账：　　　出纳：　　　审核：　　　制单：

贷方　　　　　　　　　　付 款 凭 证
科目＿＿＿＿＿　　　　　年　月　日　　　　　　字第　号

摘　要	借方总账科目	明细科目	借/贷	金　额
合　计				

附单据　　　张

会计主管：　　　记账：　　　出纳：　　　审核：　　　制单：

贷方　　　　　　　　　　付 款 凭 证
科目＿＿＿＿＿　　　　　年　月　日　　　　　　字第　号

摘　要	借方总账科目	明细科目	借/贷	金　额
合　计				

附单据　　　张

会计主管：　　　记账：　　　出纳：　　　审核：　　　制单：

转 账 凭 证

　　　　　　　　　　　年　月　日　　　　　　　　　转字第　　号

摘　要	总账科目	明细科目	√	借方金额	√	贷方金额
合　计						

附单据　　张

会计主管：　　　　　记账：　　　　　审核：　　　　　制单：

转 账 凭 证

　　　　　　　　　　　年　月　日　　　　　　　　　转字第　　号

摘　要	总账科目	明细科目	√	借方金额	√	贷方金额
合　计						

附单据　　张

会计主管：　　　　　记账：　　　　　审核：　　　　　制单：

转 账 凭 证

　　　　　　　　　　　年　月　日　　　　　　　　　转字第　　号

摘　要	总账科目	明细科目	√	借方金额	√	贷方金额
合　计						

附单据　　张

会计主管：　　　　　记账：　　　　　审核：　　　　　制单：

转 账 凭 证

年 月 日　　　　　　　　　　转字第　号

摘　要	总账科目	明细科目	√	借方金额	√	贷方金额
合　计						

附单据　张

会计主管：　　　　记账：　　　　　　　　审核：　　　　　　　　制单：

转 账 凭 证

年 月 日　　　　　　　　　　转字第　号

摘　要	总账科目	明细科目	√	借方金额	√	贷方金额
合　计						

附单据　张

会计主管：　　　　记账：　　　　　　　　审核：　　　　　　　　制单：

转 账 凭 证

年 月 日　　　　　　　　　　转字第　号

摘　要	总账科目	明细科目	√	借方金额	√	贷方金额
合　计						

附单据　张

会计主管：　　　　记账：　　　　　　　　审核：　　　　　　　　制单：

转 账 凭 证

　　　　年　月　日　　　　　　　　　　　　　　　转字第　　号

摘　要	总账科目	明细科目	√	借方金额	√	贷方金额
合　计						

附单据　　张

会计主管：　　　　　记账：　　　　　　审核：　　　　　　制单：

转 账 凭 证

　　　　年　月　日　　　　　　　　　　　　　　　转字第　　号

摘　要	总账科目	明细科目	√	借方金额	√	贷方金额
合　计						

附单据　　张

会计主管：　　　　　记账：　　　　　　审核：　　　　　　制单：

转 账 凭 证

　　　　年　月　日　　　　　　　　　　　　　　　转字第　　号

摘　要	总账科目	明细科目	√	借方金额	√	贷方金额
合　计						

附单据　　张

会计主管：　　　　　记账：　　　　　　审核：　　　　　　制单：

转 账 凭 证

年　月　日　　　　　　　　　转字第　号

摘　要	总账科目	明细科目	√	借方金额	√	贷方金额	
							附单据
							张
合　计							

会计主管：　　　　　记账：　　　　　　审核：　　　　　　制单：

转 账 凭 证

年　月　日　　　　　　　　　转字第　号

摘　要	总账科目	明细科目	√	借方金额	√	贷方金额	
							附单据
							张
合　计							

会计主管：　　　　　记账：　　　　　　审核：　　　　　　制单：

转 账 凭 证

年　月　日　　　　　　　　　转字第　号

摘　要	总账科目	明细科目	√	借方金额	√	贷方金额	
							附单据
							张
合　计							

会计主管：　　　　　记账：　　　　　　审核：　　　　　　制单：

转 账 凭 证

年　月　日　　　　　　　　　　　转字第　　号

摘　要	总账科目	明细科目	√	借方金额	√	贷方金额
合　计						

附单据　　张

会计主管：　　　　记账：　　　　审核：　　　　制单：

转 账 凭 证

年　月　日　　　　　　　　　　　转字第　　号

摘　要	总账科目	明细科目	√	借方金额	√	贷方金额
合　计						

附单据　　张

会计主管：　　　　记账：　　　　审核：　　　　制单：

转 账 凭 证

年　月　日　　　　　　　　　　　转字第　　号

摘　要	总账科目	明细科目	√	借方金额	√	贷方金额
合　计						

附单据　　张

会计主管：　　　　记账：　　　　审核：　　　　制单：

转 账 凭 证

年　月　日　　　　　　　　　　　　转字第　号

摘　要	总账科目	明细科目	√	借方金额	√	贷方金额
合　计						

附单据　　张

会计主管：　　　　　记账：　　　　　　审核：　　　　　　制单：

转 账 凭 证

年　月　日　　　　　　　　　　　　转字第　号

摘　要	总账科目	明细科目	√	借方金额	√	贷方金额
合　计						

附单据　　张

会计主管：　　　　　记账：　　　　　　审核：　　　　　　制单：

转 账 凭 证

年　月　日　　　　　　　　　　　　转字第　号

摘　要	总账科目	明细科目	√	借方金额	√	贷方金额
合　计						

附单据　　张

会计主管：　　　　　记账：　　　　　　审核：　　　　　　制单：

转 账 凭 证

年　月　日　　　　　　　　　　　　　转字第　号

摘　要	总账科目	明细科目	√	借方金额	√	贷方金额
合　计						

附单据　　张

会计主管：　　　　　记账：　　　　　　审核：　　　　　　制单：

转 账 凭 证

年　月　日　　　　　　　　　　　　　转字第　号

摘　要	总账科目	明细科目	√	借方金额	√	贷方金额
合　计						

附单据　　张

会计主管：　　　　　记账：　　　　　　审核：　　　　　　制单：

转 账 凭 证

年　月　日　　　　　　　　　　　　　转字第　号

摘　要	总账科目	明细科目	√	借方金额	√	贷方金额
合　计						

附单据　　张

会计主管：　　　　　记账：　　　　　　审核：　　　　　　制单：

转 账 凭 证

年　月　日　　　　　　　　　　　　　　　　　转字第　　号

摘　要	总账科目	明细科目	√	借方金额	√	贷方金额
合　　计						

附单据　　　张

会计主管：　　　　　记账：　　　　　　审核：　　　　　　制单：

转 账 凭 证

年　月　日　　　　　　　　　　　　　　　　　转字第　　号

摘　要	总账科目	明细科目	√	借方金额	√	贷方金额
合　　计						

附单据　　　张

会计主管：　　　　　记账：　　　　　　审核：　　　　　　制单：

转 账 凭 证

年　月　日　　　　　　　　　　　　　　　　　转字第　　号

摘　要	总账科目	明细科目	√	借方金额	√	贷方金额
合　　计						

附单据　　　张

会计主管：　　　　　记账：　　　　　　审核：　　　　　　制单：

(三) 有关账簿

现 金 日 记 账

年		凭证		摘要	对方科目	借方		贷方		借或贷	余额	
月	日	类别	号数			类	页					

银行存款帐

账号 _____   户名 _____

年		凭证号	摘要	对方科目	现金支票号码	转账支票号码	借方									贷方									借或贷	余额								
月	日						千	百	十	万	千	百	十	元	角	分	千	百	十	万	千	百	十	元	角	分		千	百	十	万	千	百	十	元	角	分

本帐页数	
本户页数	

最高存量__________

最低存量__________

编号__________规格__________

单位(　　)名称…………

年		凭证号数	摘要	帐页	借方											贷方											结存										
月	日				数量	单价	金额									数量	单价	金额									数量	单价	金额								
							百	十	万	千	百	十	元	角	分			百	十	万	千	百	十	元	角	分			百	十	万	千	百	十	元	角	分

本帐页数	
本户页数	

最高存量__________

最低存量__________

编号__________规格__________

单位(　　)名称…………

年		凭证号数	摘要	帐页	借方											贷方											结存										
月	日				数量	单价	金额									数量	单价	金额									数量	单价	金额								
							百	十	万	千	百	十	元	角	分			百	十	万	千	百	十	元	角	分			百	十	万	千	百	十	元	角	分

年		记账凭证		摘要	对应科目	借方											贷方											借或贷	余额										
月	日	类别	号数			百	十	亿	千	百	十	万	千	百	十	元	角	分	百	十	亿	千	百	十	万	千	百	十	元	角	分		百	十	亿	千	百	十	万	千	百	十	元	角	分

总第　　页　分第　　页
户名或编号：

年		记账凭证		摘要	对应科目	借方											贷方											借或贷	余额										
月	日	类别	号数			百	十	亿	千	百	十	万	千	百	十	元	角	分	百	十	亿	千	百	十	万	千	百	十	元	角	分		百	十	亿	千	百	十	万	千	百	十	元	角	分

总第　　页　分第　　页
户名或编号：

总 分 类 账

年度　　　　　　　　　编号（　　）　　　科目

记帐凭单		摘要	编号	对方科目	借方 亿千百十万千百十元角分	贷方 亿千百十万千百十元角分	借或贷	余额 亿千百十万千百十元角分
月	日 顺序号							

总 分 类 账

年度　　　　　　　　　编号（　　）　　　科目

记帐凭单		摘要	编号	对方科目	借方 亿千百十万千百十元角分	贷方 亿千百十万千百十元角分	借或贷	余额 亿千百十万千百十元角分
月	日 顺序号							

(四)科目汇总表

科目汇总表

年　月　日

科目名称	借方发生额	贷方发生额	备注
合　计			

(五) 会计报表

资 产 负 债 表

会企01表

编制单位： _____年___月___日　　　　　　　　　　　　单位：元

资产	期末余额	年初余额	负债及所有者权益	期末余额	年初余额
流动资产：			流动负债：		
货币资金			短期借款		
交易性金融资产			交易性金融负债		
应收票据			应付票据		
应收账款			应付账款		
预付款项			预收款项		
应收利息			应付职工薪酬		
应收股利			应交税费		
其他应收款			应付利息		
存货			应付股利		
一年内到期的非流动资产			其他应付款		
其他流动资产			一年内到期的非流动负债		
流动资产合计			其他流动负债		
非流动资产：			流动负债合计		
可供出售金融资产			非流动负债：		
持有至到期投资			长期借款		
长期应收款			应付债券		
长期股权投资			长期应付款		
投资性房地产			专项应付款		
固定资产			预计负债		
在建工程			递延所得税负债		
工程物资			其他非流动负债		
固定资产清理			非流动负债合计		
生产性生物资产			负债合计		
油气资产			所有者权益：		
无形资产			实收资本（或股本）		
开发支出			资本公积		
商誉			减：库存股		
长期待摊费用			盈余公积		
递延所得税资产			未分配利润		
其他非流动资产			所有者权益合计		
非流动资产合计					
资产总计			负债和所有者权益总计		

利 润 表

会企02表

编制单位： _____年____月　　　　　　　　　　　单位：元

项　　目	本期金额	上期金额
一、营业收入		
减：营业成本		
营业税金及附加		
销售费用		
管理费用		
财务费用		
资产减值损失		
加：公允价值变动收益（损失以"－"号填列）		
投资收益（损失以"－"号填列）		
其中：对联营企业和合营企业的投资收益		
二、营业利润（亏损以"－"填列）		
加：营业外收入		
减：营业外支出		
其中：非流动资产处置损失		
三、利润总额（亏损总额以"－"号填列）		
减：所得税费用		
四、净利润（净亏损以"－"号填列）		
五、每股收益：		
（一）基本每股收益		
（二）稀释每股收益		

参考文献

1. 《企业会计准则 2006》　　　中华人民共和国财政部制定
   　　　　　　　　　　　　　经济科学出版社
2. 《企业会计准则——应用指南 2006》　　中华人民共和国财政部制定
   　　　　　　　　　　　　　　　　　　经济科学出版社
3. 《初级会计实务》　　财政部会计资格评价中心
   　　　　　　　　　中国财政经济出版社
4. 《中级会计实务》　　财政部会计资格评价中心
   　　　　　　　　　经济科学出版社
5. 《会计基础》　　天津市会计从业资格考试辅导用书编写组
   　　　　　　　哈尔滨工程大学出版社
6. 《基础会计学》　　骆静　王莹　编著
   　　　　　　　　南开大学出版社